일본군 중국 침략 도감

제19권

일본군 '위안부'와 성폭력

쑤즈량·천리페이 저
이선이 역

일본군 중국 침략 도감 제19권

일본군 '위안부'와 성폭력

2017년 7월 3일 초판 1쇄

글 쑤즈량 · 천리페이
옮긴이 이선이
펴낸곳 늘품플러스
펴낸이 전미정
책임편집 남명임
디자인 성진선
출판등록 2011년 5월 17일 제300-2011-91호
주소 서울 중구 퇴계로 182 가락회관 6층
전화 02-2275-5326
팩스 02-2275-5327
이메일 go5326@naver.com
홈페이지 www.npplus.co.kr

ISBN 979-11-88024-06-3-03910
정가 25,000원

『日本侵华图志』丛书 张宪文主编 编辑 傅光中
第19卷 "慰安妇" 与性暴行

일러두기

『일본군 중국 침략 도감』은 산동화보 출판사에 2015년 출판되었다.

편집 | 장셴원(张宪文)
부편집 | 관졔(关捷), 쑤즈량(苏智良) 등
프로젝트 총괄 | 푸광중(傅光中)

『일본군 중국 침략 도감』 목록

제1권　『전쟁동원』
제2권　『청일전쟁에서 러일전쟁까지』(1894-1905)
제3권　『타이완(臺灣)을 강점한 50년』(1895-1945)
제4권　『다롄을 침범한 40년』(1905-1945)
제5권　『산둥문제와 지난사변』(1914-1929)
제6권　『만주사변과 동북(東北)침범』(1928-1932)
제7권　『위만주국의 설립과 동북에 대한 식민통치』(1932-1945)
제8권　『화북(華北)지역 침범』(1932-1945)
제9권　『화동(華東)지역 침범』(1932-1945)
제10권　『화중(華中)지역 침범』(1938-1945)
제11권　『화남(華南)지역 침범』(1938-1945)
제12권　『상하이조계지, 홍콩의 점령과 통치』(1941-1945)
제13권　『정보와 첩보활동』
제14권　『전략폭격』
제15권　『화학전과 세균전』
제16권　『난징대학살』
제17권　『'삼광작전'과 '무인지역'』
제18권　『도시파괴』
제19권　『일본군 '위안부'와 성폭력』
제20권　『포로학살과 노동자 노예화』
제21권　『경제침략과 자원약탈』
제22권　『문화침략과 노예화교육』
제23권　『위정권의 육성』
제24권　『생태파괴와 사회통제』
제25권　『항복과 재판』

저자 및 역자 소개

저 자

쑤즈량(苏智良)

상하이사범대학 역사학 교수, 중국 '위안부'역사박물관 관장, 난징의 리지샹 '위안소' 옛터 진열관 관장으로 일본군'위안부'문제 연구에 25년간 종사해왔다. 저서로 『일본군'위안부' 연구(日军"慰安妇"研究)』, 『일본군 성노예(日军性奴隶)』, 『상하이 일본군 '위안소' 실록(上海日军慰安所实录)』 등이 있다.

천리페이(陈丽菲)

상하이 사범대학 신문학(新闻学)교수, 중국 '위안부'문제 연구센터 연구원, 중국 출판학 교학지도 위원회 위원이다. 장기간 '위안부'생존자조사를 해왔다. 저서에는 『일본군'위안부'제도 비판(日军"慰安妇"制度批判)』, 『추적:박영심과 그녀의 조선인 자매들(追索:朴永心与她的朝鲜姐妹们)』,『중국인 '위안부': 일본제국의 성노예의 증언(Chinese Comfort Women: Testimonies from Imperial Japan's Sexual Slaves)』 등이 있다.

역 자

이선이

일본 도쿄 외국어대학에서 학술(學術)박사학위를 취득했다. 현재 경희대학교 인문학연구원에서 학술연구교수로 있으며 후마니타스 칼리지에서 강의하고 있다. 최근 논문으로 「중일전쟁시기 딩링(丁玲)의 일본군 성폭력 재현과 1956년 전범재판 그리고 피해자 증언의 의미」, 「일본군의 성폭력에 대한 일고찰: 중국 산서성 피해자의 구술을 중심으로」 등이 있다. 저서로 『딩링: 중국 여성주의의 여정』, 『냉전아시아의 문화풍경 1,2』(공저), 역서로 『위안부를 둘러싼 기억의 정치학』, 『내셔널리즘과 젠더』 등이 있다.

서 문

중국과 일본 양국은 바다를 사이에 둔 이웃나라로 이천여 년의 역사 동안 우호적으로 교류해왔다. 그동안 일본은 중국으로 견당사를 보냈으며 중국의 졘전(鑒眞)[1] 승려는 일본으로 건너갔다. 이처럼 양국은 경제면에서의 무역교류와 문화교류가 아주 밀접하게 이루어져 양국의 사회발전에 있어서 적극적으로 상호작용을 하였다. 1868년 메이지유신은 일본의 중대한 정치적 변화의 시작이었다. 또한 일본 역사상 가장 중대한 전환점으로 자본주의 경제의 대대적 발전을 이끌었다. 이로 인해 일본은 막부제의 봉건왕조에서 천황제를 바탕으로 한 입헌군주제의 근대 국가로 나아갔다.

그러나 일본은 사면이 바다로 둘러싸인 섬나라로 영토는 협소하고 자원이 부족한 나라이다. 전 총리 야마가타 아리토모(山縣有朋) 등은 1890년대 국가의 생존과 발전을 위해서는 일본 밖으로 확장하여야 하기 때문에 침략이 타당하다는 이론을 내세웠다. 이른바 '주권선'과 '이익선'이라는 정치적 주장으로, 자국의 이익이 주변 나라에 존재한다고 간주하여 주변국을 반드시 통제해야 한다고 강변한다. 이러한 주장에 근거하여 일본은 한반도를 강제 병합시키고 만주지역과 몽골을 침략하였으며 중국을 제패하고 아시아로 나아가 전 세계로 침략을 확장하는 대륙정책을 행하였다. 1928년 다나카 기이치(田中義一) 총리 주도로 개최된 동방회의[2]는 일본의 대륙정책이 전면적 실행 단계로 들어섰음을 보여주었다. 이와 동시에 일본 국내에서는 군부가 주축이 되는 군사정치체제가 만들어졌다. 육군성, 해군성, 육군 참모본부, 해군 사령부와 후에 조직되는 관동군 사령부, 지나 파견군 사령부 등의 군사 기구로 구성된 강대한 군사정치집단이 만들어져 일본의 정세를 상당 부분 좌우하게 되었다. 19세기 후반부터 일본의 군사력은 한반도와 중국으로 급속히 이동하여 침략을 전개하였다.

일본은 러일전쟁을 일으켜 중국의 영토를 분할하였을 뿐만 아니라 서구 열강들과 일본으로 구성된 8개국 연합군이 자행한 중국 침략전쟁에도 참여하였다[3]. 또한 1894년 청일전쟁과 1931년부터

---

[1] 졘전(鑒眞, 서기 688~763년)은 당(唐)대의 고승으로 14살에 출가하여 율종(律宗)을 깊이 연구했다. 일본 승려의 초청을 받고 서기 753년 일본으로 건너가 율종을 강론, 전파하였으며 또한 중국의 건축, 조각, 회화, 의약 등 지식을 일본에 보급하였다. (역주)

[2] 1927년 6월 27일 만·몽(만주·몽골) 문제 방침을 결정하기 위해 다나카 기이치가 개최한 회의를 말한다. 만·몽의 이권을 확보하기 위해 국민혁명군의 북벌로부터 현지 일본 거류민을 보호한다는 명목 아래 세 차례에 걸친 산동 출병 감행을 결정하였다. (역주)

1945년까지 계속된 제2차 중일전쟁 등 두 번의 대규모 중국 침략전쟁을 독자적으로 발발시켰다.

청일전쟁에서 일본은 청조의 신흥 해군세력을 파괴하는 등 회복하기 어려운 타격을 중국에게 입혔다. 만주사변을 기점으로 14년 동안 이어진 일본의 중국침략전쟁은 중국인들에게 엄청나게 큰 재난을 가져왔다. 일본은 전쟁을 통해 동북지역부터 화북, 화동, 화중, 화남 지역에 이르기까지 중국의 광대한 영토를 점령하였으며, 수많은 크고 작은 도시들과 광범위한 면적의 자연생태 그리고 사회생태를 파괴하였다. 동북지역으로부터 중원 내륙지역까지 대량의 광산 자원과 공업, 농업 생산품을 일본이 차지하여 약탈하였다. 전쟁으로 인해 중국인들의 생존 환경은 파괴되었고 많은 사람들이 살 곳을 잃고 어쩔 수 없이 피난길에 올라 비정상적인 인구 유동이 이루어졌다. 연해지역에 있는 많은 공장, 기업, 학교 등은 내륙으로 옮겨져 열악한 환경 속에서 아주 기본적인 생산과 교육연구 활동을 할 수밖에 없었다. 또한 피점령지역에서 일본은 여러 방법으로 억압과 통제를 강제하여 사람들은 힘겹고 비참한 삶을 강요당하였다.

일본은 군사를 일으켜 중국을 점령하면서 중국의 민중들에 대해 더욱 잔혹한 폭력을 행사하였다. 예를 들어 각지에서 대량의 학살사건을 일으키고 '만인갱'을 만들었다. 그들은 삼광(三光)작전[4]을 추진하여 '무인지역'을 만들었으며, 화학전과 세균전을 감행하였고, 포로를 학살하였으며, 강제노역을 위해 사람들을 끌고 갔으며, 중국 각지에서 무차별 폭격을 감행하였다. 특히 잔악했던 것은 일본군이 난징에서 일반 시민과 투항한 중국군인 등 30만 명을 대량 학살한 일이다. 이러한 사건과 행동들은 모두 국제법과 국제협약을 엄중하게 위반한 것이며 기본적으로 인도에 반하는 일이다.

일본의 대대적인 중국 침략은 중국 인민들에게 참혹한 손실을 초래하였으며 중국의 근대화를 심각하게 좌절시켰다. 그러나 민족의 위기와 국가의 생사존망의 위기 앞에서 중국인은 민족적 단결을 강화하였다. 각 민족, 정당, 계급이 대동단결하여 일본 제국주의와 피를 흘리며 맞서 싸워서 그들의 침략에 대항하여 마침내 1945년 항일전쟁의 위대한 승리를 거두었다.

전후 극동국제군사재판(일명 도쿄재판)과 난징 전범심판군사법정[5] 등은 국제 규정을 엄격히 준수하고 인간의 기본적인 도의를 견지하는 입장에서 대다수 역사사실에 의거해 일본 전쟁범죄자들의 침략행위에 대해 공정하고 합리적인 판결을 내렸다.

그러나 전쟁이 끝난 지 70년이 지났지만 일본은 미국 정부의 비호와 방임아래 침략 행위에 대한 청산을 철저하게 이루어 내지 못했다. 뿐만 아니라 침략전쟁에 대한 책임을 거부하기에 이르렀으며 심지어 전쟁을 미화하기까지 하고 있다. 그들은 난징대학살과 일본군'위안부'문제의 강제성을 부인하며, A급 전범들이 안치되어 있는 야스쿠니 신사의 공식참배를 지속하고 있다. 역사 문제를 둘러싼 논쟁이 끊임없이 확대되고 댜오위다오(釣魚島) 영유권 분쟁이 본격화하면서 중일 양국 관계는 점점 더 악화 일로를 걷고 있다. 많은 일본 사람들은 우익 세력의 기만과 은폐 속에서 일본의 중국 침략의 역사에 대한 인식이 애매모호하여 시비를 제대로 구분하지 못하며, 심지어 심각하게 왜곡된 인식을 지니

---

[3] 1900년 의화단 운동으로 불거진 전쟁을 가리킨다. 청조(清朝) 말기인 1900년 중국 화베이(華北) 일대에서 일어난 배외적(排外的) 농민투쟁의 주도세력이 의화단이었다. 베이징까지 침입한 의화단은 관군(官軍)과 함께 열강의 공사관을 공격하였다. 이를 빌미로 영국·러시아·독일·프랑스·미국·이탈리아·오스트리아·일본 등 8개국은 연합군을 형성하고 대고포대(大沽砲臺)와 톈진에서 관군과 의화단을 격파하였고, 8월에 베이징에 입성하였다. (역주)

[4] 삼광작전이란 게릴라전을 펴는 중국공산당 주력 부대인 팔로군의 배후 마을을 모두 죽이고(殺光) 모두 빼앗고(搶光) 모두 불태워(燒光) 초토화시키는 일본의 대공산당 작전을 말한다. (역주)

[5] 1945년 일본 패전 후 중국은 모두 10개의 지방군사법정을 설치하였다. 1946년 4월 8일부터 1949년 2월 5일까지 상하이, 난징, 광저우, 베이핑(베이징), 쉬저우, 한커우, 선양, 지난, 타이위안과 타이페이 등에서 모두 145명의 일본전범을 사형에 처하였다. 난징전범심판군사법정은 난징에서 1946년 2월 15일에 설립되었으며 1946년 5월 30일 개정하여 1947년 5월 13일 폐정된다. 모두 8명의 일본전범을 사형에 처하였다. (역주)

고 있기도 하다. 그러므로 역사학자들은 일본인을 포함한 많은 사람들에게 역사의 진실을 알려, 역사의 진위를 구분할 수 있도록 도와주어야 한다. 또한 역사학자들은 일본 군국주의를 비판하고 중일 양국의 우호를 유지하고 강화시켜야 할 책임이 있다,

도상(圖像)으로 역사를 보여주고 설명하는 것은 역사 연구에 있어서 가장 효율적인 방법이다. 도상의 직관성은 사람들로 하여금 가장 직접적이고 인상적으로 역사를 인식하고 이해할 수 있게 하기 때문이다. 국내외 학자들이 도상을 중시하기 시작하면서 도상은 역사 연구에서 중요한 지위와 역할을 부여 받고 있다.

산둥화보출판사와 관련 학자들은 일본의 중국 침략 역사에 관한 도상 25,000점을 수집하고 분석하였다. 이러한 진귀한 원본 도상은 일본, 미국, 중국 대륙, 홍콩, 타이완지역의 문화박물관 등과 국내외 개인 소장본을 제공받았다. 우리는 '중요성, 희소성, 고화질'의 원칙에 따라 도상을 선정하였으며 도상의 출처를 명확히 밝히고 정확히 해독하고자 하였다. 이를 통해 독자와 연구자들에게 정확하고 가치 있는 도상자료를 제공하고자 노력하였다. 우리는 일본의 중국 침략의 시간순과 관련 주제에 따라 『일본의 중국침략 도감』(총 25권)을 정리하고 편찬하였다.

『일본의 중국침략 도감』 25권의 내용은 객관적, 전면적, 직접적으로 일본의 메이지유신 이후를 보여준다. 특히 1894년 청일전쟁으로부터 1945년 항복하여 패전에 이르기까지 일본의 중국 침략과 중국에서 저지른 만행들이 잘 드러난다. 이는 일본의 중국 침략을 보여주는 확실한 증거이다. 이러한 진실을 보여주는 대량의 1차 도상자료를 중요한 논거로 삼으면 일본우익세력이 일본의 중국침략과 중국에서 저지른 일본군국주의의 만행에 대하여 하고 있는 어떠한 부인도 소용없게 될 것이다.

이 도감의 편찬은 난징, 상하이, 베이징, 선양(瀋陽), 창춘(長春), 하얼빈(哈爾濱), 다롄, 지난, 칭다오, 스쟈좡(石家莊), 허페이(合肥), 충칭, 홍콩 등지 대학교와 과학연구기관, 역사연구기관, 역사기록보존소, 항쟁기념관, 박물관 그리고 기타 학술문화 관련단체의 여러 전문 학자들에 의해 이루어졌다. 모두 역사학과 중일관계, 항일전쟁사 분야에서 매우 깊이 있고 전문적인 연구와 학술적 성취를 이룬 연구자들이다. 편집위원회에서는 집필과 편집을 위해 애써주신 분들에 대해 심심한 경의와 사의를 표한다.

중국 공산당 산둥성위원회, 산둥성정부 특히 중국 공산당 산둥성위원회 선전부와 산둥출판그룹의 관계자분들이 이 도감의 편찬과 출판의 의의를 귀히 여겨주시고 대대적 지원을 해주셨다. 이 자리를 빌려 진심으로 감사드린다.

그리고 이 도감의 편집, 출판을 담당하여 많은 노력을 기울여주신 산둥화보출판사 관련자분들과 편집자 그리고 직원들에게도 진심으로 감사의 마음을 전한다.

2014년 12월 16일

장셴원

역자 서문

쑤즈량 교수는 1992년 일본의 한 연구자로부터 일본군 최초 '위안소'가 상하이에 존재하는가에 대한 질문을 받은 이후 그에 대한 답을 찾기 위하여 시작했던 연구를 지금까지 계속하고 있다고 말하였다(후기 참조). 그리고 지금 그는 중국의 일본군 '위안부'관련 연구에 있어서 명실상부 중국을 대표하고 있다. 한국에서도 중국을 대표하는 일본군 '위안부'관련 연구자로 각종 일본군 '위안부'관련 학술행사에 초청되곤 한다. 그런데 아쉽게도 쑤즈량 교수의 연구서가 아직까지 한국에는 단 한 권도 소개되지 않았다. 이번에 쑤즈량 교수의 연구서가 번역 소개되는 것은 한국의 연구자들에게도 나름의 의미를 갖는다고 생각한다.

이 책은 도판을 통해서 전쟁의 참상, 그것도 일본군의 성폭력 문제를 전달하고자 하기 때문에 도판의 사용이 자극적이고 피해묘사가 지나치게 구체적인 점이 독자들에게 상당한 불편함을 초래할지도 모르겠다. 그러나 일본군이 주둔했던 현장의 도판이 보여주는 장소성과 피해자들의 그 후 삶의 모습을 보여주는 도판은 우리가 기존에 알고 있던 일본군 '위안부'에 대한 이해와 감각을 낯선 곳으로 이끌고 가는 것 같다. 그 낯섦은 아마도 인식의 확장, 혹은 사안의 구체성이 아닐까하는 생각이 든다.

역자는 엄밀하게 말하자면 일본군 '위안부'전문가는 아니지만, 평소 일본군 '위안부' 문제는 일본제국의 성관리 시스템의 일환으로 이해해야 한다고 생각해왔다. 쑤즈량 교수의 이 책은 한국의 독자들에게 일본군 '위안부' 문제를 일본제국의 성관리 정책의 일환이라는 틀로 이해할 수 있게 하는 실마리를 제공할 수 있을 것이라고 본다. 특히 중국의 피해 양태와의 비교사적 이해를 통해, 한국이 입은 '위안부' 피해문제를 '반일내셔널리즘'을 넘어서 '제국, 식민, 전쟁, 여성'의 상관관계 속에서 바라볼 수 있는 가능성을 제시한다. 이 점이 바로 이 책이 이끄는 낯선 지점이며 번역이 갖는 의미가 아닐까 생각한다.

1991년 김학순 여사가 피해생존자로서 처음으로 공개적인 자리에 나선 이후 일본군 '위안부'문제가 한일 양국 사이의 중요한 의제로 떠오른다. 그로부터 일본군 '위안부'피해자 할머니들의 삶이 재조명되면서 이후 한국 사회에서는 일본군 '위안부'문제를 피해자라는 '사람'의 프레임으로 바라보는 경향(한계)이 생겨난다.

그런데 쑤즈량의 위치는 전쟁터가 된 중국의 각 곳에 존재했던 '위안소'라는 장소로부터 이 사안을 바라보는 것을 가능하게 한다. 중국의 영토에서 전쟁이 확대되어 가면서 각 곳에 '위안소'가 생겨났다. 각 곳의 '위안소'는 부대가 있었던 장소의 특징과 격전지로부터의 거리 등에 따라 그 양태를 달리하였던 것으로 보인다. 그리고 그곳으로 끌려간 피해자의 피해 양상에도 각각 차이를 보인다.

역자는 이전에 일본군 '위안부'를 일본제국의 성격을 보여주는 중요한 기제로 보면서 본토, 식민지, 점령지에서의 일본군'위안부'의 차이를 간략하게 언급한 적이 있다.

> '일본'의 성차별적 천황제 아래서 '분리형' 젠더가 강하게 작동하였으며, 계급에 따른 여성의 분단지배는 공창제도로 형태화되었으며 전시에 공창제도를 저변에 깐 상황 속에서 일본인 일본군 '위안부'는 탄생되었다. 그런데 이것이 식민지로 넘어가면 위의 폭력의 작동 방식이 보다 노골적이고 거친 형태로 드러난다. 하지만 제국은 식민지 내에서 그 지배를 받아들이게 하여 안정화시킬 수 있는 (폭력적)권력기구를 작동시킨다. 그렇기 때문에 식민지 체제의 작동 속에서 조선인 일본군 '위안부'가 생겨났다.
>
> 점령지의 경우는 극심한 무력저항이 이루어지고 있는 상황이기 때문에 일본군이 전면에 드러나 여성에 대한 폭력을 행사하는 형태가 보인다. 그러나 식민지는 조선총독부를 정점으로 하는 정치적 지배시스템이 일본군하고 별도로 존재했기 때문에 점령지처럼 노골적으로 일본군이 드러나지는 않지만, 헌병이나 경찰조직의 개입이 보인다[6].

쑤즈량은 중국에서 일본군이 어떻게 중국여성을 일본군 '위안부'로 만들었는가를 다섯 가지 유형으로 정리하였다. 첫째, 일본군은 전쟁터와 점령지 도시와 농촌에서 공개적이고 폭력적으로 현지 중국 여성을 끌고 갔다. 둘째, 일본군은 흔히 여종업원과 세탁부를 구한다는 명목의 속임수로 여성들을 유인하였다. 셋째, 일본군은 한 지역을 점령하여 형세가 어느 정도 안정되면 바로 괴뢰정부 등으로 하여금 여성을 모집시켜 '위안부'를 만들었다. 넷째, 중국 여성 포로를 '위안부'로 만들었다. 다섯째, 대도시에서 일본군과 괴뢰정권은 흔히 기존의 창기를 강제로 징용하여 '위안부'를 확충하였다.

이처럼 이 책에서 다루고 있는 피해의 양상을 보면 중국의 경우 '일본군이 전면에 드러나는 폭력양식' 이외에도 '본토'와 식민지 유형이 모두 보인다. 이는 일본제국이 광대한 중국의 영토를 침략하자 중국인의 격렬한 무력저항이 행해지다가 점령이 일단락되면 유지회라고 불린 괴뢰기구가 만들어져 식민지와 유사한 상황이 만들어지기 때문이다. 또한 조계지의 경우는 일본의 공창제가 일본거류민의 유입과 함께 이식되면서 중국의 기원(妓院) - 기녀(妓女)라는 '성폭력 구조'와 결합했기 때문이다.

중국의 성폭력 구조와의 결합은 당시 '위안소'가 존재했던 중국에서 '위안소'의 명칭이 어떻게 사용되었는가를 통해서도 알 수 있다. 우선 '위안소'라는 용어가 최초로 공식문서에서 확인되는 것은 1932년 1월 "昭和7年在上海總領事館警察 事務狀況"-'海軍慰安所'이다. 이 문서에 입각해서 쑤즈량은 "장병들의 성적 갈증을 만족시키면서 안전한 성 '위안'을 제공하기 위해 1932년 1월 일본 해병대 사령부는 상하이 훙커우(虹口)의 다이살롱(다이이치살롱, 大一沙籠)을 포함해 일본인이 경영하는 4개의 풍속업소를 해군의 지정 '위안소'로 선정하였다(p12)" 고 말하였다. 확인된 '위안소'의 명칭, '다이살롱'에서 성매매라는 폭력적 구조와 아주 긴밀하게 연결되어 있었다고 추측해볼 수 있다. 살롱이외에도 '위안소'의 명칭은 예를 들어 '오락소(娛樂所), 여랑옥(女郎屋), 회소(會所), 요정, 식당(食堂), 별장(別莊), 료(寮), 군인클럽 등등'이 사용되었다고 한다. 이러한 장소는 대체로 점령지 곳곳에서 묘(廟), 여관, 사유주택, 학교, 가건물 등을 점거하여 만들어졌으며 위에서 언급한 것과 같은 '현지의 명칭'을 따랐다고 한다. '위안소'건물을 짓는 일을 도왔던 농민 스류류(史留留)는 "당신들은 '위안소'라

[6] 「서평과 반론1 우리를 들여다보는 아픈 통찰의 첫걸음 ; 윤명숙, 2015, 최민순 역 『조선인 군위안부와 일본군 위안소제도』, 이학사」, 『사회와 역사』 제111집(2016년), p296.

고 부르지만 우리는 '일본기루(日本堂子)'라고 했다"고 말하였다.

그리고 앞서 쑤즈량이 다루고 있는 중국인 피해자들의 피해양상에서 첫 번째와 네 번째 사항이 주목할 만한데, 이는 우리가 일반적으로 조선에서 군인이 전면으로 나와 여성을 끌고 갔다고 생각하는 양상이 전쟁터가 된 중국에서 비일비재했다고 하는 사실을 보여주기 때문이다. 그것은 아마도 폭력이 날것 그대로 행사되는 전장이었기 때문에 생겨난 일이었을 것이다.

이처럼 이 책의 '위안소'관련 도판은 피해자 할머니로부터 출발한 우리의 일본군 '위안부'문제인식을 피해의 현장으로 데리고 가 새로운 지점으로 이끌고 간다. 그리고 조선이라는 식민지에서 나아가 점령지 중국에서의 피해 양상을 통하여 식민지와 점령지의 비교사적 인식을 가능하게 한다는 장점도 빼놓을 수 없다.

그러나 쑤즈량 교수의 이 책이 적지 않은 문제를 안고 있는 것도 사실이다. 내용이 빈번하게 중복되고 꼼꼼한 근거제시가 미약하며, 지나치게 사적 활동을 중시한 점 등을 그 예로 들 수 있다. 또한 이 사안을 묘사함에 있어서 누구나 고민하지 않을 수 없는 기존의 가부장적 언어표현이 여과 없이 사용되고 있다. 번역하는 과정에서 불필요한 중복은 임의로 들어낸 부분이 있으며 가부장적 표현은 가능한 순화하고자 노력하였지만 부족한 면이 적지 않을 것이다. 그럼에도 불구하고 이 책이 한국사회에 소개되면서 순기능적 효과를 발휘하여 일본군 '위안부'라는 사안에 대한 인식의 지평이 확대되는 데에 기여하기를 기대한다.

또한 당시 일본군은 '위안소'명을 일본어로 명명했기 때문에 가능한 고유 '위안소'명에는 일본어를 병기하였다는 사실을 덧붙인다.

광교산자락에서
역자 이선이

범 례

『일본의 중국침략 도감』은 상당한 학술적 가치와 현실적인 의의를 가지고 있는 도서 출판 시리즈 사업이다. 이 도서는 총 25권으로 구성되어 있으며, 권당 약 8만 자이며 1,000점의 도판으로 이루어져 있다. 총합계하면 200만 자이고 도판은 2만 5천 점이다. 이는 '십이오(十二五)' 중국 중요 도서, 음반, 전자 출판물 출판 계획사업 및 중국 국가신문출판방송 총국의 2014년도 신문출판 개혁발전 사업으로 선정되었다. 이 도서의 학술적 가치와 사료 가치를 충분히 드러내기 위해 각 권은 아래와 같이 통일된 격식과 규범에 따라 편찬되었다.

1. 책 제목

책 제목. 이 책은 『일본의 중국침략 도감』이라는 제목으로, 시간과 주제별로 25권으로 나누었다. 각 권은 번호를 매겨 각각 소제목을 달았다. 예를 들어 『일본의 중국침략 도감 (1): 전쟁동원』, 『일본의 중국침략 도감 (2): 청일전쟁에서 러일전쟁까지(1894-1905)』, 『일본의 중국침략 도감 (16): 난징대학살』 등이다.

2. 각 권 내용의 구성

각권은 책을 내면서, 범례, 목록, 총론, 본문, 관련사건 연표, 참고문헌, 색인, 후기 등으로 구성되어 있다.

3. 본문 구성

대부분 두 단락으로 구성되었으나 몇 권은 세 단락으로 구성되었다. 그에 따라 각 장별로 소제목을 붙였다. 각 장, 1., 1) 순으로 표기된다. 각장과 1. 단계까지는 차례에 표기했다. 각 장의 제목 아래 약 1,000자 정도의 개괄적 설명을 했으며, 1.과 1) 단계에서는 약 200자 정도의 간략한 설명을 했다. 각 도상마다 출처를 포함해 100자의 설명을 덧붙였다. 상황에 따라 『정보와 첩보활동』, 『'위안부'와 성폭행』과 같이 격식이 다른 경우도 있다.

4. 도상의 편집과 수록 원칙

'중요성, 희소성, 고화질'의 원칙에 따라 도상을 편집 수록하였으며, 최대한 역사의 현장을 담아서 진실에 가깝게 접근할 수 있도록 보여주고자 노력하였다.

5. 도상의 편성 순서

이 책은 주제에 따라 여러 권으로 나누어 편찬되어 있으며, 일반적으로 역사사건은 플롯의 진행과 연관되어 있어서, 수록된 도상 자료는 역사 사건의 발생순서와 내적 연관에 따라 배열하였다. 각 페이지의 도상과 설명은 번호를 매겨 편성하였다.

6. 어휘 선택

이 책은 사실과 이성을 원칙으로 삼았으며 지나치게 주관적이거나 감정적인 색채를 피하였으며 과도한 멸시와 칭송 투의 글을 피하여 최대한 중립적 어휘를 사용하고자 하였다. 예를 들어 중국을 침략한 일본군에 대해 '왜놈', '왜구', '강도', '악마' 등의 단어를 피하였다. 일본어 사료 중에 일본 측이 중국 침략 행위를 선전하거나 과도하게 미화하고, 중국에 대한 모욕적인 표현이 있는 경우 주석을 달아 설명하거나 혹은 인용부호를 달았다. 지명은 일반적으로 당시 명칭을 사용하고 괄호로 현재 명칭을 표기하였다. 예컨대 '위(僞)만주국 수도 신징(新京, 현재 창춘)'과 같다. 타이완과 홍콩, 마카오, 티베트, 몽골과 관련된 용어, 그리고 '괴뢰' 정권의 국호, 연호, 관직 등의 명칭은 중국 규정에 따른다. 중국 소수민족은 모두 정식 명칭을 사용하며 예컨대 '선족(鮮族)', '몽족(蒙族)'이라는 약칭을 사용하지 않고 '조선족', '몽골족'을 사용한다. 이민족 정권에 대해서도 '만청(滿淸)', '몽원(蒙元)'이 아닌 '청조(淸朝)', '원조(元朝)'를 사용한다. 1949년 이후의 타이완 역사에서 '중화민국(中華民國)' 기년은 사용하지 않는다.

7. 인용문 주석

문장 중 인용문은 모두 각주를 달았다. 인용문 주석 규칙은 '범례' 10의 참고문헌 표시와 같다.

8. 도상 설명과 출처 표시

도상에 대한 설명은 그것이 보여주는 역사 사실 위주로 작성하였으며, What(무엇), Who(누가), When(언제), Where(어디서), Why(왜)로 설명하였다. 설명 뒤에는 괄호로 도상의 출처를 표시하였다. 작가가 확실한 도상과 도표는 작가명을 표기하였으며, 작가 미상인 경우 상황 여하에 따라 제공자 혹은 수집가를 밝혔다. 미간행 기록물(당안)은 소장 장소 및 문서 번호를 명시하였으며, 이미 간행된 것은 저작권 소유자와 출판물의 명칭, 발행 연월, 페이지를 표시하였다. 수록된 도상 자료 중에 인물명이나 지명의 오자 혹은 용어가 규범에 맞지 않은 경우 역사적 가치와 원래의 모습을 지키기 위해 그대로 기재하였으며, 괄호 안에 부기하여 바로 잡았다. 출처가 외국어(주로 일본어)일 경우 원어를 기재하였으며, 저작권자의 국적을 밝히지 않았다.

예) 『一億人の昭和史:日本の戦史(3)・日中戦争(1)』, 毎日新聞社, 昭和五十四年(1979)六月二十五日版, 16頁, 千葉光則, 『秘蔵写真で知る近代日本の戦歴(3):満州事変』, フシトワーク出版社, 1991年12月6日, 78頁. 외국어 자료의 중국어 번역본일 경우, 현대 중국어로 기재하고

원저작권자 앞에 괄호로 국적을 밝혔다.

예) (德) 約翰·拉貝, 『拉貝日記』, 本書翻譯組譯, 江蘇人民出版社, 江蘇教育出版社, 1997年 8月, 190頁. 도상 출처의 문장이 끝날 때 마침표를 찍지 않는다[7].

9. 참고문헌

책의 마지막 부분에 정리하였다. 출판사명이 혼돈을 야기할 경우 괄호로 지명을 표기하였다.

예) 高添强 等編著, 『香港日占時期』, (香港)三聯書店, 1995年7月; 井上清(宿久高 等譯) 『日本帝國主義的形成』, (北京)人民出版社, 1984年6月

저서 예) 王衛星 編, 「日軍官兵日記」, 張憲文 主編, 『南京大屠殺史料集』 第8冊, (南京)江蘇人民出版社, 2005年7月

저널의 예) 張濟順, 「淪陷時期上海的保甲制度」, 『歷史研究』, 1960年 第10期

신문 예) 萬居, 「日本國民的厭戰情緒」, 『申報』, 1938年12月15日, 第4版

친필 원고와 기록(당안) 자료 예) 支那研究会編, 『山東の富源: 附•膠州湾の価値』, (東京)活人社大正三年(1914)版, 青島市档案馆藏, A10180

전자문헌 예) Robin Waldman. AGAS.8. http://blogs.archives.gov/TextMessage/2012/05/21/Identifica-tion-in-world-war-ii-china-friend-or-foe/agas-8/, 2014年12月22日;

韓練成捐贈, 侵華日軍海南警備府長官, 海軍中將佐贺启次郎投降時交出的海軍軍刀, http://www.jb.mil.cn/cp/wwjs/yjww/201007/t20100709_13917_17.html, 2014年12月22日

[7] 역서에서는 중국어 번역자료의 경우 원저자의 국적을 생략하였다. (역주)

목 차

총 론 ········· 19

제1장 '위안부' 제도의 발단 ········· 35
1. 근대 일본사회의 '성' ········· 37
2. 최초의 일본군 위안소 – 다이살롱(다이이치살롱) ········· 39

제2장 일본군 성노예 제도의 실시 ········· 51
1. 화동(華東)지역의 일본군 '위안소' ········· 55
2. 화중(華中)지역의 일본군 '위안소' ········· 97
3. 화남(華南)지역의 일본군 '위안소' ········· 105
4. 화북(華北)지역의 일본군 '위안소' ········· 117
5. 동북(東北)지역의 일본군 '위안소' ········· 127
6. 서남(西南)지역의 일본군 '위안소' ········· 135
7. 홍콩, 타이완의 일본군 '위안소' ········· 145

제3장 '위안부' 제도의 중국인 피해자 ········· 153
1. 중국인 피해자의 신분과 연령 ········· 157
2. 일본군의 중국인 성노예 강제 징집 방법 ········· 168
3. 생존자의 고발 ········· 173

제4장 일본군의 중국 여성에 대한 강간 폭행 ········· 207
1. 점령지에서 일본군의 강간 폭행 ········· 211
2. 여성 피해자의 개별 사례 ········· 219

제5장 전후 일본의 '위안부' 제도 은폐와 부인 ······ 227
1. 일본 정계의 '위안부'제도 부인 ······ 231
2. 일본 법조계의 '위안부'제도 부인 ······ 234
3. 일본군 '위안부'제도에 대한 국제사회의 비난 ······ 243

일본군 '위안부' 관련연표 ······ 256
참고문헌 ······ 265
색인 ······ 269
후기 ······ 275

총 론

본서는 일본이 중국 침략 전쟁을 벌이는 동안 중국에서 자행한 성노예 제도인 '위안부'제도와 중국 여성에 대한 성폭행에 대해 다룬다.

'위안부'란 20세기 제2차 세계대전 기간에 일본 정부와 군대의 명령으로 강제 모집되어 일본군의 성노예가 된 여성 피해자를 가리킨다. '위안부'제도는 제2차 세계대전 기간에 일본 정부가 피해국 여성을 강제적으로 일본군의 성노예로 만들어 일본군에게 계획적으로 분배한 제도이다. 이는 일본 파시즘이 인도주의, 남녀의 윤리 그리고 전쟁 관례를 위반한 것이며, 제도적으로 행해진 부정할 수 없는 국가의 전쟁범죄이다. '위안부'의 역사는 세계사적으로도 유례를 찾기 어려울 정도로 여성들을 비참한 상황으로 내몰아 노역과 박해를 강제한 것이다. 현재 구미에서는 일본어가 완곡하게 미화시킨 '위안부'를 Comfort Women(위안부)으로 그대로 번역하였으나 점차로 범죄의 본질을 직접적으로 드러내주는 용어 Sex Slaves(성노예)로 대체되고 있다.

1. 일본군 '위안부' 제도의 역사

일본군이 '위안부'제도를 실시한 첫 번째 단계는 1932년 1월부터 1937년 7월까지이며, 이 시기에 상하이(上海)와 동북지역에 잇달아 일본군 '위안소'가 생겼다.

1868년 메이지유신 이후 일본은 자본주의의 급속한 발전으로 국력이 크게 증대하면서 점차로 군국주의의 길로 나아가기 시작하였다. 1918년 3월 러시아 군대의 동진을 막는다는 구실로 영국과 프랑스 군대가 무르만스크에 상륙하여 러시아에 대한 무력간섭을 하였는데 이 틈을 타서 일본도 출병하여 중국 북만주지역과 인접한 시베리아지역을 침략하기 시작하였다. 3년간 총 11개 사단의 일본군이 차례로 중국 동북지역과 러시아 원동지역으로 진입하였다.[8] 러시아를 침략하는 과정에서 일본의 포주들은 일본군의 허가를 받아 창녀를 데리고 군대를 수행하면서 일본군을 위해 성적 '위안'(서비스, 성 복무)을 제공하였다. 그럼에도 불구하고 여전히 일본군의 강간 사건은 끊이지 않고 빈번하게 발생하였으며 군대에서는 성병이 만연하였다. 일본군의 통계에 따르면 10~20%의 일본군이 성병에 감염되었으며 그 수가 약 1만 2천 명에 달했다. 전쟁으로 인한 사상자보다 성병 환자가 훨씬 많았다고 한

[8] 井上清(尚永清譯), 『日本的軍國主義』 第2冊, (北京)商務印書館, 1985, p230.

다.[9] 성병의 만연은 야심만만하게 전쟁을 일으킨 일본군에게 엄청난 타격을 주었다. 이에 일본군 고위층은 앞으로의 전쟁에서 성병으로 인한 군대의 전투력 저하 억제책을 심혈을 기울여 모색하기 시작하였다. 일본 해군의 『해군 군의단 잡지(海軍軍醫會雜誌)』와 육군의 『군의단 잡지(軍醫團雜誌)』 등의 간행물에서 이 문제를 전문적으로 연구한 글들이 빈번히 발표되었으며 한결같은 결론에 이르렀다. 즉 나날이 군대규모가 확장되고 해외파견이 늘어가는 상황에서 군인들의 성욕 문제를 해결하기 위해서는 군대의 통제 속에서 위생이 보장되는 '위안' 제도를 건립해야 한다는 것이었다.[10]

청말 이후 상하이는 일본 해군의 최대 해외기지가 되었고, 일본 해병대 사령부는 상하이 동북쪽의 훙커우(虹口)지역에 있었다. 장병들의 성적 갈증을 만족시키면서 안전한 성 '위안'을 제공하기 위해 1932년 1월 일본 해병대 사령부는 훙커우의 다이살롱(大一沙籠, 일본명 다이이치살롱)을 포함해 일본인이 경영하는 4개의 풍속업소를 해군의 지정 '위안소'로 선정하였다. 지난 이십 년 동안 중국학자들은 다이살롱 '위안소'에 대한 장기간의 조사를 통하여 대량의 인적 물적 증거를 찾아냈다. 학자들의 노력을 통해 이 '위안소'의 옛터인 상하이시 둥바오싱루(東寶興路) 125룽(弄[11])은 이미 상하이시 문화재보관 위원회에서 보호조치를 취하고 있다. 다이살롱은 현재 사료로 확인되는 최초의 일본군 '위안소'이다. 그리고 사태가 진전되면서 일본군 '위안부'제도는 일본여성이 아닌 여성을 강제로 모집하기 시작하여, 아시아 각 나라의 여성을 강제적으로 일본군의 성노예로 만들었다.

1932년 1월 28일, 일본이 상하이를 공격하자 중국군의 완강한 저항에 부딪쳤기 때문에 일본은 상하이로 파견군 증원을 결정하였으며 3월까지 상하이의 일본군은 3만여 명에 달하였다. 대규모 강간사건으로 인한 성병 만연과 군기 문란을 방지하기 위해 오카무라 야스지(岡村寧次)[12] 상하이 파견군 부참모장은 상하이 주둔 일본 해군의 방식을 모방하였다. 일본 간사이(關西) 지역에서 육군 '위안부'단을 모집하고 또한 우숭(吳淞)과 바오산(寶山), 먀오항(廟行), 전루(眞如) 등 전투가 진행되고 있는 전선에서 일본군을 위한 '위안소'를 설립하기도 하였다. 이 '위안부'단은 '위안부'제도를 만들기 위한 일본 육군 최초의 조직적인 관여 행동으로 일본의 전시 '위안부'제도가 만들어지는 데 있어서 결정적 시도이며 이후의 모델이 되었다.

그 후로 상하이의 일본인과 조선인들이 지속적으로 '위안소'를 운영하게 된다. 일본군은 중국 동북지역을 점령한 후 동북지역에서도 관동군을 위한 '위안소'를 설립하였다.

두 번째 단계는 1937년 7월부터 1941년 12월까지로, 중국 점령지에 일본군 '위안소'가 전면적으로 확대되는 시기이다.

일본군이 '위안부'제도를 전면적으로 실시하게 된 근원적 요인은 침략전쟁이 전면화했기 때문이지만, 난징(南京)대학살은 이 제도의 확대실시에 중요한 전환점이 되었다. 1937년 일본은 차례로 루거우챠오(盧溝橋)사건과 813사변[13]을 일으켜 중국 침략 전쟁을 전면적으로 전개하였다. 12월 13일 일

---

[9] 矢野玲子(大海譯), 『慰安婦問題研究』, (瀋陽)遼寧古籍出版社, 1997.2, p32.

[10] 『軍醫團雜誌』, 第190号, 第288号; 『海軍軍醫會雜誌』, 第30号等.

[11] 골목, 작은 거리. (역주)

[12] 오카무라 야스지(岡村 寧次, 1884년 5월 15일~1966년 9월 2일)는 일본제국 육군으로 지나 파견군 총사령관, 중지나 방면군 사령관, 제11군 사령관 등을 역임하였다. 1932년 상하이 전투를 겪으면서 일본군의 성병예방을 위해 당시 나가사키 지사에게 공식적으로 '위안부'의 차출을 요청하였다. 1941년 대본영 575명령인 삼광작전을 수리하여 민간인 270만 명을 죽음에 이르게 하는 단초를 제공하였다. 그러나 전후 장제스의 중국 국민당의 군사고문이 되어 전쟁책임에서 면책되었으며 무사히 일본으로 귀국하여 남은여생을 보냈다. 그러나 2000년 여성국제전범법정에서 일본군 '위안부'를 주도적으로 조직화한 혐의로 기소되었다. (역주)

본군이 난징을 공격하면서 인류 역사상 찾아보기 어려운 대학살을 감행하였으며 무고한 여성들이 무수하게 강간과 살해를 당하였다. 국제 여론의 비난과 나날이 심각해지는 일본군의 성병문제 때문에 일본군 고위층은 '위안부'제도의 실시에 박차를 가하기 시작하였다. 이에 상하이와 난징 등의 도시에서 '위안소'를 설립하는 계획이 신속히 전개되었다.

상하이 양쟈자이(楊家宅) '위안소'는 일본군 상하이 파견군이 직접 설립한 대형 '위안소'로 그곳에 있었던 '위안부'가 백여 명에 달하였다. 상하이사범대학교 '위안부'문제 연구센터는 20여 년간의 연구와 현장 조사를 통해 상하이 소재 '위안소'가 적어도 160곳에 이른다는 사실을 밝혀냈다. 난징 역시 일본군 '위안소'가 대거 설치된 도시였다. 2003년 중국 '위안부'문제연구센터는 평양의 피해자 박영심(朴永心)을 난징으로 초청하여 그녀가 피해를 입었던 리지샹(利濟巷)'위안소'의 현장을 확인하였다. 지금까지의 연구에 의하면 일본군이 난징에 설치한 '위안소'는 적어도 50여 곳에 이른다고 한다. 이외에도 항저우(杭州)와 우한(武漢), 광저우(廣州) 등도 일본군 '위안소'가 많이 설치되었던 도시이다.

세 번째 단계는 1941년 12월부터 1945년 8월까지로 일본군이 중국 점령지에서 '위안소'를 확대하면서 나아가 동남아시아 각지에서도 '위안소'를 설치한 시기이다. 일본군 '위안소'가 소멸되는 것도 이 시기이다.

지속적인 전쟁으로 인해 중국 헤이룽쟝성(黑龍江省)과 지린성(吉林省), 랴오닝성(遼寧省), 네이멍구자치구(內蒙古自治區), 산시성(山西省), 허베이성(河北省), 허난성(河南省), 톈진시(天津市), 베이징시(北京市), 산둥성(山東省), 안후이성(安徽省), 쟝쑤성(江蘇省), 상하이시, 저쟝성(浙江省), 쟝시성(江西省), 푸졘성(福建省), 후베이성(湖北省), 후난성(湖南省), 광둥성(廣東省), 광시성(廣西省), 하이난성(海南省), 구이저우성(貴州省), 윈난성(雲南省) 등의 도시에 광범위하게 '위안소'가 만들어졌다.

1941년 12월 태평양전쟁이 발발하고 일본의 점령 지역이 확대됨에 따라 '위안소'가 만들어지는 지역도 중국 대륙으로부터 홍콩 및 타이완(臺灣), 싱가포르, 미얀마, 인도네시아 제도, 필리핀, 말레이시아, 베트남, 동인도 제도, 태평양 동부 제도, 그리고 일본 본토로 확대되었다.

이 시기의 일본군 '위안부'는 중국과 조선, 일본에서 강제로 모집된 성노예 이외에도 동남아시아 각지의 여성, 심지어 동남아시아에 있던 서양 여성과 중국 동북지역에 있었던 소련 여성도 포함되었다.

타이완의 '위안소'는 북쪽에 있는 멍샤(艋舺), 시먼딩(西門町), 베이터우(北投)에 집중되었고, 남쪽은 타이난(臺南) 신딩(新町)에 많았다. 당시 타이난의 샤오메이위안(小梅園)'위안소'는 일본 가미카제특공대가 출전하기 전 환락을 좇아 반드시 들렀던 곳이었고, 쟈이현(嘉義縣) 푸쯔시(朴子市)의 둥야러우(東亞樓) 또한 일본군이 지정한 '위안소'였다. 태평양전쟁으로 긴박했던 시기였던 1944년 타이완 각지에는 일본 특공대가 설치되어 있었으며 그에 따라 '위안소'도 대거 증가하였다. 문헌사료에 따르면 일본군이 타이완에서 '위안부'를 모집하는 방식은 주로 브로커가 개입하는 형태로 이루어졌는

[13] 1932년과 1937년의 두 차례에 걸쳐 상하이에서 발생한 중국·일본 간의 무력충돌사건을 상하이 사변이라고 한다. 1931년 9월 만주사변이 일어나자 중국대륙에 항일운동이 확대되었으며, 특히 상하이의 정세는 급속도로 악화되었다. 1932년 1월 29일 조계(租界)를 경비하던 일본 해군육전대(海軍陸戰隊)와 중국 제19로군(路軍) 사이에 전투가 벌어지자, 일본은 2월 중순에 3개 사단의 육군을 파병하여, 3월 중순 중국군을 상하이 부근에서 퇴각시켰다. 그동안 당사국과 상하이에 이해관계를 가진 영국·미국·프랑스·이탈리아 대표들이 정전 협의를 추진하였으나 조인 예정일인 4월 29일에, 한국의 윤봉길 의사의 폭탄사건이 일어나 일본의 파견군사령관이 사망함으로써, 협상은 난항을 거듭한 끝에, 5월 5일 정전협정이 성립되었다. 이를 제1차 상하이 사변이라고 한다. 이 사건은 일본이 내외(內外)의 주의를 만주국 건국공작에서 벗어나게 하려고 일부러 도발한 책략이었다. 제2차 사변은 1937년 7월 화베이[華北]에서 중국·일본 사이에 전쟁이 발발하면서 전화가 상하이로 확대되면서 일어났다. 8월 13일 일본군 육전대가 압도적으로 우세한 중국군의 포위공격을 받았으며, 이에 일본 육군이 파견됨으로써 전화는 난징[南京]·우한[武漢] 등 중국 전토로 확대, 중일전쟁이라는 전면전의 계기가 되었다. 제2차사변이 8월 13일 일어난 데에서 813사변이라고 명명한다. (역주)

데, 즉 '간호사'와 '식당 일'이라고 여성을 속여서 유인하거나 강제로 일본군의 성노예로 만들었다. 타이완 학자의 초기 통계에 따르면 타이완의 '위안부' 제도 피해자는 적어도 2천 명이라고 한다.[14]

2. 일본군 '위안소'의 유형

일본군 '위안소'는 소속관계와 성격, 운영 방식에 따라 대략 4가지 유형으로 나눌 수 있다.

첫 번째는 군대가 직접 설치한 고정적인 '위안소'로 '군위안소'라고 부른다. 예를 들어 1938년 초 상하이에 설립된 양쟈자이'위안소'는 바로 일본군 상하이 파견군 동(東)병참 사령부에서 설치한 것이었다. 한커우(漢口)의 일본 조계지의 빈쟝다다오(濱江大道) 옆에는 해군 직영 '위안소'가 있었으며, 광저우와 지난(濟南), 난닝(南寧), 구이린(桂林) 등지에도 일본군이 직접 운영한 '위안소'가 있었다. 일본군은 북쪽으로 중국과 소련의 국경선 지역인 헤이룽쟝성으로부터 남쪽 하이난다오(海南島)의 천애지각에 이르기 까지, 동쪽 랴오닝성으로부터 서쪽 윈난성을 비롯한 중국과 미얀마의 국경선에 이르기까지 광범위한 중국 점령지역에 수천 개에 이르는 직영 '위안소'를 설립하였다. 기존 자료에 의하면 군대가 직접 설립한 '위안소'가 가장 보편적 방식이었으며, 그것의 주관 주체는 방면군(方面軍)이나 사단, 여단, 연대, 대대 심지어 경비대 혹은 소대도 될 수 있었다. 군대가 이동하면 강제적으로 '위안부'들도 함께 이동시켰다.

두 번째는 일본인이 설치한 '위안소'이다. 일본인이 일본군의 명령 혹은 지지를 받아 설립한 '군관리, 민간 운영'의 위안소가 상당히 많았다. 만주사변 이후 일부 일본의 포주가 창기를 데리고 중국 동북지역으로 와서 관동군 병영 주변에 장교를 위한 '요정(料亭)'과 병사를 위한 '유곽(遊廓)'을 다수 설치하여 주둔지 주변으로 '화류가'가 형성되었다. 전쟁의 확대에 따라 이러한 '화류가'가 중국 내지 그리고 아시아 각지의 대도시와 산간 오지까지 퍼져나갔다. 이런 식의 '위안소' 운영자는 종종 장교에게 뇌물을 주고 '위안소' 설립 특권을 획득하여 폭리를 취했다. 일본 군부는 전쟁을 수행해야 했기 때문에 모든 전쟁터의 '위안소'를 일일이 신경 쓸 수는 없다는 것과 군부가 직접 '위안' 시스템을 만들었다는 사실을 숨길 필요가 있었기 때문에 일본 민간인들의 '위안소' 운영을 적극적으로 권장하였다. 예를 들어 상하이 쟝완(江灣)에 있는 일부 '위안소' 및 우한 둥산리(東山里), 지칭리(積慶里)에 있는 '위안소' 12곳과 더우지잉(斗級營)에 있는 20곳의 '위안소', 그리고 난징 화월루(華月樓)'위안소', 탕산(湯山) 가오타이포(高臺坡)'위안소', 하이난성 각지에 있는 '위안소' 등이 모두 일본인들이 운영한 곳이었다. 상하이에 있던 규모가 가장 큰 일본 해군의 하이나이쟈(海乃家, 일본명 우미노이에)'위안소'는 1939년 일본 동부 해군 특별 해병대와 일본인 사카시타 쿠마조(坂下熊藏)가 계약을 맺어 해군 측에서 건물과 창업비용, 필수 물자를 제공하여 설치되었다. 계약서에는 '위안소'의 소유권은 일본 해군에게 있고 사카시타 쿠마조에게는 운영권만 있는 것으로 명시되었다.[15]

세 번째는 일본군이 민간의 창기업소를 지정해서 사용한 형태의 '위안소'이다. 이러한 '위안소' 대부분은 나라를 배신한 중국과 조선의 매국노들이 일본군의 명령을 받아 중국 각지에 설립한 것이다. 이러한 '위안소'는 일본군 이외의 일본인도 사용할 수 있었다. 예를 들어 상하이의 '다이살롱'은 전쟁 기간에도 일본인들에게 개방하였으며, 이외에 베이핑(北平) 쉬안우먼(宣武門) 안에 있는 류부커우

---

[14] 臺北市婦女救援基金會, 『沈默的傷痕——日軍慰安婦歷史影像書』, (臺北)商周出版社, 2005, p25.

[15] 華公平, 『従軍慰安所'海乃家'の伝言』, 日本機関紙出版センター, 1992. 화공핑(華公平)은 사카시타쿠마쿠라(坂下熊藏)의 아들 사카시타 모토시(坂下元司)의 다른 이름이다.

(六部口)의 인민클럽(人民俱樂部) 및 난징 푸허우강(傅厚崗)과 톄관샹(鐵管巷)의 '위안소', 우후(蕪湖) 펑이러우(鳳宜樓)'위안소' 등은 모두 이와 같았다.[16]

네 번째는 일본군 혹은 민간인이 운영하는 기차나 트럭, 선박 등에 설치된 이동식 '위안소'이다. 1938년 봄 일본군 제11병참 사령부는 기차로 '위안부'를 상하이에서 항저우로 이송하였는데 이 기차는 그대로 길가에 있는 일본부대의 일본군들을 위한 이동식 '위안소'가 되었다. '위안소' 관리자는 일반적으로 트럭을 이용해 '위안부'를 군대의 주둔지로 운송한 후 나무기둥과 담요를 둘러치거나 혹은 나무판자로 칸막이를 만들어서 임시 '위안소'를 만들었다. 일부 일본군 '위안소'는 고정식과 이동식을 모두 겸하고 있었다. 예를 들어 산야시(三亞市)와 하이커우시(海口市)의 '위안소'는 현지 일본군에게 개방했을 뿐만 아니라 매월 외진 병영과 거점을 돌면서 순회 '위안'을 실시하였다. 일본군의 명령에 따라 하이난 나다시(那大市)'위안소'는 '위안부'를 몇 개의 팀으로 나누어 수시로 주변의 일본군 거점을 찾아가도록 하였다.[17] 심지어 향진(鄉鎮)의 일부 여성을 강제로 '위안조(慰安組)'로 지정하여, 평소에는 집에서 생활하다가 매주 돌아가면서 포루에 있는 지정 장소로 찾아가 '위안' 임무를 수행하도록 하였다.[18]

3. 중국인 '위안부'는 얼마나 되는가

비록 일본 정부와 군부가 군대를 위해 계획적으로 일정한 비율의 '위안부'를 배치했지만 전선에 있는 군대는 '위안부'가 부족한 상황에서 현지 여성을 약탈하여 강제로 끌고 가는 일이 다반사로 행해졌다. 따라서 피해 여성의 수는 상당히 많았다. 패전 시 일본 정부와 일본군은 대대적으로 '위안부'와 관련된 기록을 인멸하였으며, 현재까지 일본 정부는 '위안부'관련 역사 자료를 전부 공개하지 않고 있기 때문에 일본군과 '위안부'의 비율 및 수량을 정확하게 파악하는 일은 상당히 어려운 일이다. 그렇지만 우리는 여러 자료와 데이터에 대한 분석을 통해 역사 진실을 복원하기 위한 노력을 할 수는 있다. 예를 들어, 1941년 관동군의 작전 계획에 따르면 70여만 명의 군대와 2만 명의 '위안부'를 동원하기로 하였는데, 그 비율은 37.5:1이었다. 그러나 이 비율을 일본군은 인정하지 않는다. 현재 일본의 대부분의 학자들은 당시 일본군에서 유행했던 '29:1' 설에 동의하는데, 즉 일본군 37~38명에 한 명의 '위안부'를 '배급'해준 것은 실제상황과 맞지 않는 것으로 본다. 인체의 생리적 특성에 따르면 한 명의 '위안부'가 약 29명의 군인을 담당해야 대체적으로 일본 장병들의 성욕을 만족시킬 수 있고 내부의 혼란을 방지할 수 있다. 29:1의 비율에 근거하여 일본의 학자들은 '위안부'의 도망 혹은 사망으로 인해 보충이 필요할 경우의 교체율(약 1:1.5 혹은 1:2.0 사이)을 더해 '위안부'의 총 인원수는 약:

300만(일본군) ÷ 29 × 2 = 20.6897만 명으로 추정한다.

이는 1992년 일본 학자의 연구[19]에 따른 것으로 2차 세계대전 기간의 '위안부' 수를 약 20만 명으로 유추한 것이다.

그러나 당시까지 중국 대륙의 일본군 '위안부'문제에 대해서는 아직 국제 학술계가 충분히 중시

[16] 汪業亞, 「鳳宜樓'慰安所'始末」, 中國人民政治協商會議·安徽省蕪湖市委員會文史資料委員會編, 『蕪湖文史資料』, 1988, 第三輯; 朱未央, 「鐵蹄下故都婦女的哀啼」, 『日寇燃犀錄』, (重慶)獨立出版社, 1938.

[17] 吳連生口述, 林良材等整理, 「楚館悲歌, 紅顏血淚——那大市侵瓊日軍慰安所親睹記」, 符和積主編, 『鐵蹄下的腥風血雨——日軍侵瓊暴行實錄』, (海口)海南出版社, 1995. 5.

[18] 상하이 숭명도 상묘진 피해여성 7인 구술조사(如上海崇明島上廟鎮被害女性'七个姐慰安組'口述調查), p151.(미간행)

[19] 吉見義明, 『従軍慰安婦』, (東京)岩波書店, 1995.4.

하지 못하고 있었기 때문에 중국에서는 공식적이고 대대적인 조사가 거의 이루어지지 못하였다. 그러므로 이 수치는 일본 학자가 주로 일본과 한국의 연구 및 동남아시아 지역에 대한 일부 조사를 통해 얻은 것이었다. 1990년대 중반 이후 중국 대륙에서 '위안부'에 대한 조사와 연구를 시작한 이래 아래와 같이 주목 해야 할 몇 가지 문제점이 제기되었다.

첫째, 일본군의 '위안부'제도 실시의 주도면밀함과 '위안부' 공급의 완비성은 이전 연구자의 예상을 훨씬 뛰어넘는 것이었다. 일본 주력 군대에 '위안소' 설치에 대한 규정이 있었을 뿐만 아니라 경비대, 소부대 및 전선의 보루와 거점에서도 이러한 시설이 보편적으로 있었으며, 나아가 전문적인 '위안소'를 설치하지 않아도 현지 여성을 '위안부'로 강제 징용하였다. 이는 일본군 '위안부'제도의 피해를 입은 여성들이 이전 연구 수치의 범위를 훨씬 넘어 선다는 사실을 보여준다.

둘째, 약 20만 명이라는 피해자 수치는 일본과 동남아시아 특히 조선 여성에 대한 조사를 위주로 하여 계산된 것으로 중국인 여성의 피해 상황을 충분히 고려하였다고 말하기는 어렵다. 그러나 지난 20년 간 중국 대륙에서 이루어진 '위안소' 유적지, 역사 현장 목격자, '위안부'제도 생존자에 대한 조사를 통해서 중국의 소수민족 여성을 포함한 현지 여성들이 '위안소'로 강제로 끌려갔다는 사실이 밝혀졌다. 중국 대륙은 2차 세계대전 동안 일본군의 최대 규모, 최장 기간 주요 전쟁터가 되었는데, 중국인 피해 여성을 제외하고 계산한 '위안부' 수치 20만 명은 지나치게 적으며 사실과 부합하지 않는다.

셋째, 교체율에 대해 생각해 보아야 한다. 지난 20년 동안 피해자의 증언과 각지의 지방지 사료 분석을 통해 전쟁 중 특히 전쟁의 중후반에 이르면 일본군의 중국 군민과 일반인들에 대한 살상이 나날이 심각해져갔다는 사실을 알 수 있다. 『안칭문사자료(安慶文史資料)』에 따르면 1938년 6월 일본군이 안후이성 퉁청(桐城)에서 대량의 현지 여성을 끌고 가 '위안소'를 만들었는데 이 여성들은 모두 일본군 장병들에게 '모욕, 강간, 살해'를 당하였다고 한다. 1938년에 출판된 『외적폭행록(敵寇暴行錄)』에 의하면 중국 목사 루(陸)씨가 상하이 훙커우에 있는 일본군 '행락소'에 잘못 들어갔다가 그의 이웃의 신혼의 여성을 구해냈다. 이 여성에 따르면 '행락소' 건물은 3층이었고 그곳의 여성들은 모두 중국인이었다. '위안소'에서는 나이별로 여성들을 가두었으며 그녀들에게 옷을 입지 못하게 하였다고 한다. 이 '위안소'에 갇힌 중국인 여성이 수백 명에 이르렀으며 이 여성들은 모두 행방불명되었다. 『중국침략 일본군 폭행 총록(侵華日軍暴行總錄)』에 따르면 1941년 여름 하이난의 보아오시(博鰲市) '위안소'에 있던 50여 명의 중국 여성들이 모두 타양챠오(塔洋橋) 옆에서 살해당하였다고 한다. 그 이유는 그녀들이 '일본군을 잘 접대하려고 하지 않았기 때문'이라고 한다. 1944년 5월 후난성 주저우(株洲)에 일본군이 설립한 '위안소'에서 중국인 '위안부' 10명 중 8명이 목숨을 잃었다.[20] 이러한 미미한 기록은 창해일속(滄海一粟)에 불과하다. 중일은 교전국이었기 때문에 중국인 '위안부'의 사망률은 일본과 동남아시아, 조선의 피해 여성보다 훨씬 높았으며, 이는 역사 사실과도 부합한다. 이와 같이 사망률이 높은 상황에서 관련 자료와 '위안부' 피해자의 증언에 의하면 1945년까지 일본군의 군대 '위안소' 설립 사업은 지속적으로 늘어갔으며 줄어들지 않았다. 따라서 교체율을 1:1.5 혹은 1:2 사이로 정한 것은 지나치게 낮을 가능성이 있다. 상하이사범대학교 '위안부'문제연구센터는 교체율을 1:3.5에서 1:4사이를 제기한 바가 있는데, 그에 따른 계산 결과는 아래와 같다.

300만(일본군) ÷ 29 × 3.5 = 36만 명

300만(일본군) ÷ 29 × 4 = 41만 명

---

[20] 李秉新 等編, 『侵華日軍暴行總錄』, (石家莊)河北人民出版社, 1995.2, p10.

즉 2차 세계대전 기간 동안 일본군에 의해 강제로 성노예 제도의 피해자가 된 사람은 약 36만 명에서 41만 명 사이이다. 이전의 일본과 한국 학계의 조사 결론인 일본과 한국 피해 여성 20만 명을 제외하면 중국인 여성 피해자는 약 20만 명이 된다고 볼 수 있다. 비록 이 결론은 20년 동안의 연구와 현지 조사를 통한 추측에 불과하지만, 이는 중국 여성이 2차 세계대전 기간 동안 일본군에 의해 얼마나 심각한 피해를 입었는지 말해준다고 할 수 있다.

4. 중국여성을 강제로 성노예로 만든 일본군의 방식

중국 침략 전쟁을 일으킨 직후 일본군 고위층은 '식량물자의 현지조달이라는 약탈주의'를 채택하고 있었다. 이러한 방침아래 일본군은 필요한 대부분의 물자를 전쟁터인 중국에서 약탈하여 해결했으며 그 중에 당연히 성노예인 '위안부'도 포함되어 있었다. 전쟁이 확대되면서 중국 침략전쟁에 참여하는 일본군이 증가하였으며 일본군은 점점 더 잔혹하게 중국 여성을 끌고 가 '위안부'로 만들었다. 중국 점령지와 전선에서 일본군은 주로 아래와 같은 방식으로 중국 여성을 강제로 '위안부'로 충당하였다.

첫째, 폭력으로 현지 여성을 강제로 끌고 갔다. 일본군입장에서 보면 전쟁터와 점령지 도시와 농촌에서 공개적으로 중국 여성을 끌고 가는 것이 가장 편리한 방법이었다. 이는 어떠한 비용도 발생하지 않으면서 복잡한 절차도 생략할 수 있는 방식이어서 중국 각지로 퍼져나갔다. 1937년 11월 일본군이 상하이를 점령한 뒤 도시와 농촌에서 중국의 젊은 여성들을 약탈하여 그녀들의 "옷을 벗기고 어깨에 번호를 새겼다. 이는 우리의 여성 동포들이 수치심으로 도망하지 못하게 하는 효과가 있었으며 또한 그들의 야만적 욕망을 만족시키는 도구로 삼았던 것이라고 할 수 있다"[21]. 일본군이 우후를 점령한 다음 가장 먼저 한 행위는 여성 약탈이었으며, 심지어 사병들을 비구니 암자로 보내 젊고 예쁜 비구니들을 약탈하여 '위안부'로 삼았다. 이후 주변 지역으로 소탕 작전을 전개하면서 많은 민간 여성을 잡아들여 '위안부'로 충당하였다. 윈난성의 텅충(騰冲)과 망시(芒市), 룽링(龍陵) 등지에서 조사한 생존자들의 증언에 따르면 전원 일본군들이 백주대낮에 대놓고 잡아갔다고 한다. 일본군이 하이난다오를 점령한 후 시골마을로 군대를 보내 소녀들을 잡아와 '위안소'를 만들거나 강제 징용된 노동자 중에서 예쁜 한족과 여족(黎族) 여성을 뽑아서 콰이러팡(快樂房) '위안소'로 보냈다. 1940년 일본군의 일부가 산시성 팡산현(方山縣)을 소탕하고 거점을 세운 후 바로 괴뢰정권에게 '예쁜 처자'들을 모집하라고 요구하였고, 이에 따라 괴뢰정권은 여성을 강제로 모집하여 '위안소'를 설립하였다.[22]

둘째, 각종 계략으로 여성들을 유인해 함정에 빠뜨렸다. 일본군이 흔히 사용한 수법은 여종업원과 세탁부를 구한다는 명목의 속임수였다. 1937년 11월 상하이를 점령한 다음 일본 특무기관은 조계지에서 "불법 차량을 유흥가 주변에 대기시켰다가, 손님이 차에 타면 쏜살같이 달려 으슥한 곳으로 가 남자는 버리거나 죽였으며 여자는 이후 아무런 흔적 없이 사라졌다"[23]. 한동안 조계지에서 실종되는 여성이 대거 늘어나면서 여성들이 공포에 떨었다. 또한 일본군은 곳곳에 모집 광고를 붙이거나 신문에 (광고를) 게재하여 중국 여성을 속였다. 중학교를 졸업한 19살 아주(阿珠)는 아버지가 일하던 공장이 전쟁으로 문을 닫자 생활이 어려워졌다. 그녀는 신문에서 '모 회사는 업무를 확대하기 위해 여

[21] 宋美齡, 「抗戰建國與婦女問題」, (重慶)『中央日報』, 1939.1.15.
[22] 李秉新等編, 『侵華日軍暴行總錄』, (石家莊)河北人民出版社, 1995.2, p441.
[23] 「孤島近訊」, 『婦女生活』, 1938, 第5卷 第12期.

직원 수 명을 모집한다. 16세 이상 25세 이하의 글을 아는 자는 모두 지원이 가능하며, 약간의 국어와 일본어가 가능하면 더 좋다. 월급은 50위안이다. 의향이 있는 자는 모처에 가서 직접 상담하기 바란다.'라는 광고를 보고 부모의 허락을 받고 면접을 보러 갔다. 시험관이 그녀를 보고 만족하여 현장에서 곧바로 계약을 체결하였다. 그곳이 여성을 유인해 '위안부'를 모집한 기관일 것이라고 누가 생각이나 할 수 있었을까. 그 후 아주의 행방은 묘연해졌다. 일본군은 구이린을 점령한 후에도 공장에서 일할 여성 노동자를 구한다는 명목으로 여성을 모집하여 강제로 군대의 성노예로 삼았다. 일본군이 광저우와 홍콩을 점령한 후 하이난으로 갈 여성 간호사와 의무요원을 모집하여 300여 명의 젊은 여성들이 모집되었는데, 그 중 상당수는 학생이었으며 가장 어린 경우 겨우 17살이었으며 가장 나이 많은 사람도 20살에 불과하였다. 그녀들은 하이난 창스현(昌石縣)에 있는 스루(石祿)위안소로 압송되었고 이후로 인간 지옥에 빠졌다. 하이난다오에서 일본군은 자주 '전지 후방 지원팀'을 조직하였는데, 매국노로 하여금 '전지 후방 지원팀'의 업무는 일본장교를 위해 빨래하고 부상자를 돌보고 병영을 청소하는 일이라는 광고를 하도록 하여 여성을 유인하였다. 심지어 사람을 상하이와 광저우, 홍콩 등지로 보내 "하이난다오에서 대형병원을 건립하는데 대량의 여성을 모집하여 간호사와 간병인 교육을 시킨다. 급여가 많고 먹을 것과 입을 것은 걱정 안 해도 되며 집으로 돈도 보낼 수 있다."[24]고 하는 광고를 하였다. 이로 인해 많은 여성들이 응하였으며, 이 여성들이 하이난에 도착하자 모두 '위안소'로 압송되었으며 이후로 암흑 같은 인간 지옥에 빠지게 되었다.

셋째, 일본군은 한 지역을 점령하여 형세가 어느 정도 안정되면 바로 매국노 단체로 하여금 여성을 모집시켜 '위안부'를 만들었다. 그중 한 수법은 '양민증(良民證)'을 기재한다는 명목으로 집집마다 돌면서 젊고 예쁜 여성을 골랐다. 난징 함락 이후 일본군은 국제안전구역에서 여성을 약탈하고 강간하였을 뿐만 아니라 '양민증' 발급을 이용해 수천 명의 중국 여성을 끌고 갔다. 이 여성들 중 강간이나 학살의 액운을 면할 수 있었던 이는 한명도 없었으며, 그 중 일부는 동북지역으로 보내져 관동군의 성노예가 되었으며, 이후로 그녀들의 생사를 아는 이는 아무도 없었다. 1939년 일본군의 사주를 받은 산시성 원수이현(文水縣)의 매국노들이 공고를 붙여 공개적으로 여성을 모집하였다. 공고 내용은 다음과 같다.

> 원수이현 관공서 훈령, 차(差)자 제1호령: 난셴(南賢)촌장이 훈령사가 되어 도읍에 있는 허쟈샹(賀家巷)이라는 기루를 조사하였다. 이곳은 원래 도읍과 촌의 양민을 위해 만들었는데 만들어 진 후 도읍과 마을의 양민 모두 안전할 수 있었다. 그러나 이 기루의 기녀가 환자를 제외하고 4명밖에 남지 않아 인원부족으로 대응이 어려워졌다. 일본 황군의 명령에 따라 3일내로 인원수를 반드시 늘려야 한다. 부득이 하게 공지를 한다. 지금 도읍에서 선발하는 것 외에 300호 이상의 마을마다 20살 안팎의 병이 없고 예쁜 '창기'를 각 1명씩 뽑아 빠른 시일 안에 도읍으로 보내서 검사를 받을 수 있도록 하기 바란다. 매월 유지회(維持會)에서 밀가루 50근, 좁쌀 5되, 등유 2되, 먹 백여 근을 각자에게 제공하며, 한 사람 당 1회에 은화 1위안을 받을 수 있으며 이외 손님이 주는 것은 모두 창기의 소유로 하며 이에 대한 어떠한 제한도 없다. 이는 매우 긴요하다.[25]

---

[24] 符和積編,『鐵蹄下的腥風血雨——日軍侵瓊暴行實錄』(續), (海口)海南出版社, 1996. 8, p712.
[25] 「文水漢奸'通令'强徵妓女」,『文獻』第5卷, 1939.2.

위에서 말하는 '허쟈샹기루'는 일본군을 위한 전용 '위안소'이었기 때문에 공고에서 '도읍과 촌의 양민을 위해 만들었다'고 말한 것이다. 피해 여성들은 일본군의 모욕과 괴롭힘을 감당하지 못해 죽거나 도망쳐 단지 4명만 남았다. 이에 '황군 명령'을 받은 괴뢰정권은 도시와 마을에서 '창기'를 뽑아서 보내려고 하였으나 실상은 '양가 여성'을 보낼 수밖에 없었다. 이외에 일본군은 세 가지 조건을 요구하였다. 첫째, 나이는 20살 안팎이어야 한다. 둘째, 병이 없어야 한다. 그렇지 않으면 성병이 만연될 수 있기 때문이다. 셋째, 아주 예쁜 여자여야 한다. 괴뢰정권이 일본군의 명령을 받아 여성을 모집하였지만 비용은 괴뢰정부인 유지회[26]가 제공하였으며 모집된 여성은 군대로부터 아무런 보수를 받을 수 없었다. "손님이 주는 것은 모두 창기의 소유로 하며 이에 대한 어떠한 제한도 없다."는 문구를 통해 일본군으로부터 받은 피해와 민중들의 굴욕을 엿볼 수 있다.

넷째, 중국 여성 포로를 성노예로 만들었다. 중국전쟁터에서 일본군은 여성 포로수용소를 거의 만들지 않았다. 여성 포로들이 도망치거나 중국 항일군대와 연락하는 것을 막기 위해 심문 후 바로 살해하거나 대부분 화북과 화중 등지의 전선으로 보내 '위안부'로 충당했다. 예를 들어 중국 공산당에 소속된 하이난 춍야부대(瓊崖縱隊) 제4파견대의 취사원 저우(周)씨는 고향으로 내려가 식량을 조달하다가 일본군에게 잡혀 '위안소'로 보내졌다. 여성 포로들은 '위안부'가 된 후 매일 일본군으로부터 모욕을 당하면서 사는 것이 죽는 것만 못한 처지였으며, 일부 여성들은 애써 기회를 찾아 복수하려고 하였다. 중국 여성 포로 중에 '위안소'에서 폭행을 한 일본 병사를 찔러 죽이거나 병사의 생식기를 자른 사례가 있었다. 이에 일본군들은 중국 여성 포로 출신의 '위안부'에 대해 상당한 경계심을 가지고 있었다. 이 여성 포로들이 사경을 헤매게 되거나 이용 가치가 사라지면 일본군 신병들의 총검술 훈련을 위해 살아있는 과녁으로 쓰이는 것이 일반적이었다. 일본군 제14사단 사병 다구치 신키치(田口新吉)는 다음과 같이 회상하고 있다.

> 일본군은 전쟁 중에 이 사람들(팔로군 유격대 여성 병사-저자 주)을 포로로 잡으면 바로 후방의 대대 본부로 보냈다. 만약 부상이 있으면 대대 본부에 도착해 먼저 의무실에서 치료를 하고, 부상이 없으면 정보활동을 맡은 장교들이 그녀들을 심문하는 것이 관례였다. 그러다 중국 여성들은 아무도 모르는 사이에 사라졌다. 병사들 사이에서 상관들이 무슨 짓을 했나 보다라는 이야기들이 오갔지만 그 누구도 이 여자들의 행방을 알아낼 수는 없었다.
>
> 당시 일본 군대는 여성 포로수용소를 지은 바가 없기 때문에 이 여자들은 어디로 갔던 것일까? 내가 들은 바에 의하면 그녀들은 '위안부'로 충당되었다. 그러나 간첩 혐의를 받고 있거나 팔로군에서 교육을 받았던 여성 병사들은 일반적으로 위안소로 보낼 수 없었다. 왜냐하면 그녀들이 위안소로 가게 되면 수시로 도망갈 수도 있고 또한 팔로군과 연락을 취할 수 있어서 매우 위험했기 때문에 그녀들을 위안소로 보낼 수가 없었다.
>
> 그럼 그녀들은 어디로 보내졌을까? 화북과 화중 일대의 최전선 지역의 두세 개 파견부대의 거점으로 보냈을 것이다. 그런 곳은 일본인 혹은 조선인 '위안부'가 갈 수 없는 열악한 지역이다. 거점 주변은 담이 둘러싸여 있고, 포루를 지었으며 포루마다 한 소대의 병

[26] 일본군은 점령지역의 지배를 안정시키기 위해 중국인들로 하여금 일본군을 상대할 수 있는 조직을 만들도록 하였는데, 그 조직이 바로 유지회(維持會)이다. (역주)

사들이 수비하고 있었다. 포로로 잡혀온 여성들은 이런 거점으로 보내졌다.[27]

다섯째, '창기'를 징용하였다. 대도시에서 일본군과 괴뢰정권은 흔히 기존의 창기를 강제로 징용하여 '위안부'를 확충하였다. 상하이와 난징, 우한, 톈진, 광저우 등지의 문헌기록과 구술조사에 따르면 일본군은 일반적으로 괴뢰정권을 통해 창기를 강제적으로 모집하여 군대를 따라 전선으로 보내거나 기루를 지정해서 '위안소'로 만들었다. 여기서 주의해야 할 것은 징용된 창기들은 자발적으로 간 것이 아니었으며 특히 전선으로 간 경우는 자해하거나 도망친 자들이 있었으며, 살아남은 사람들도 그 후의 인생에서 더 많은 어려움을 겪어야만 했기 때문에 비록 살아있어도 죽은 것과 다를 바가 없었다.

강제로 '위안부'가 된 중국 여성 중에는 많은 소수민족 여성들이 있었으며, 그중에는 타이완의 고산족(高山族), 동북지역의 만주족(滿洲族)과 조선족, 하이난의 묘족(苗族)과 여족, 윈난의 태족(傣族), 광시의 장족(壯族) 등이 있었다. 조선족이 모여 사는 지린성 옌볜(延邊) 지역은 일본군이 최초로 소수민족 여성을 징용한 곳이었다. 만주사변이 발발하고 얼마 지나지 않아 관동군은 동북지역에서 조선족 젊은 여성을 강탈하여 성노예로 충당시켰다.

5. '위안부' 피해자가 당한 고난

일본군 '위안부'의 연령은 평균적으로 18세부터 20세 사이였다. 1943년 1월과 4월에 일본 육군 군의가 쟝쑤성 화이인(淮陰)에서 '위안부' 12명의 신체검사를 하였는데, '위안부'들에 대해서는 일본 이름만 남아있다. 그 중 나이가 가장 많은 사람이 키요코(喜代子)로 32세였으며 제일 어린 사람은 19세의 키미코(君子), 신코(新子), 유리코(百合子), 에이코(榮子) 등이었다. 12명의 평균나이는 23살이었다.[28]

많은 조선인 '위안부' 생존자들은 자신들이 끌려갔을 때 14살에서 18살 사이였다고 증언하고 있다. 일본군은 중국을 침략하여 어린 여자 아이나 소녀를 약탈해 '위안부'로 만들었다. 예를 들어 하이난의 일부 중국인 '위안부'는 12~3세에 지나지 않았으며 난징에서 잡혀간 어린 여자 아이 중에는 9살밖에 안 되는 이도 있었다. 일본군 '위안부' 중에는 50~60대의 노인도 있었다.[29]

일부 '위안소'의 중국인 '위안부' 중에는 자매 '위안부'와 모녀 '위안부', 시누이와 올케 '위안부'도 있었다. 산시성 위현(盂縣)의 인린샹(尹林香)과 인위린(尹玉林) 자매가 둘 다 일본군의 성노예가 되었고, 상하이 충밍(崇明)의 주챠오메이(朱巧妹) 집안의 여자 4명이 강제로 일본군의 성노예가 되었다.

'위안부'들이 매일 강제로 '위안'을 강요당하는 등의 학대 수준은 지역과 '위안소', 그리고 시기에 따라 차이가 있었다. 일반적으로 한 명의 '위안부'가 매일 10여 명의 일본군을 대응해야 했는데, 하루에 30명에서 50명까지 대응했다는 기록도 적지 않다. 조선인 '위안부' 김덕진(金德鎭)은 힘든 과거를 회상하면서 말하기를 "나는 병에 걸렸다. 방광염처럼 피가 나고 오줌을 누지 못해서 병원에 갔다. 다른 여자들 중 대부분은 생식기가 엄청나게 부어 바늘 구멍 크기만 한 틈도 없었으며 출혈을 했다. 나는 성병에 걸리지는 않았지만 젊은 나이에 자궁이 너무 크게 손상을 입어 자궁이 한쪽으로 기울어

---

[27] 日朝協會琦玉縣聯合會編, 「随军慰安妇—日本旧军人的证言」, 何吉, 『日軍强倨中國婦女爲'慰安婦'資料摘編』, 『抗日戰爭硏究』, 1993, 第4期.

[28] 吉見義明主編, 『從軍慰安婦資料集』, 大月書店, 1992.12, p278.

[29] 中央檔案館, 中國第二歷史檔案館, 吉林省社會科學院合編, 『日本帝國主義侵華檔案資料選編·南京大屠殺』, (北京)中華書局, 1995.7, p160.

져 있다." 또 다른 한 명의 조선인 '위안부' 이영숙(李英淑)의 증언에 따르면 "나는 많은 병사를 상대해야만 했다. 여러 번 생식기가 부어올라 병원에 가야 했고, 아랫배가 아파서 터질 것 같았다. 생식기에 염증이 생겨 일 년에 서너 번 입원했다."[30] 바쁠 때면 '위안부'의 방마다 수십 명이 긴 줄을 이루었다. 특별한 경우에는 '위안부'가 하루에 '위안' 해줘야 할 일본병사의 수가 사람이 상상할 수 있는 숫자를 훨씬 넘어섰으며, 심지어 하루에 60명에서 70명을 대응했다는 기록이 있다.[31]

일본 참전군인의 회상에 따르면 '위안부'가 매일 대응해야 할 일본 병사의 숫자는 상당히 많았다고 한다. 위안소 관리 업무를 맡았던 일본군 소위 오야마 쇼우고로(大山正五郎)의 회상에 따르면 '한 여자가 속치마를 입고 머리에 천 조각을 두른 채, 용감한 자세로 누워있었다. 어떠한 감정도 만들지 않고 단지 들어갔다 나왔다. 병사들은 여성 특유의 냄새를 맡고 그녀들의 피부를 만질 수 있으면 충분했기 때문이다. 병사들이 들어갔다가 나오면, 여자들은 뛰어나와 화장실로 달려가고, 이것이 반복되었을 뿐이었다.' 한 '위안부'가 3시간 동안 의외로 76명의 병사를 대응하였다.[32] 소네 카즈오(曾根一夫)라는 일본 노병이 회상하면서 말하기를 "열악한 최전선 경비구역일 경우 (한 명의 '위안부'가) 때때로 하루에 70, 80명에서 심지어 100명까지 대응해야 했다. 하루에 남자 100명을 대응하려면, 가령 24시간 동안 자지도 쉬지도 못한 채 한 시간에 4명을 대응해야만 한다. 다시 말하면 15분마다 한 명을 대응해야 한다는 것이었다. 최소한의 휴식과 식사 시간을 빼면 한 시간에 약 7, 8명을 대응해야 하였다."[33] 그러므로 '위안부'들 사이에서 〈나의 몸은 고무로 만든 것이 아니다〉라는 노래가 널리 퍼져 있었는데, 이는 비인간적인 대우에 대한 불만을 표현한 것이라고 할 수 있다.[34]

대량의 구술과 실증 자료에 따르면 '위안부'는 장기간 비인간적이고 노예와 같은 상황에 빠져 있었다. 때문에 신체적으로 심리적으로 엄청난 학대를 당하고 있었다고 할 수 있다. 생활 조건이 매우 열악하고 비인간적인 괴로움과 학대를 당하였기 때문에 대부분의 '위안부'는 몇 주 지나지 않아 바로 불감증(不感症)에 걸렸다. '위안' 활동을 그만두지 않으면 생리적인 이상이 생기는 것은 지극히 당연한 일일 것이다. '위안부'가 된 초기에 그녀들은 생리 기간에도 쉴 수 없었으며, 위안소 관리자는 '위안부'들에게 끊임없이 소금물을 먹여 생리를 멈추게 하거나 휴지를 말아서 몸 깊은 부위에 쑤셔 넣고 일본군들을 대응하라고 명령하였다. 이러한 생활을 하면 반년이 지나지 않아 지속적으로 월경불순이 생기고 그 다음에 월경이 정지하는 단계로 들어간다. 20대 '위안부'의 대다수가 몇 개월 심지어 몇 년도 월경을 하지 않았다(예를 들어 일본인 '위안부' 게이코(慶子)는 월경이 4년이나 멈춘 적이 있었다).[35] 일부 '위안부' 중에는 월경이 멈춘 후 입술 주변에 털이 생기면서 점점 굵어지고 까매졌는데 때로 일본 병사들이 '남자야?'라고 물어보기도 하였다. 이러한 생리적인 변화를 겪고 시간이 흐르면서 그녀들은 생식 능력을 잃게 되었다. 다른 한편으로는 임신에 대한 두려움이 계속 '위안부'들에게 따라 다녔다. 대부분 일본군들이 중국인과 조선인 '위안부'는 창기가 아닌 것을 알고 있었기 때문에 콘돔을 사용하지 않았다. 따라서 각지의 '위안소'에서는 많은 무고한 신생아가 태어났으며, 이 아이들의 운명 역시도 몹시 처참하였다. 중국인 '위안부'가 낳은 일부의 아이들은 바로 일본군에게 살해를 당하였으며,

---

[30] 矢野玲子(大海譯), 『慰安婦問題研究』, (瀋陽)遼寧古籍出版社, 1997.2, p198.

[31] 矢野玲子(大海譯), 『慰安婦問題研究』, (瀋陽)遼寧古籍出版社, 1997.2, p198.

[32] 金一勉, 『天皇の軍隊と朝鮮人慰安婦』, (京都)三一書房, 1976.1, p109-110.

[33] 曾根一夫, 「壹個侵華日本兵的自述」, 時事出版社編輯部選編, 『悲憤·血淚—南京大屠殺親歷記』, (北京)時事出版社, 1988.6, p149.

[34] 曾根一夫, 「壹個侵華日本兵的自述」, 時事出版社編輯部選編, 『悲憤·血淚——南京大屠殺親歷記』, (北京)時事出版社, 1988年 6月版, p149.

[35] 千田夏光, 『從軍慰安婦·慶子』, (東京)文光社, 1985.8, p239.

조선인 '위안부'가 낳은 아이들은 중국 농민들에게 보내지고 일본인 '위안부'가 낳은 아이들은 운 좋게 일본으로 보내졌다는 기록도 있지만 대부분 행방을 모른다.

장기간의 학대는 '위안부'들에게 성병, 학질, 변비, 유방 통증, 흉부 질환, 월경 불순, 회음 미란(糜爛)과 변형 등의 '직업병'을 가져왔다. 그러나 조금이라도 행동이 굼뜨거나 싫은 티를 내면 바로 욕설과 구타를 당하였다. 한 '위안부' 생존자의 회상에 따르면 "그때 나는 19살밖에 안되었고 남녀의 일을 잘 몰라서 어떻게 해야 할지 몰랐다. 첫날 한꺼번에 20명을 대응하였다. 다섯 번째 병사를 대응했을 때 나는 죽을 것 같았다. 그곳이 빨갛게 퉁퉁 부었고 복숭아 같았다. 나는 울면서 밤새 수건으로 냉찜질을 했다."[36] 오랫동안의 성노예 생활로 그녀들의 음부는 피부가 항상 갈라져 있었고 피가 나고 붓고 변형되었다. 약을 바르고 치료도 받았지만 완치할 시간이 주어지지 않아 결국 음부가 마비되었다. 어떤 '위안부'는 "벌레나 쥐가 물어도 아무 느낌이 없었다"고 말하였다.[37]

일본 기자 센다 가고(千田夏光)의 연구에 따르면 장기간의 수면부족, 위생환경의 열악과 영양실조로 인해 적어도 10%의 '위안부'가 폐결핵에 걸렸다고 한다.[38]

전쟁 시기 '위안부'는 폐결핵을 치료할 특효약을 구할 수 없었기 때문에 폐결핵에 걸리면 사형선고와 같았다. 일본군은 중국인과 조선인 '위안부' 중에 폐결핵에 걸린 환자가 나와도 아무런 치료도 해주지 않았다. 그녀들은 어디서나 잡아올 수 있는 '위안부'였을 뿐이고 약은 그녀들의 생명보다 더 귀하였다. 이 환자들은 살아남기 위해서 마늘즙을 마시는 등 자가 치료의 방법을 찾았지만 이는 그저 생명을 조금 연장하였을 뿐으로 결국 죽음의 운명을 벗어나지 못하였다. 이 '위안부'들은 죽기 전에 보따리에서 그나마 멀쩡한 옷을 꺼내어 다른 '위안부'의 도움으로 갈아입은 후 조용히 죽어갔다.[39] 성병에 걸린 중국인 '위안부'에 대해 일본군은 병세가 가벼우면 치료하여 계속 '위안부'로 이용하였으며 병세가 심각하여 치료해도 효과가 없는 자는 바로 죽이고 시체를 훼손하였다. 나다시 자오쟈위안(趙家園) '위안소'에서 개업 한 달 만에 성병에 걸린 '위안부' 3명이 생매장을 당하였다.[40] 난징 가오타이포'위안소'의 피해자 레이구이잉(雷桂英) 노인은 함께 있던 사람 중에 병에 걸린 자는 일본군이 산골짜기로 데려가 불태웠다고 필자에게 이야기하였다.

1929년에 태어난 완아이화(萬愛花)는 최초로 소송을 일으킨 일본군 '위안부'제도 생존자 중의 한 명이다. 완아이화는 1992년부터 재일 중국인의 주선으로 일본 각지에서 강연을 하는 한편 그녀에 대한 전시 일본군의 야만적인 유린과 잔혹한 박해에 대해 증언하였다. 그녀는 일본군의 학대로 인해 여러 가지 부인병으로 고생하였으며 생식 능력을 잃었다. 뿐만 아니라 몸도 이 때문에 비뚤어지고 변형되었으며 한 쪽 팔의 기본적인 기능을 상실하였으며 한 쪽 귓불이 한 조각 떨어져 나갔다. 이는 그녀가 일본군의 강간에 저항하자 일본군이 폭행을 가하였는데, 그 때 군인이 끼고 있던 반지가 그녀의 귀걸이에 걸려서 그렇게 되었다.

일본군들은 중국인 '위안부'들을 사람으로 보지 않았으며 그저 욕망의 배설 도구로만 여겼기 때문에 그녀들을 제멋대로 유린하고 온갖 학대를 가하였다. 하이난 자오쟈위안 '위안소'의 일본인 여자 업주는 '돌격 접대일'이 올 때마다 '위안부'들을 온종일 알몸으로 침대나 '위안의자'에 눕혀 계속적으로 일본 병사들의 야만적인 욕망을 만족시키도록 하였다. '위안의자'의 모양과 구조는 매우 특별

---

[36] 金一勉, 『天皇の軍隊と朝鮮人慰安婦』, (京都)三一書房, 1976.1, p113.
[37] 金一勉, 『天皇の軍隊と朝鮮人慰安婦』, (京都)三一書房, 1976.1, p158.
[38] 千田夏光, 『從軍慰安婦·慶子』, (東京)文光社, 1985.8, p115.
[39] 千田夏光, 『從軍慰安婦·慶子』, (東京)文光社, 1985.8, p116.
[40] 符和積, 「侵瓊日軍慰安婦實錄」, 『抗日戰爭研究』, 1996, 第4期.

하게 만들어졌다. '위안부'가 의자 위에 바로 누우면 엉덩이 부분이 높고 머리가 낮은 자세가 되어 손과 발을 자유롭게 움직일 수 없게 되어 일본군이 제멋대로 방법을 바꿔서 폭행을 할 수 있었다. '위안부'가 조금이라도 불만을 갖고 저항하면 바로 엄격한 처벌을 받게 되었다. 예를 들어 하이난의 '위안부' 아옌(阿燕)은 일본군의 번갈아 가며 계속되는 폭행을 견디지 못해 발버둥 치고 저항하다가 일본 장교에게 총검으로 허벅지를 찔렸다. 아옌이 정신을 잃었는데도 그 장교는 계속하여 그녀를 유린하였다. 한번은 일본 병사가 나다시에서 '위안부' 퍼우잉(姇英)에게 강제로 자세를 바꾼 대응을 요구하였다. 퍼우잉이 이를 거절하자 이 병사는 퍼우잉을 기둥에 묶어 고추와 소금으로 그녀의 음부를 문질러 그녀를 죽을 만큼 고통스럽게 하였다. 주먹으로 치고 발로 차는 것은 중국인 '위안부'가 흔히 받았던 '대우'였다.[41]

일본군의 잔인무도한 폭행 때문에 '위안부'들이 박해를 받아 죽는 일은 다반사였다. 산시성 위셴의 리슈메이(李秀梅)의 증언에 따르면 그녀는 1940년 8월 17일(음력 7월 14일) 일본군에게 잡혀서 포루로 보내져 '위안부'가 되었다. 당시 15살의 꽃다운 나이에 5개월 동안 일본군의 학대를 당해 오른쪽 손목에 장애가 생겼고 오른쪽 눈을 실명하였으며 하혈이 멈추지 않았다. 그녀의 아버지와 오빠가 가산을 처분한 돈으로 그녀를 구해내지 않았으면 그녀는 일찍이 박해를 받아 죽었을 것이다. 사실 '위안부' 중 상당히 많은 사람들은 일본 병사들의 학살 혹은 질병으로 죽었으며, 또한 끝없이 이어지는 고통을 견디지 못해 자살한 사람들도 있다. 스루(石碌) '위안소'에서 한 여대생은 모욕에 저항하다가 일본군에게 매달린 채로 맞아 죽었다. 결혼한지 1주일도 안 된 량신(梁信)이라는 홍콩 광부의 아내 황위샤(黃玉霞)가 '위안소'로 끌려갔다. 이에 량신이 천신만고 끝에 아내의 소재를 알아냈지만 서로 만나지도 못하고 그의 아내가 일본 관리인에게 맞아 죽었다는 소식을 들었다. 이 소식을 듣고 그도 한을 품고 목을 매어 자살하였다. 같은 '위안소'의 다른 두 명의 '위안부'는 박해를 당해 기진맥진한 상태로 계속 '복무'를 제공하지 못했기 때문에 일본군이 옷을 벗기고 나무에 매달아 때려 죽였다.[42]

중국의 일본군 '위안부'제도 피해자들은 일본군의 폭행에 대해 여러 가지 방식으로 저항을 하였는데 그중 도망치는 것이 가장 흔한 방식이었다. 그러나 그녀들은 이 비참한 생활에서 탈출할 기회를 찾기 어려웠으며, 많은 사람들은 도망치는 도중에 일본군에게 살해당하였다. '위안부'의 가장 절망적인 저항은 바로 자살이었다. 많은 위안소에서 중국인 '위안부'가 자살한 사례가 있었다. 하이난 야현(崖縣)의 강직한 여족 소녀는 여러 일본 병사들의 동시다발적 폭행을 견디지 못해 혀를 물고 자살해 숨졌다. 조선인 '위안부' 송신도(宋神道)는 어떤 '위안부'가 학대를 견디지 못해 화장실에 숨어 음부를 소독할 때 쓰는 청결제를 대량으로 마시고 젊은 목숨을 끝낸 것을 직접 목격한 적이 있다고 증언하였다.[43]

중국의 일본군 '위안부'제도의 피해자 20만 명 중에 일본이 항복할 때까지 살아남은 사람들은 정말 천만 다행이라고 할 수 있다. 하이난 스루'위안소'에는 300여 명의 '위안부'들이 있었는데 4년간의 박해를 거치면서 200여 명이 죽었고, 1945년 8월 일본이 항복할 때까지 살아남은 사람은 10여 명밖에 안 되었다.[44] 황류(黃流)의 일본군비행장 '위안소'에는 원래 광저우 여성 21명이 있었는데 마지막까지 살아남은 것은 황후이룽(黃惠蓉)을 포함한 4명뿐이었다.[45] 간언현(感恩縣) 신제시(新街市)'위

[41] 符和積主編, 『鐵蹄下的腥風血雨——日軍侵瓊暴行實錄』(續), (海口)海南出版社, 1996.8, p275.
[42] 符和積主編, 『鐵蹄下的腥風血雨——日軍侵瓊暴行實錄』, (海口)海南出版社, 1995.5, p728.
[43] 矢野玲子(大海譯), 『慰安婦問題研究』, (瀋陽)遼寧古籍出版社, 1997.2, p201.
[44] 符和積主編, 『鐵蹄下的腥風血雨一日軍侵瓊暴行實錄』, (海口)海南出版社, 1995.5, p750.
[45] 符和積主編, 『鐵蹄下的腥風血雨一日軍侵瓊暴行實錄』, (海口)海南出版社, 1995.5, p647.

안소'의 40여 명의 중국인 소녀 중 마지막까지 살아남은 사람은 10여 명이었다.[46] 설령 살아남았다 해도 여성들은 장기간 잔혹한 학대를 당했기 때문에 대부분은 출산이 불가능한 몸이 되어, 만년의 생활은 고독하고 비참하였다. 정신 의학적 분석에 따르면 모든 생존자들에게는 외상 후 스트레스 장애(PTSD)증상이 명확히 보이며, 일본군의 장기적인 성폭력이 만든 심각한 상처가 생존자의 PTSD를 만성적으로 만들어 수십 년이 지나도 나아지지 않았다. 그녀들은 세상의 편견 속에서 전통적인 윤리도덕관념에 시달렸으며 "형언하기 어려운 수치심을 안고 구차하게 살아왔다"[47]. 일본군 '위안부'제도가 각국 생존자들에게 미친 보이지 않는 영향과 지속적인 상처가 이 역사문제를 현실문제로 만들었으며 여러 방면의 사람들에게 깊은 성찰을 요구하고 있다.

6. 일본군의 중국여성에 대한 일반적인 폭행

1931년 일본군이 중국 동북 지역을 점령한 이래 전쟁터와 후방에서 여성에 대한 강간, 윤간이 끊임없이 발생하였다. 일본이 중국 침략 전쟁을 전면적으로 전개하면서 가는 곳마다 강간 사건이 발생하였으며, 이로 인한 중국 여성의 피해는 헤아리기조차 어렵다. 야만적이고 잔인한 일본군은 중국 여성에 대한 성폭력을 그들의 정복욕망을 자극하고 사기를 북돋아 풀 죽은 병사들을 위로하는 수단으로 삼았다. 따라서 일본군의 성폭행에 대해서 일본군 고위층은 방임하였다. 일본군의 중국여성에 대한 강간은 일상다반사였다.

우선 공간적 보편성이다. 만주사변 이후 일본군은 동북지역에서 마구잡이로 강간과 윤간을 자행하였다. 1937년 일본제국의 중국 침략 전쟁이 전면화하면서 일본군은 중국여성의 나이와 직업, 신분을 가리지 않고 심지어 임산부와 환자, 노인들에게까지 잔인무도한 강간과 윤간을 자행하였다. 난징에서만 수만 건의 사건이 일어났다. 1938년 초 난징안전구역 국제위원회 대표 존 라베(John Rabe)는 보고서에서 "난징이 함락되고 한 달 동안 2만여 명의 여성이 일본군에게 강간을 당했다"라고 밝혔다.[48] 1938년 6월 궈모뤄(郭沫若)는 "일본군의 강간 등의 폭행은 아군이 물러간 지역에서 흔한 행동이었다. 젊은 성인 여성은 물론 노인과 여자 아이도 모욕을 피하지 못했으며 윤간으로 죽거나 그들에게 저항하다가 죽임을 당한 사람들이 흔했다"[49]고 말했다.

이렇게 흔한 폭행에 대해 일본 장교와 군법 기관은 거의 관여하지 않았으며 심지어 장교가 앞장서서 여성을 폭행하였다. 일본 참전군인의 회상에 따르면 "최전선 부대에서는 때로 눈감아주면서 관리를 느슨하게 하였다. 총살형의 징계를 당한 병사는 한 명도 없었다. 아니, 아무런 처벌도 받지 않았다. 나쁜 짓을 한 사람은 병사뿐만 아니라 종종 장교도 앞장섰다. 질이 안 좋은 중대장과 대대장들 중에는 난징으로 가기 전 전쟁터에도 여자를 데리고 다녔다. 이 여자들은 마구잡이로 잡아왔다. 그들은 밤마다 여자와 잤다고 들었다."[50] 일본군 제16사단 보병 제30여단 단장 사사키 토이치(佐佐木到一)는 "자신은 인간성이 사라진 듯 중국 소녀를 매일 강간했다"[51]고 하였다.

---

[46] 戴運澤, 「我所知道的日军黄流机场的'慰安所'」, 东方县政协文史资料委员会编, 『东方文史』第9辑, p44.

[47] 符和積主編, 『鐵蹄下的腥風血雨—日軍侵瓊暴行實錄』, (海口)海南出版社, 1995.5, p467.

[48] 楊夏鳴編, 「東京審判」, 張憲文主編, 『南京大屠殺史料集』第7册, (南京)江蘇人民出版社, 2005.7, p397.

[49] 郭沫若, 「爲日寇暴行告全世界友邦軍人書」(1938.6), 『民國檔案』, 1991, 第3期.

[50] 「日本士兵冈本健三自述」, 中央檔案館, 中國第二歷史檔案館, 吉林省社會科學院合編, 『日本帝國主義侵華檔案資料選編 · 南京大屠殺』, (北京)中華書局, 1995, p1000.

[51] 「證人佟衡口供」(1955年4月15日), 中央檔案館, 中國第二歷史檔案館, 吉林省社會科學院合編, 『日本帝國主義侵華檔案資料選編 · 南京大屠殺』, (北京)中華書局, 1995, p890.

일본군의 폭행은 대부분 백주대낮에 행해졌다. 진링(金陵)대학교에 있던 미국인 교수 마이너 셜즈 베이츠(Miner Searl Bates)는 전후 다음과 같이 증언하였다.

> "그것은 가장 야만적이고 비참한 광경이었다. 내 이웃집의 여성이 강간을 당했으며, 그중에는 대학교 교수의 아내도 있었다. 나는 일본군이 여성을 강간하는 것을 5번이나 직접 보았으며, 그들을 여성의 몸에서 떼어놓았다. 우리가 앞서 언급한 안전구역의 보고, 그리고 각 난민 대피소와 진링대학교 건물에서 발생한 강간 사례들에 대한 나의 조사와 기록은 3만 명의 난민과 관련이 있다. 모두 수천 건의 강간 사건이 있었으며… 내 친구는 난징 신학원 운동장에서 17명의 일본 병사에게 중국 여성이 윤간당하는 것을 직접 목격했다. 나는 그러한 강간과 관련된 변태와 사디스트적 폭행에 대해서 반복적으로 이야기하고 싶지 않지만, 진링대학교 운동장에서 9살의 어린 여자 아이와 76살 할머니가 강간당한 사실은 이야기하고자 한다."[52]

다음은 지속성이다. 중국 여성에 대한 강간 사건은 전쟁 시작부터 전쟁이 끝날 때까지 지속적으로 이어졌다. 1937년 12월 일본군이 난징을 점령한 후 난징대학살이 일어났으며, 1938년 5월까지 난징은 여성에게 지극히 안전하지 않은 도시였다. 난징시 괴뢰정권 경찰청 청장 왕춘성(王春生)은 난징 성문 입구에서 보초 근무를 선 일본 병사들이 출입하는 중국 여성을 공개적으로 모욕하였다고 증언하였다. "성을 출입하는 중국 사람에 대한 검사는 상당히 엄격하였다. 젊은 여성의 경우 옷의 단추를 풀어헤치고 허리띠를 풀도록 해 알몸이 보이면 박장대소하였다. 이와 같은 일들이 수없이 많았다."[53] 1941년 일본군은 하이난 청마이현(澄邁縣) 창탕촌(昌堂村)을 점령한 후 많은 사람들 앞에서 온 마을의 젊은 여성을 윤간한 후 찔러 죽이는 놀라운 일을 자행하였다[54]. 이러한 폭행은 절대 특별한 사안이 아니었다.

여성에 대한 성폭력에 대해 일본 전범들의 증언도 많다. 일본군 제39사단 보병 제233연대의 쟝셴광(江先光)은 일본군이 후베이성 당양현(當陽縣) 북부에서 유격대장의 아내를 잡았을 때의 행위에 대해서 증언하고 있다. 젊고 예쁜 이 여성을 온갖 방법으로 모욕한 후 윤간하고 방망이를 그녀의 음부에 끼워 넣었으며 마지막에 그녀를 알몸으로 나무에 묶어 지극히 잔인하게 찔러 죽였다[55]. 일본군 제59사단 보병 제54여단 토미시마 겐지(富島健司) 반장은 1943년 화북 보하이완(渤海灣)에서의 상황을 증언하고 있다. "중국 여자만 보면 노인과 어린이를 가리지 않고 '살고 싶으면 내가 하라는 대로 해'라고 하며 멋대로 능욕하고 학대하였다. 저항하는 사람이 있으면 죽도록 학대를 하고는 그 다음에 죽였다." 한번은 일본군이 여자 8명을 잡았는데 먼저 17살 소녀를 윤간하였고, 미즈시마(水島) 상등병과 함께 젖먹이를 데리고 있던 어머니를 "발로 차고 때리면서 강간하였다"[56]. 1943년 11월 일본 신병 이시다 미키오(石田幹雄)는 장교의 명령을 받고 젊은 어머니를 찾아냈는데 먼저 울고 있던 아이를 죽인 후 "피부가 하얗고 용모가 수려한" 이 여자를 강간하였다. 그는 "대다수의 중국 여성을 강간

[52] 「遠東國際軍事法庭起訴方對其證據的總結」, 中央檔案館, 中國第二歷史檔案館, 吉林省社會科學院合編, 『日本帝國主義侵華檔案資料選編·南京大屠殺』, (北京)中華書局, 1995.7, p397.

[53] 督辦南京市政公署檔案, 南京市檔案館藏, 1002-1.

[54] 中共澄邁縣委黨史研究室等編, 『抗日戰爭時期澄邁縣人口傷亡和財産損失資料』, 2001, p82.

[55] 公安部檔案館編, 『火刑——日本戰犯拱墅檔案揭秘』, (北京)中国人民公安大学出版社, 2003.1, p30-39.

[56] (日)中国歸還者聯絡會編, 『歷史的見證』, 袁秋白等譯, (北京)解放軍出版社, 1994.12, p141-145.

했다"고 인정하였다[57].

일본군의 중국 여성에 대한 성폭행은 절대로 특별하거나 우발적인 일이 아니며 일본 군대가 자행한 집단범죄이다. 더욱 질이 안 좋은 것은 일본군은 성폭행 과정에서 중국인 간의 강간을 강요하였으며, 때로는 피해자들 간에 도리에 어긋난 근친상간을 시켰다. 아들이 어머니를, 아버지가 딸을, 그리고 승려가 여성을 강제로 강간하도록 하고 이것을 즐기며 중국인을 능욕하여 인간 존엄의 밑바닥에 도전하였다. 전후 난징군사법정의 전범 다니 히사오(谷寿夫)의 판결문에는 "일본군이 중화먼(中華門) 밖에서 소녀를 강간한 후 지나가는 승려에게 소녀를 강간하도록 강요했지만 승려가 이를 거절하자 일본군은 궁형으로 죽였다"고 나와 있다.[58]

일본군의 거리낌 없는 성폭행은 피해자들에게 영원히 지워지지 않을 상처와 고통을 남겼으며 살아남은 생존자들 모두에게 심각한 심리적 트라우마를 남겼다. 피해자의 구술에 따르면 비록 전쟁이 끝난 지 반세기가 지났지만 일본남자의 말소리만 들어도 온몸이 떨린다고 한다. 성폭력과 관련된 내용에 대해 말하게 되면 일부 노인들은 구토를 하거나 갑자기 정신을 잃기도 하고 크게 울고 소리를 질렀다.

중국을 침략한 일본군의 여성에 대한 성폭행은 매우 심각한 전쟁범죄이다. 대대적인 강간, 윤간 사건뿐만 아니라 더 끔찍한 것은 2차 세계대전 기간에 일본군은 대규모의 성노예제도를 실시하였다. 이러한 범죄는 전쟁 범죄자들을 영원히 세계역사의 치욕으로 기록하게 할 것이다.

---

[57] 中国歸還者聯絡會編, 『歷史的見證』, 袁秋白等譯, (北京)解放軍出版社, 1994.12, p177-179.

[58] 「軍事法庭對戰犯谷寿夫的判決書及附件」, 胡菊蓉編 『南京大屠殺史料集 南京審判』第24册, (南京)江蘇人民出版社, 2006.1, p390.

제1장

'위안부' 제도의 발단

1918년 3월 러시아 군대의 동진을 막는다는 구실로 영국과 프랑스 군대가 무장간섭을 시작하였는데, 일본도 이 틈을 타서 출병하여 중국 북만주지역과 인접한 시베리아지역으로 세력을 확장하기 시작하였다. 러시아를 침략하는 과정에서 일본군의 강간 사건이 대량으로 발생하였고 군대내 성병이 만연하게 되어 약 1만 2천 명의 일본 장병들이 성병에 걸렸다. 전력을 다해 일본을 전쟁의 길로 이끌고자 한 일본군은 성병의 만연에 대해 예의주시하게 되었다. 이후 일본군 고위층은 앞으로의 전쟁에서 성병으로 인한 전투력 저하를 억제하기 위한 대책을 도모하였다. 그 결과 날로 군대 규모가 확대되고 해외파견이 증대하는 가운데 군대가 컨트롤할 수 있는 위생이 보장되는 성'위안' 제도를 만들어 군대의 성욕 문제를 해결하고 전투력을 확보하고자 하였다.

청말 이후부터 상하이는 해외 일본 해군의 최대 기지였으며, 일본 해군 육전대 사령부를 상하이 훙커우지역에 두고 있었다. 일본 해군 육전대 사령부는 장병들의 성욕을 안전하게 만족시키기 위해서 1932년 1월 훙커우의 다이살롱(大一沙龍, 다이이치살롱), 산하오관(三好館, 미요시관), 융러관(永樂館, 에이라쿠관), 샤오숭팅(小松亭, 고마츠데이) 등 일본인이 운영하는 4개의 기루를 해군의 지정 '위안소'로 선정하였다. 이것이 최초의 '위안소'에 대한 기록이다.

1932년 1월 28일, 일본은 상하이사변을 일으켰다. 3월까지 상하이에 있는 일본군은 이미 3만여 명에 달하였다. 대규모 강간사건으로 인한 군기 문란과 성병 만연을 방지하기 위해 상하이 파견군 부참모장 오카무라 야스지는 상하이로 떠나기 전 이미 상하이의 일본 해군을 따라 일본 간사이지역에서 첫 번째 육군 '위안부'단을 모집하기로 하였다. 또한 우숭과 바오산, 먀오항, 전루 등의 전쟁 전선에서 일본 장병을 위한 '위안소'를 설립하기로 하였다. 이 '위안부'단은 '위안부'제도의 역사 속에서 일본 육군이 조직적으로 관여한 최초의 행동이라고 할 수 있다. 그리고 이는 전시 일본군 '위안부'제도의 시행에 있어서 아주 중요한 시도였으며 이후의 모델이 되었다. 전쟁이 끝난 후 오카무라 야스지는 "나는 후안무치한 '위안부'제도를 만든 사람이다. 소화(昭和) 7년(1932년) 상하이사변이 발발하고 병사들이 현지 여성을 강간하는 사건이 몇 건 발생했다. 파견군 부참모장이었던 나는 조사를 거쳐 해군이 이미 실시하고 있던 창기를 모집해서 병사들을 위로하는 방식을 따를 수밖에 없었다."[59]라고 말하였다. 이로써 2차 세계대전 시기 '위안부'제도라는 죄악이 생겨났던 것이다.

20세기 30년대 초 동북지역과 상하이에서 일련의 일본군 '위안소'가 등장했다. '위안소'는 1937년 일본군의 중국 침략 전쟁이 전면화한 후 헤이룽장성에서 하이난다오, 랴오닝성에서 윈난성까지 널리 퍼져나갔다. '위안소' 중에는 일본군이 직접 만들고 관리한 것도 있고, 일본의 민간인에게 맡겨서 만든 것도 있으며, 매국노 혹은 괴뢰정권을 시켜서 만든 것도 있었다.

---

[59] 稲叶正夫編:『岡村寧次大將資料(上)·戰場回想篇』, 原書房, 1970, p302.

1. 근대 일본사회의 '성'

일본군이 '위안부'제도를 낳은 배경에는 일본 사회의 구조 및 '성'에 대한 관념이 밀접하게 관련되어 있다. 젠더적 관점에서 보면 일본 사회는 전형적으로 '가부장적' 구조라고 할 수 있다. 고대 일본에서는 오랫동안 '성정치'라는 관념이 있었다. 남성 정치가들은 '성'을 사적 행위로 보지 않고, 국가적 차원에서 공공자원으로 삼아 사회의 독특한 정책으로 확장시켰다. 막부시대 저항세력을 없앨 목적으로 '다이묘의 고환을 거세'한 게이샤를 키워 공창제의 설립과 추진의 심볼로 삼았다. 근대국가에 이르러서는 자본의 원시적 축적에 커다란 역할을 한 카라유키(唐行き)[60] 열풍이 있었으며, 전시 자국 군대를 위해 '위안부'라는 군사성노예제도를 만들었다. 이러한 일련의 행위는 모두 여성을 도구로 삼아 여성과 인류를 유린하는 수치스러운 관념이라고 할 수 있다. 적어도 13세기 중엽 일본에서 '위안부'라는 용어가 고유명사로 나타난 것으로 보인다. 오노 노부오(小野武雄)의 『요시와라(吉原)와 시마바라(島原)』에 2대 아시카가 장군(足利將軍) 시기에 기쿠치 미츠다케(菊池光武) 군대를 토벌(1359년)하라는 명을 받은 병사들의 투지를 불러일으키기 위해 한 배당 10명에서 20명의 '경성(傾城, 창기)'을 배치해 밤의 '위안부'로 삼았다[61]라는 기록이 나온다. '위안부'란 본래 일본 사무라이 정치의 산물로, 이후 일본 군국주의의 확장에 따라 2차 세계대전 기간에 빠르게 군사성노예제도로 발전하였다[62]고 할 수 있다.

게이샤는 남자의 환심을 사서 생계를 꾸려 가는 전문 업종에 있는 여성이다. 능수능란한 언변 이외에 노래, 춤, '샤미센'(일본식 비파) 연주 등을 할 수 있어야 한다. 일부 게이샤는 어쩔 수 없이 성매매를 한다. 그림은 19세기 가쓰시카 호쿠사이(葛饰北斋)의 작품 〈후카가와구(深川區, 현재 도쿄 에토구[江東區])의 게이샤공연〉 〔암스텔담 국립박물관 소장, Japanese Erotic Fantasies Sexual Imagery of the Edo period. Hotrl Publishing, Amsterdam2005. p15.〕

---

[60] 카라유키란 19세기 말부터 20세기 초반까지 동남아시아와 그 밖의 해외지역으로 돈벌이를 나갔던 여성을 말한다. 주로 나가사키와 쿠마모토현의 아마쿠사 섬 지역의 여성들이 압도적으로 많았다고 한다. 카라(唐)란 중국 즉 외부세계를 의미하며, 유키(行)란 나가다는 의미이다. 이렇게 해외로 나간 여성들의 송금은 당시 메이지정부의 중요한 수입원이 되었다. (역주)

[61] 金一勉, 『游女からゆき慰安婦の系譜』, (東京)雄山閣, 1997, p12.

[62] 陳麗菲, 『日軍慰安婦制度批判』, (北京)中華書局, 2006.11.

1 게이샤는 일본 정치와 매우 긴밀한 관계를 가지고 있었다. 고관대작들은 유곽 출입을 하면서 술잔을 주고받으며 중대한 정책을 비밀리에 결정하였다. 이토 히로부미(伊藤博文)는 인생 최고의 경지는 취하면 미인의 무릎을 베고 눕고, 깨면 천하의 패권을 장악하는 것이라고 말한 바가 있다. 에도시대 게이샤가 있는 유곽이 유곽구역으로 들어가기 위해서는 막부 반대파 무사세력을 비밀리에 조사할 것과 막부를 옹호하는 무사에게 정성껏 복무하겠다고 약속하는 보증서를 막부에게 제출해야 했다. 그림은 우타가와 쿠니요시(歌川国芳)의 유명한 작품 〈기루의 격자창 안쪽의 여자와 행인〉 이다. 〔암스테르담 Ferry Berthdet 소장, 목판화 『寝の夢』1836년판, Japanese Erotic Fantasies Sexual Imagery of the Edo period. Hotrl Publishing, Amsterdam2005. p13.〕

2 교토는 전통적으로 문화와 정치의 중심지로, 이곳의 게이샤는 일본에서 가장 유명하였다. 에도시대(1603-1867)에 이르자 에도(현 도쿄)에도 게이샤가 신속히 증가하였다. 이 그림은 우타가와 구니요시의 작품 〈대문, 에도 요시와라 입구〉 〔암스테르담 Ferry Berthdet소장, 목판화 『寝の夢』1836년판, Japanese Erotic Fantasies Sexual Imagery of the Edo period. Hotrl Publishing, Amsterdam2005. p52.〕

1

2

2. 최초의 일본군 위안소 – 다이살롱(다이이치살롱)

2차 세계대전 이전 중국 상하이에 일본군이 지정한 일련의 군대 '위안소'가 등장했다. 1932년 1월, 일본 해군 육전대 사령부는 상하이 훙커우에서 다이살롱(원래 바오산로〈宝山路〉에 있었으나 1930년 이후 둥바오싱로〈東宝興路〉로 이전), 융러관(永樂館, 일본명 에이라쿠관), 디쓰웨이루(狄思威路), 현 리양루(溧阳路), 샤오숭팅(小松亭, 코마츠데이)(츄쟝로 다푸리〈虬江路 大富里〉 5호), 산하오관(三好館, 미요시관), 우숭로 숭바이리(吳淞路 松柏里) 등 일본인이 운영하는 기루 4곳을 해군이 지정 '위안소'로 선정하였다. 이 '위안소'들은 통상 간판이 없었으며 이름도 없었다. 다이살롱은 처음에는 일본 해군 병사들 외에 일본인들도 이용 가능했다. 주소가 둥바오싱로 125롱(弄, 골목) 1호였는데, 이후 2호, 3호와 123롱까지 확대되었고, 총 5개 건물이 있었다. 처음 '위안소'에 있었던 여성들은 일본인과 조선인들이었으나 이후 중국인 여성이 증대하기 시작하였고, 전쟁 중후반에 이르면 주로 중국인 여성이 차지하게 되었다. 이 '위안소'는 1945년 전쟁이 끝날 때까지 운영되었다. 주변에 살던 상하이 주민들은 이 '위안소'를 또렷하게 기억하고 있었다.

둥바오싱로 125롱 1호는 서양식 주택으로 원래는 상하이의 광저우 이주민의 회관이었는데 이후 다이살롱 '위안소'의 본관이 되었다. 〔1998년 쑤즈량(蘇智良) 촬영〕

1 다이살롱 '위안소'는 일본인 곤도(近藤) 부부가 운영하였으며 이후 5개 건물로 확대되었는데 이 건물들은 지금도 잘 보존되어 있다. 도판은 다이살롱 '위안소' 유적의 조감도이다. [2000년 쑤즈량 촬영]

2 좌측에 계단이 달려 있는 건물은 다이살롱 '위안소'의 화장실이었다. 지금도 여전히 거주자들이 화장실로 사용하고 있다. [1994년 쑤즈량 촬영]

1

2

1

2

3

1 전쟁 시기『지나재류 일본인 인명록 (支那在留邦人人名錄)』이라는 책에 다이살롱의 광고가 실려 있었다. 다이살롱의 일본어 발음의 로마자인 'DAIICH SALOON' 및 전화번호 '46940 혹은 (02)2801' 등이 인쇄되어 있다. 일본식 정원 사진은 현재 125롱 1호의 정원과 완전히 일치한다. (『支那在留邦人人名錄』, 1998년 쑤즈량 촬영)

2 둥바오싱로 125롱 1호의 일본식 화원이 현재까지 보존되어 있으며, 가장 뚜렷한 표시는 화단과 활 모양의 계단인데 이는 위 사진 속 정원 양식 (전시의 다이살롱 광고)과 완전히 부합한다. (1993년 쑤즈량 촬영)

3 지금도 다이살롱 유적의 일본식 화단은 잘 보존되고 있으나 가산(假山, 정원 등에 돌을 모아 쌓아서 조그마하게 만든 산-역주)은 이미 많이 퇴락하였다. (1993년 쑤즈량 촬영)

1 둥바오싱로의 현지 주민들은 125롱 1호 정원에 있는 사진 속 나무 모양이 독특하고 인접 지역 몇 리 안으로 유사한 나무가 발견되지 않는 것으로 보아 당시 일본에서 이식해온 것이 아닐까 추측한다. (2009년 쑤즈량 촬영)

2 둥바오싱로의 주민의 기억에 따르면 다이살롱 맞은편은 '위안소'의 차고였으며, 두 개의 건물이 있었으며 모두 주민의 집을 빼앗아 개조한 것이다. 두 건물은 1990년대에 철거되었다. (1995년 쑤즈량 촬영)

3 루밍창(陸明昌) 노인은 1932년부터 1945년 일본이 항복할 때까지 다이살롱에서 잡일을 했었다. 그는 1940년대 다이살롱에는 주로 중국인 여성들이 있었다고 기억하고 있다. 노인은 만년까지도 약간의 일본어를 구사 할 수 있었다. 지금은 타계하셨다. (1998년 루밍창 노인이 새로 이사한 가오징묘(高境廟)에서 쑤즈량 촬영)

1

2

3

1

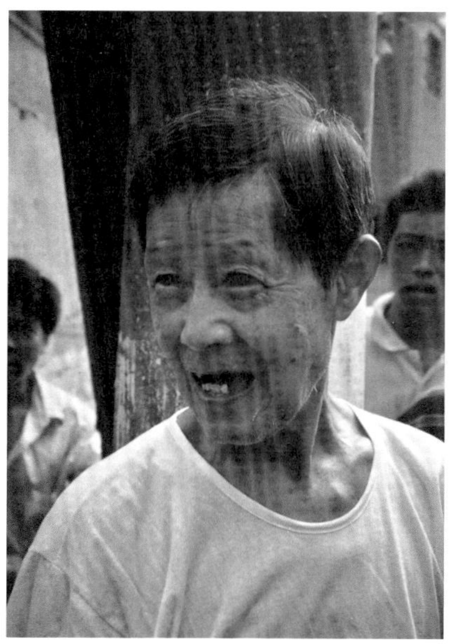
2

3

1 다이살롱 유적 근처에 살고 있는 린링디(林鈴娣, 1924년생) 노인은 만년까지 다이살롱에 대해 뚜렷한 기억을 가지고 있었다. "나의 아버지는 통을 만드는 장인이었다. 우리는 다이살롱을 '다이지(大一記)'라고 불렀다. 거기 여주인이 항상 우리 집에 와서 작은 나무대야를 주문하였다. 나무대야는 위안부와 손님이 샤워할 때 수건과 비누를 두는 것이다. 한 번에 십여 개 정도를 주문하였으며 한개당 1엔이었다. 나는 당시 열 살쯤 되었으며 내가 나무대야들을 매번 가져다주었다. 그러나 입구까지만 갈 수 있었으며 안으로는 못 들어가게 했다. 안에 있는 여자들은 모두 기모노를 입고 나막신을 신고 있었다." [1994년 쑤즈량 촬영]

2 목수 천아진(陳阿金) 노인은 그의 사부를 따라 다이살롱 '위안소'의 인테리어 작업을 한 적이 있었다. [2001년 쑤즈량 촬영]

3 통 만드는 장인 장인푸(張銀富) 노인은 다이살롱 '위안소'를 위해 나무대야를 만들었으며, 그의 사부가 바로 린링디(林鈴娣)의 남편이었다. [2001년 쑤즈량 촬영]

1 원형 시멘트 바닥은 원래 일본 병사들의 무도장이었다. 주변 노인들의 회상에 따르면 무도장 중앙에는 작은 분수대가 있었다. (1999년 쑤즈량 촬영)

2 주민들의 회상에 의하면 125롱 1호 건물 1층은 당시 면적이 작지 않은 술집이었으며, 일본 장교들이 항상 여기서 술을 마셨다고 한다. 이곳은 현재 주민들의 공동부엌으로 사용되고 있다. (2001년 쑤즈량 촬영)

3 둥바오싱로 125롱 3호 1층에 우(吳)씨가 살고 있는 방은 원래 '위안부'의 방이었으며, 안에 정교한 목제 조각품 두 점이 새겨져 있다. (2007년 야오페이(姚霏) 촬영)

4 '위안소' 시기의 목제 조각품인 '후지산'이 지금도 우(吳)씨 집의 방 안에 잘 보존되고 있다. 공예와 스타일을 보면 아마도 일본에서 가져왔을 것이다. (2009년 쑤즈량 촬영)

1

2

3

4

1

2

3

1 우씨 집에 보존되고 있는 또 다른 목제 조각품 '비와호(琵琶湖)'이다. 비와호는 일본의 유명한 관광지이다. 많은 일본인 친구들이 현장에서 보고 확인한 바이다. [1995년 쑤즈량 촬영]

2 다이살롱 유적에는 일본식 부품이 상당수 보존되고 있다. 125롱 1호 2층 정씨 부인 집에는 일본식 미닫이문이 여전히 잘 보존되고 있다. [2007년 야오페이 촬영]

3 다이살롱의 일본식 문과 창문도 보존되어 있다. 사진의 미닫이문은 주민들이 여전히 사용하고 있다. [2007년 야오페이(姚霏) 촬영]

1 1998년 저자 쑤즈량이 일본 히가시쿠루메 시(东久留米市)에서 일본의 참전군인 곤도와 함께 찍은 사진이다. 전쟁 시기 상하이 장완(江灣)에서 통신병을 했던 곤도는 다이살롱과 같은 '위안소'에 많이 가보았다고 하였다. 그는 퇴직한 후에 일본으로 돌아갔다. [1998년 니시노 루미코(西野瑠美子) 촬영]

2 다방면의 조사와 고증을 거쳐 125롱 1호 건물 계단 옆에 있는 방이 신체검사를 했던 방이었다는 사실을 알게 되었다. 매주 일본 군의관이 와서 '위안부'의 신체검사를 하였다. 목적은 일본 병사들이 성병에 걸리는 것을 방지하기 위한 것이다. [2006년 야오페이 촬영]

3 '大一'이라고 새겨진 문짝이 잘 보존되고 있다. 이는 '위안소'시기의 유물이다. 이 문짝은 현재 125롱 2호와 123롱 10호 사이를 연결하는 건물 2층에 보존되어 있다. [2007년 야오페이 촬영]

4 '大一'이라고 새겨진 문짝이 지금도 여전히 잘 보존되고 있다. [2007년 야오페이 촬영]

1

2

3

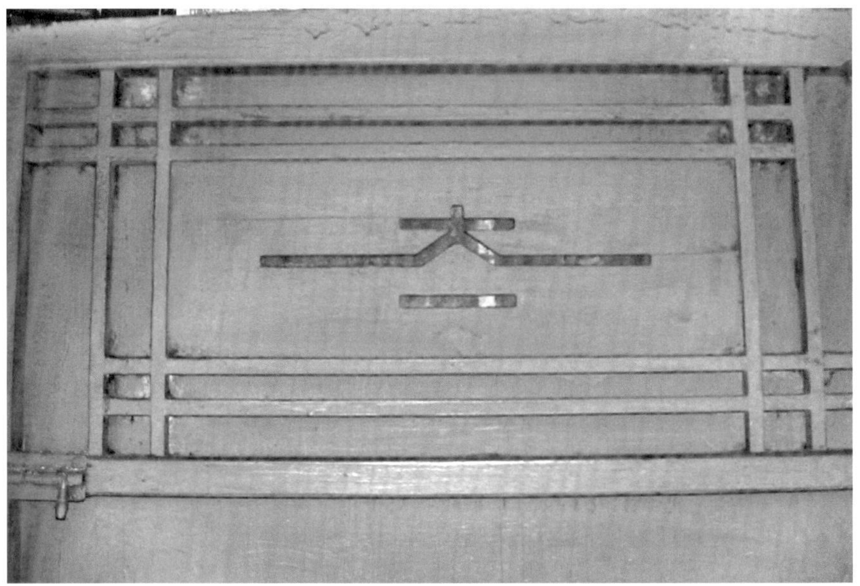

4

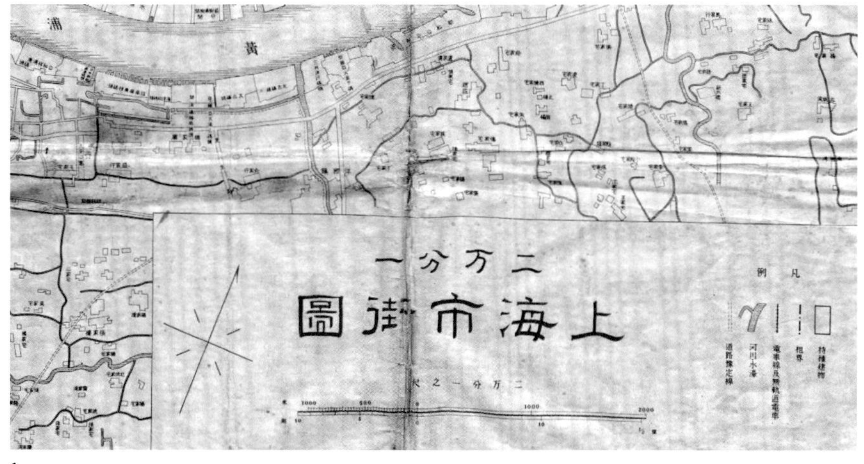

1

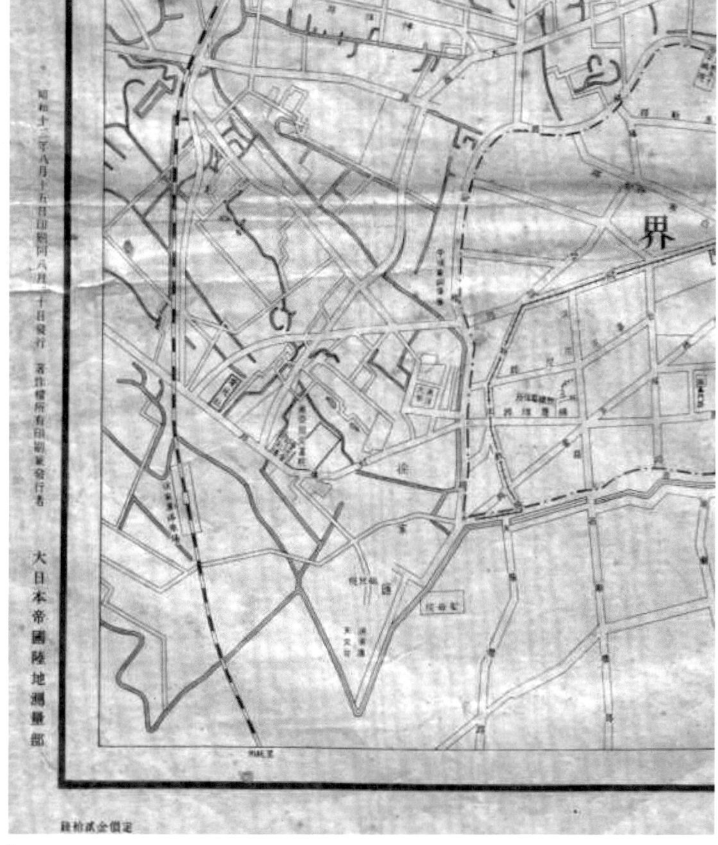

2

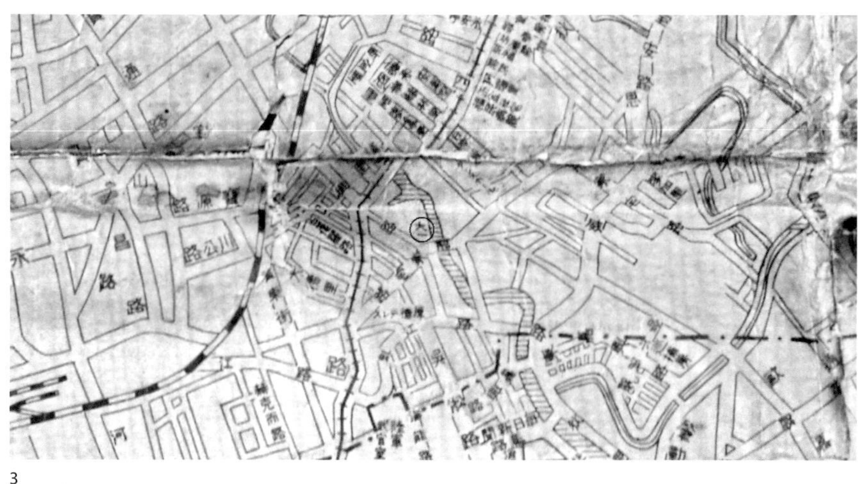

3

1 '소화(昭和) 12년', 즉 1937년 8월 15일에 일본 도쿄에서 인쇄되어 20일에 발행된 『상하이시가도(上海市街圖)』이며, 비례는 1:20,000이다.

2 『상하이시가도』는 상하이 파견군의 장비로 인쇄된 것이다.

3 『상하이시가도』에 다이살롱 '위안소'의 위치가 뚜렷이 표시되어 있다. 즉, 지도의 제작자나 일본군 측은 일찍부터 다이살롱 '위안소'의 위치와 상황을 알고 있었으며 일본 육군 장병에게 추천했을 것이다.

1 다이살롱 안의 각 건물 사이에는 연결 통로가 있었다. 지금은 담으로 갈라놓았다. 그림은 125롱 2호와 3호의 건물이다. (2007년 야오페이 촬영)

2 다이살롱 바닥의 타일이다. 이는 당시 그대로이다. (2004년 쑤즈량 촬영)

3 당시 '위안부'의 방으로, 문과 창문은 대부분 그대로 보존되어있다. 사진은 둥바오싱로 125롱 1호 2층에 있는 창문이다. (2008년 야오페이 촬영)

1

2

3

1

2

3

1 125롱 1호의 주민들의 전력 계량기가 줄지어 배치되어 있다. 현재 50여 호가 다이살롱 유적에서 생활하고 있다. 유적보호 측면에서 여전히 책임이 무겁고 갈 길이 멀다. 〔2006년 야오페이 촬영〕

2 이곳의 '위안소' 설립 역사에 대해 아는 사람들이 대부분 이미 세상을 떠났다. 이 사진은 오랫동안 둥바오싱로 125롱에서 살았던 94살 우산랑(吳三讓) 노인이다. 〔2010년 쑤즈량 촬영〕

3 125롱 1호 건물을 수리한 후의 모습이다. 다이살롱 '위안소' 유적에 대한 보호는 매우 중요하다. 〔2005년 쑤즈량 촬영〕

1 전쟁에 대한 경각심을 일깨우는 세계 최초의 문화재는 아우슈비츠 수용소라고 할 수 있다. 그렇다면 중국의 아우슈비츠는 어디일까? 다이살롱이 전쟁의 경각심을 일깨우는 아시아의 문화재가 될 수 있을까? 사진은 폴란드의 아우슈비츠 수용소 정문이다. [2008년 쑤즈량 촬영]

2 아우슈비츠 수용소의 철조망이다. 아우슈비츠 수용소는 원형 그대로 보존되고 있으며, 매일 수천 명의 관광객들이 참관하면서 전쟁을 반성하고 평화를 지키는 것에 대한 의미를 생각한다. [2005년 쑤즈량 촬영]

1

2

제2장

일본군 성노예 제도의 실시

1937년 11월 2차 상하이사변이 끝나고 일본의 상하이 파견군과 제10군이 난징을 침공하면서 방화, 살인, 약탈 등의 악행을 저질렀다. 난징을 점령한 후에는 대학살을 자행해 점점 국제적인 비난이 커져갔다. 두 부대를 관할한 일본 화중방면군 사령부는 12월 초 상황을 컨트롤하기 위한 명령들을 내렸는데 그중 한 가지가 상하이 파견군에게 '위안부'제도를 추진하라는 요구였다. 이는 아주 중요한 명령이라고 할 수 있다.

'위안소'란 일본군이 실시한 '위안부'제도 중 상대적으로 고정적이고 '합법적인' 폭행 장소에 대한 총칭이다. 당시 중국 각지에 널리 퍼져있던 일본군 폭행 장소의 명칭이 실제로 '위안소'였던 곳은 많지 않았다. 일본군은 항상 각 지역의 필요에 따라 명명하였는데, 예를 들어 오락소(娛樂所), 여랑옥(女郎屋), 회소(會所), 요정, 식당(食堂), 별장(別莊), 료(寮) 등등이 있었다. 임시로 건물을 세우거나 사유 주택과 학교, 사당을 강제로 점유해서 만들었으며 '위안소'는 현지의 명칭을 따랐으며, 전쟁터에서 만들어 이전시킨 것은 아마도 공식 명칭이 없었을 것이다. 비교적 이른 시기 중국 전지에서 '위안소'를 설립했다는 정확한 기록이 일본 쪽 문헌으로 남아 있어 확인이 가능하다. 이누마 마모루(飯沼守) 상하이 파견군 참모장은 1937년 12월 11일 일기에 "(화중)방면군 측으로부터 위안 시설 설립과 관련된 문서를 받았다"라고 적고 있다.[63] 이것을 보면 화중 방면군은 12월 13일 난징을 점령하기 전 이미 상하이 파견군에게 '위안소'를 설립하라는 명령을 내렸다고 볼 수 있다. 또한 제10군도 같은 명령을 받았는데, 12월 18일 저장성 후저우(湖州)에서 제10군의 참모 데라다 마사오(寺田雅雄)가 헌병대를 지휘하여 비밀리에 현지 여성을 강제로 모아 일본군 '위안소'를 설립하였다. 상하이 파견군 참모부는 상하이의 '위안소' 업무를 참모부 제2과 과장인 쵸 이사무(長勇) 중좌가 맡도록 명령했다. 12월 19일 이누마는 "쵸 이사무 중좌에게 신속히 '여랑옥'을 설립하도록 하였다"라는 기록을 남겼다.[64] 상하이의 일본군 '위안소'는 이처럼 일본군 고위층의 직접적 지휘 아래 빠르게 만들어지기 시작했다.

전쟁이 확대되어 가면서 일본군 '위안소'도 중국 각지 점령지역으로 널리 퍼져나갔다. 일본 점령지의 도시부터 농촌까지, 연해 지역부터 내륙까지, 그리고 군대 사단과 연대, 경비대, 소부대까지 심지어 전선의 거점에도 '위안소'가 있었다. '위안소'는 그림자처럼 일본군을 따라 다녔다.

지린성기록관에 소장되어 있던 일본군 자료가 새로이 공개되었는데, 1938년 2월 일본군 화중 파견군 헌병대 사령관 오오키 시게루(大木繁)가 참모부에 올린 보고서에는 난징, 전쟝(鎭江), 진탄(金壇), 쥐룽(句容), 창저우(常州), 단양(丹陽), 우후 및 닝궈(寧國) 등지의 '위안소' 상황이 기록되어 있다. 교통 단절로 인해 상황을 분명히 파악할 수 없는 닝궈를 제외한 기타 모든 지역에 '위안소'가 설립되어 있었다. 기록에 따르면 우후의 '위안부'는 지난 상순에 비해 84명이 증가하였으며, 이 지역의 '위안부' 109명 중에는 일본인 여성 48명과 조선인 여성 36명, 그리고 중국인 여성 25명이 있었다. 전쟝의 109명의 '위안부'가 군인 1만5천 명을 대응해야 했으며, 여성 한 명이 평균 137명의 군인을 대응해야만 했다. 보고서는 2월 중순의 열흘 동안 8,929명의 일본 군인들이 전쟝의 일본군'위안소'에 갔으며

[63] 南京戰史編集委員會編, 『南京戰史資料集』, (東京)偕行社, 1989, p211.
[64] 南京戰史編集委員會編, 『南京戰史資料集』, (東京)偕行社, 1989, p220.

이는 지난 열흘보다 연인원 3,195명이 증가한 것이라고 정확하게 기록하고 있다. 해당 지역에서는 열흘 동안 '위안부' 한 명이 평균 82명의 군인을 대응하였다. 단양에는 '위안부'가 6명밖에 안 되어 엄청나게 부족하였기 때문에 문서에는 "현지에서 현지 위안부를 모집하라"고 명확하게 기록되어있다[65]. 오오키의 또 다른 보고서에 따르면 후저우에 있는 '위안소'에는 중국인 여성 11명과 조선인 여성 29명이 있었고, 구와나(桑名) 여단이 후저우에 도착했을 때 일본군의 수가 이미 감소하고 있었지만 여전히 '특종 위안소' 하나를 추가로 설립하였다. 우시(無錫)도 '위안부' 20명을 늘려야만 하였다[66]. 일본군의 기록을 보면 1938년 2월 상하이의 후시(滬西)에 '위안소' 2곳을 새로 만들었고 우시와 룽추이진(龍翠鎮)에 각각 2곳, 창수(常熟)에 1곳의 '위안소'를 만들었다.[67] 1차 상하이사변이 일어나고 채 반년이 지나지 않아 일본군은 발 빠르게 강남 각 점령지에서 '위안소'를 만들었다. 이에 우리는 일본군의 '위안소' 설립은 전지 각 곳에서 아주 보편적으로 자행한 일이었음을 알 수 있다.

[65] 華中派遣軍憲兵隊司令官大木繁, 「關與南京憲兵隊轄區治安恢復狀況調查之件(通牒)」, 『中支憲高第二四一号』 昭和十三年二月二十八日, 吉林省檔案館藏.

[66] 華中派遣軍憲兵隊司令官大木繁, 「關與南京憲兵隊轄區治安恢復狀況調查之件(通牒)」, 『中支憲高第二四一号』, 昭和十三年二月十九日, 吉林省檔案館藏.

[67] 華中派遣軍憲兵隊司令官大木繁, 「關與南京憲兵隊轄區治安恢復狀況調查之件(通牒)」, 『中支憲高第二四一号』, 昭和十三年二月十九日, 吉林省檔案館藏.

1. 화동지역의 일본군 '위안소'

(1) 상하이의 일본군 '위안소'

상하이는 일본군이 최초로 '위안소'를 설립한 도시이다. 중국학자들이 20년 동안 전국적으로 실시한 조사에 따르면 확인 가능한 '위안소' 유적은 주로 상하이에 집중되어 있다. 상하이는 중국의 주요 도시이며 또한 일본군이 중국 내륙과 동남아시아로 가는 허브가 되는 항구였기 때문에 오가는 일본 군대가 매우 많았으며 점령당한 기간도 상당히 길었다. 확인된 바에 따르면 전형적인 대형 '위안소'는 적어도 상하이에 4곳 있었다. 일본 화중 방면군의 직접적인 명령으로 상하이 파견군이 설립하고 운영한 대형 '위안소'– 상하이 양쟈자이'위안소'(설립 초기 이미 104명의 '위안부'가 있었으며, 전후 합계 수백 명에 달하였다). 해군이 직접 운영한 어메이루(峨眉路)'위안소'와 센다 후카야(千田深谷) 부대 '위안소', 치창잔(其昌棧)부두에 설치된 육군'위안소' 등이다. 일본 군의관 아소 데츠오(麻生徹男)가 쓴『상하이에서 상하이로』라는 전지 회상록에 의하면[68], 쟝완에 상하이 지역 최초로 일본군의 '화류가(花街)' 즉 '위안소' 거리가 생겼다. 그중 가장 유명했던 곳은 일본어 대련(對聯, 문이나 기둥에 써 붙이는 대구(對句)-역주) 이 붙어 있었던 완안루(萬安路)'위안소'이다. 태평양전쟁 발발 후 상하이의 원래 조계지 지역에도 '위안소'가 출현하였다. 여러 문헌과 현지 조사에 따르면 상하이의 일본군 '위안소' 유적은 적어도 160곳이 있다.

'위안부'문제에 가장 큰 영향을 미친 사진 중 하나인 상하이 양쟈자이 '위안소' 모습이다. 목조 건물은 일본 공병대가 만들었으며, 당시 일본 공병대는 현지의 중국 농민들을 동원하여 '위안소'건물을 만들도록 하였다. 〔麻生徹男, 『上海より上海へ』, (福岡)石風社, 1993, p17〕

[68] 麻生徹男, 『上海より上海へ』, (福岡)石風社, 1993, p17.

1

2

3

4

1 양자자이 '위안소'는 샹인루(翔殷路)의 작은 강가에 세워져 있었다. 당시의 목조건물은 이미 사라졌지만 전쟁이 끝난 후 마을 사람들은 강에서 일본의 청주 술병, 도시락 용기 등 일본군이 사용했던 유물을 자주 건졌다. 〔1996년 쑤즈량 촬영〕

2 일본군 예비역 대위 아소 데츠오이다. 전쟁 당시 그는 상하이로 징병되었으며 라이카 카메라로 양자자이'위안소'를 찍었다. 전후 그는 규슈 의과대 학장을 역임하였으며, 1989년 7월 11월 타계했다. 〔麻生徹男, 『上海より上海へ』, 표지 뒷날개〕

3 아소 데츠오 군의관은 명령을 받고 위안소 설립에 참여하였다. 만년에 그는 일본이 실시했던 '위안부'제도에 대해 참회하면서 전시 회상록 『상하이에서 상하이로』라는 책을 출판하였으며, 많은 진귀한 자료를 게재하고 있다. 사진은 이 책의 표지이다.

4 아소 데츠오는 전시 거의 매일 일기를 썼다. 사진은 그가 보관하고 있는 군대일기이다. 〔麻生徹男, 『上海より上海へ』, (福岡)石風社, 1994, p69〕

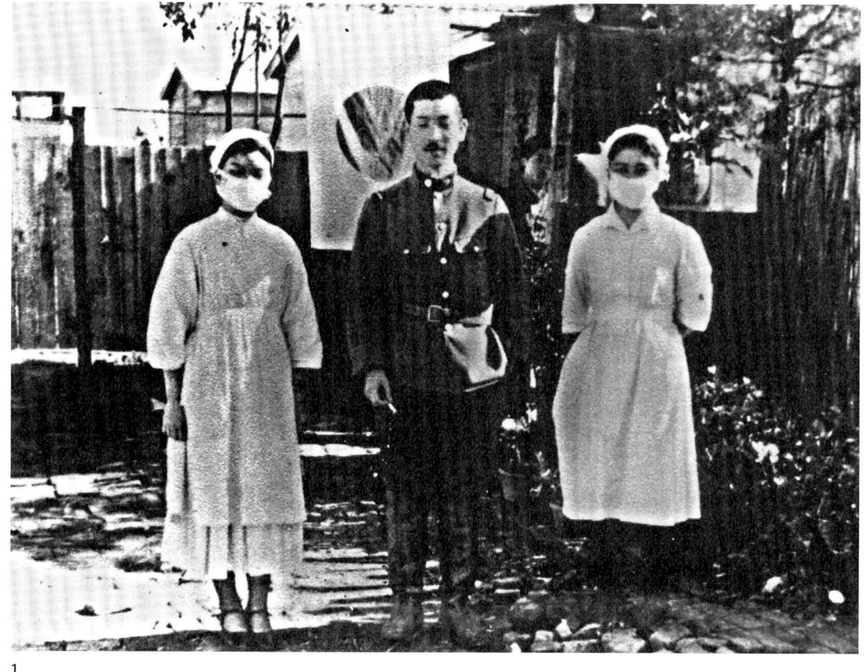
1

2

3

1 이누마 마모루 상하이 파견군 참모장은 1937년 12월 11일 일기에 〈방면군에게 온 '위안소' 설치에 관한 의견〉을 적고 있는데, 당시 마쓰이 이와네 (松井石根)가 이미 군대에 '위안소' 설치 계획이 있다고 밝히고 있다. 그는 또한 19일 일기에서 화중 방면군 참모장이자 상하이 파견군 참모부 제2과장인 쵸 이사무 중좌에게 신속히 여랑옥-'위안소' 설립을 지시하였다. 또한 동병참 사령부에 '위안소' 설립과 관련된 구체적인 업무를 진행할 것을 요구하였다고 적고 있다. 〔(日)南京戰史編集委員會, 『南京戰史資料集』, (東京)偕行社, 1989〕
군의관과 간호사 등이 양쟈자이'위안소' 앞에서 찍은 사진이다. 〔麻生徹男, 『上海より上海へ』, (福岡)石風社, 1994, p17〕

2 '위안부'를 운송하는 일본의 '카이운마루(海運丸)'가 상하이로 가고 있는 모습이다. 가능한 빠르고 효과적으로 '위안부'를 확보하기 위해 화중 방면군의 명령을 받은 상하이 파견군 동병참 사령부는 장교와 모집원 이시바시 도쿠타로(石橋德太郎)를 후쿠오카 등지로 보내 '위안부'를 모집하였으며 육군이 징발한 '카이운마루'를 타고 상하이로 갔다. 〔麻生徹男, 앞의 책, p20〕

3 21살의 일본 작부(창기) 게이코는 일본의 '위안부 모집처'로 가서 신청했는데, 그녀는 당장 1,000엔을 받을 수 있고 몇 개월만 하면 집으로 돌아올 수 있다고 들었다고 한다. 그러나 그녀는 1,000엔을 위해 7년의 청춘과 평생의 행복을 대가로 치렀다. 사진 오른쪽 여성이 게이코이다. 〔麻生徹男, 앞의 책, p15〕

1 게이코 등 여성들을 나가사키에 있는 '스이텐로(水天樓)'라는 료칸(旅館)으로 모아 배를 태웠다. 사진은 게이코(아래쪽 가운데)가 카이운마루에 타고 있는 모습이다. 〔千田夏光, 『從軍慰安婦·慶子』, (東京)文光社, 1985, 책 앞부분 삽화〕

2 모집된 여성들은 사징(沙涇)초등학교로 이송되었다. 1938년 1월 2일 오후 아소 데츠오 군의관은 명령을 받고 간호사와 조수를 데리고 신속히 치메이로(其美路)에 도착하였다. 사징초등학교 앞에서 찍은 사진으로, 왼쪽에서 세 번째가 아소 데츠오 군의관이다. 〔麻生徹男, 앞의 책, p15〕

3 아소 데츠오는 다음날 여성들에 대한 신체검사를 하기 위해 1938년 1월 2일 목수 일을 할 줄 아는 병사들에게 밤을 새워 검사대를 제작하도록 하였다. 현재 각국의 '위안부'역사기념관에 전시되어 있는 '위안소' 검사대는 모두 이 사진의 양식에 따랐다. 〔麻生徹男, 앞의 책, p15〕

1

2

3

1

2

3

1 1938년 1월 3일 여성들은 신체검사를 위해 줄을 서서 기다리고 있다. 복장을 통해 조선 여성과 일본 여성이 섞여 있었음을 알 수 있다. 〔麻生徹男, 앞의 책, p14〕

2 일본인 모집원 이시바시 도쿠타로는 상하이 양쟈자이'위안소'에 도착한 후 여성들에게 "전에 내가 전쟁터에 가서 병사들을 위해 밥하고 빨래한다고 했는데, 이제 너희들도 알겠지만 너희들이 해야 할 일은 자신의 몸으로 병사들을 위로하는 것이다. 다시 말해서 병사들의 성욕을 만족시켜 주는 것이다."라고 말했다. 이어서 군인이 기모노를 가져왔으며 조선인 여성들에게 조선옷을 벗으라고 명령하였다. 일본인 여성들에게는 조선 여성들에게 기모노 입는 법을 가르쳐 주도록 하였으며, 속바지는 안 되고 모두 속치마만 입어야 한다고 설명했다. 〔麻生徹男, 앞의 책〕
사진은 양쟈자이'위안소'의 건물들이 있었던 둥선쟈자이(東沈家宅)이다. 〔1998년 쑤즈량 촬영〕

3 1938년 1월 13일 일본 상하이 파견군 동병참 사령부는 양쟈자이'위안소'의 나무 간판을 제작하였다. 이는 일본이 중국 침략 전쟁을 전면적으로 확대한 시기에 일본군이 만들고 직접 관리한 첫 번째 군대 '위안소'이다. 사진은 당시 양수푸루(楊樹浦路)에 세워진 양쟈자이'위안소' 의 광고간판이다. 〔麻生徹男, 앞의 책, p16〕

1 아소 데츠오가 찍은 양쟈자이'위안소' 규정이다. '동병참 사령부'라고 새겨진 낙관이 명료하게 찍혀있다. 내용을 보면 중국 각지와 동남아시아 각지에서 발견된 '위안소'의 규정과 기본적으로 일치한다. 〔麻生徹男, 앞의 책, p16〕

2 둥선쟈자이의 선웨셴(沈月仙) 노인(왼쪽 첫 번째)이 증언하는 장면이다. 당시 그녀 집안의 채소밭이 '위안소' 옆에 있었다. 어느 날 아침 일찍 그녀 아버지가 채소밭에 갔다가 양쟈자이'위안소'의 일본 초병에게 총살을 당하였다. 이를 통해 당시 일본군의 '위안소' 관리가 얼마나 엄격했는지를 알 수 있다. 〔1995년 쑤즈량 촬영〕

3 둥선쟈자이에 살고 있는 노인들의 회상에 따르면 사진 속에 보이는 집이 양쟈자이'위안소'에서 사용하는 물을 끓이는 곳이었다고 한다. 지금은 철거되었다. 〔1996년 쑤즈량 촬영〕

慰安所規定
一、本慰安所ハ陸軍々人軍屬(軍夫ヲ除ク)ノ外入場ヲ許サス
一、入場者ハ慰安所外出證ヲ所持スルコト
一、入場者ハ必ス受付ニオイテ料金ヲ支拂ヒ之ト引替ニ入場券及「サック」一個ヲ受取ルコト
一、入場券ノ料金左ノ如シ
下士官兵軍屬 金貳圓
一、入場券ノ効力ハ當日限リトシ若シ入室セサルトキハ現金ト引替ヲナスモノトス 但シ一旦酌婦ニ渡シタルトキハ返戻セス
一、入場券ヲ買求メタル者ハ指定セラレタル番號ノ室ニ入ルコト 但シ時間ハ三十分トス
一、入室ト同時ニ入場券ヲ酌婦ニ渡スコト
一、室内ニ於テハ飲酒ヲ禁ス

1

2

3

1

2

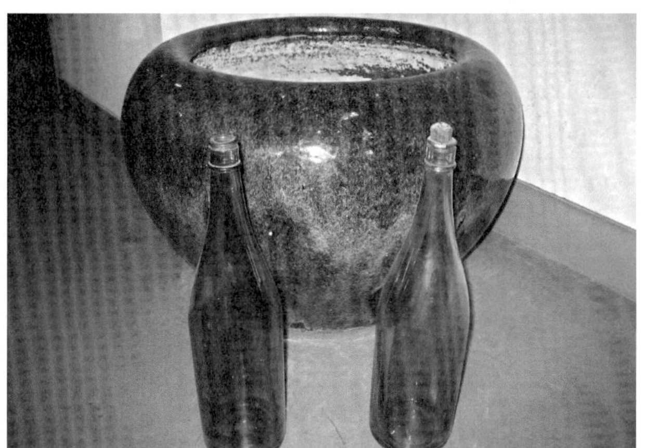
3

1 양쟈자이'위안소'에서 사용했던 미소(일본 된장-역주)통이다. 표면에 아직도 '와카마쓰(若松)'라는 일본 상표가 보인다. 일본이 항복한 후 양쟈자이'위안소' 주변에 살고 있는 주민이 이것을 주워 쌀통으로 쓰고 있었다. [1997년 쑤즈량 촬영]

2 양쟈자이'위안소'에서 목탄을 넣어 화로로 사용되었던 것으로 이후 선메이디(沈美娣)의 집에서 분뇨통으로 사용되었다. 현재 상하이사범대학교 중국'위안부'자료관에 소장되어 있다. [1996년 쑤즈량 촬영]

3 주민들은 양쟈자이'위안소' 옆의 작은 강에서 자주 일본 병사들이 사용했던 도시락 용기나 술병 등을 건져냈다. 사진은 중국'위안부'문제 연구센터가 둥선쟈자이 주민의 집에서 수집한 일본 청주병이다. 현재 중국'위안부'자료관에 소장되어 있다. [2014년 류루이(刘蕊) 촬영]

4 연식이 상당히 오래된 책상인데, 노인들의 회상에 따르면 당시 일본군들이 '위안소'가 아직 문을 열지 않았을 때 도착하면 선메이디 집의 이 책상에서 도박을 하였다고 한다. [1999년 쑤즈량 촬영]

1 둥선쟈자이의 주민 스푸성(史富生)이 둥선쟈자이 61호를 가리키며 그곳이 양쟈자이 '위안소'의 위생실이었다고 말하는 모습이다. 양쟈자이 '위안소'의 10채의 목조건물은 일본군이 패전 후 철수하면서 불태워버렸다. [2000년 쑤즈량 촬영]

2 둥선쟈자이의 농민 스류류(史留留)이다. 당시 그는 일본군에게 잡혀가 마을 동쪽의 양쟈자이'위안소' 짓는 일을 도왔다. 스류류 노인의 회상에 따르면 "나는 일본군이 동쪽에 있던 집을 모두 철거하고 이 사진 속의 일본식 목조건물을 짓는 것을 직접 봤고, 나도 약간의 일을 했다. 당신들은 '위안소'라고 부르지만 우리는 '일본기루(日本堂子)'라고 했다. 그 안의 여자들은 조선인도 있고 중국인도 있었지만 모두 기모노를 입고 있었다. 드나드는 사람들은 모두 일본군인이었으며, 때로는 차를 타고 왔으며 그들은 항상 술을 마셨다. 우리는 강물을 마시고 사용했지만, '위안소'에서는 따로 기계로 우물을 파서 마시고 사용했다. 안에는 작은 사당이 있었으며 일본인들이 항상 두 손을 모아 합장하며 허리를 굽혀 절을 했다." [1994년 쑤즈량 촬영]

3 양쟈자이 '위안소'에서 사용했던 스테인리스 그릇이다. 후에 스류류가 주워서 집에서 반세기 동안 사용하였다. 사진은 1999년 한국의 KBS방송국 스텝들이 역사적 증거물을 촬영하고 있는 장면이다. [1999년 5월 28일 쑤즈량 촬영]

4 일본의 일본군만행조사단이 야마우치 사요코(山內小夜子) 단장의 인솔 하에 스류류씨의 집에서 스류류씨로부터 일본군의 양쟈자이 '위안소'에 관한 이야기를 듣고 있다. 사진은 당시 촬영한 단체사진이다.

1

2

3

4

1

2

〈海乃家〉本館見取り図 昭和19年7月頃 (慰安婦の部屋は、全部で17部屋)
上海放送局 当時の電話番号 53124
本館1階
海軍作成の防空壕
帳 場
慰安婦の部屋
1階には 3部屋
上河内ハル (仲居)さんの部屋
廊 下
トイレ
階段
タイル貼りの ホール
炊事場
吹き抜け(ガラス張り)
元司さんの部屋
「一花五円」の額がある
倉庫
海乃家 路地
鉄 扉

3

1 현지 주민들이 일본군 '위안소'에 대해 이야기하고 있다. 그들은 당시 쓰레기더미에 콘돔이 많았던 것을 기억하고 있다. 〔1999년 2월 24일 쑤즈량 촬영〕

2 하이나이쟈(우미노이에)'위안소' 업주와 '위안부'들의 단체사진이다. 옷차림을 보면 기모노를 입고 있는 사람과 치파오를 입고 있는 사람이 함께 있다. 이는 일본 해군의 전용 '위안소'인 하이나이쟈(우미노이에)'위안소'의 단체사진이다. 〔華公平, 『従軍慰安所'海乃家'の伝言』, 日本機関紙出版センター, 1992.8, p48〕

3 하이나이쟈(우미노이에)는 상하이에 주둔한 일본 해군으로부터 전권위임을 받은 사카시타 쿠마조(坂下熊藏)가 운영한 위안소이다. 사카시타 쿠마조는 1898년 와카야마 현(和歌山縣)에서 태어났다. 일본 해군에 입대하였으며 제대한 후 일본으로 돌아가지 않고 상하이에서 '삶은 콩 가게(煮豆屋)'를 차려 생계를 꾸렸다. 해군 측은 그를 찾아 '위안소' 설립을 제안했으며, 그 '위안소'가 바로 하이나이쟈(우미노이에)이다. 사진은 하이나이쟈(우미노이에)의 평면도이다. 〔華公平, 앞의 책, p60〕

1 해군의 협조 아래 사카시타 쿠마조는 궁핑리(公平里) 12호 건물을 전부 내부 수리를 하였다. 궁핑리는 원래 이웃한 촨번리(川本里, 현재 궁핑루 411농)와 연결되어 있었는데 일본군은 안전을 위해 촨번리와 연결된 길을 막고, 궁핑리 골목에서 12호 '하이나이쟈(우미노이에)'로 들어가는 곳에 큰 철문을 새로 설치하였다. 현재 이 철문은 없어졌지만 벽에 철문의 경첩은 여전히 남아있다. 사진은 당시의 하이나이쟈(우미노이에)이다. 〔華公平, 앞의 책, p81〕

2 하이나이쟈(우미노이에) 1층에는 로비와 경리실, 주방 등이 있었고, 서쪽에 '위안부'의 방 3개가 있었으며, 2층에 있는 방 14개를 더하면 총 17개의 방이 있었다. 방의 크기는 약 12~16 평방미터였다. 2층 가운데 홀은 연회를 열 때 사용했다. 수리를 마친 '하이나이쟈(우미노이에)'는 1939년 개업하였다. 사진은 1990년 화궁핑(華公平)이 상하이로 돌아와서 하이나이쟈(우미노이에) 대문이 있던 자리를 찍은 것이다. 그는 예전과 거의 같다고 하였다. 〔華公平, 앞의 책, p80〕

1

2

1

3

2

4

5

1 하이나이쟈(우미노이에) 1층 로비에는 '위안부' 전원의 사진과 '회당 5엔'이라고 적혀 있는 종이가 붙어 있었다. '위안소' 규정에 따르면 돈을 낼 때는 반드시 군표로 지급해야 한다고 되어있다. 사진은 '하이나이쟈(우미노이에)'의 관리자들이 홍커우공원(虹口公園)에 놀러갔을 때 찍은 것이다. 〔華公平, 앞의 책, p67〕

2 일본 국적의 '위안부'들은 대부분 사카시타 사장이 직접 일본으로 가서 모집하였다. 따라서 사카시타 쿠마조는 매년 일본을 세 번 정도 왕래했다. 사진은 사카시타(서 있는 사람)의 해군복역 시절 모습이다. 〔華公平, 앞의 책, p73〕

3 1940년 하이나이쟈(우미노이에)에는 일본인 '위안부' 10명과 조선인 '위안부' 10명, 중국인 '위안부' 20명이 있었다. 사진은 화궁핑의 둘째 형이 '위안소' 앞에서 찍은 것이다. 〔華公平, 앞의 책, p60〕

4 하이나이쟈(우미노이에)는 일본이 항복할 때까지 운영되었다. 1946년 3월 사카시타 쿠마조 가족은 모두 토에마루(豐榮丸)를 타고 일본으로 돌아갔다. 만년의 사카시타 쿠마조는 다시 삶은 콩으로 생계를 꾸리는 생활로 돌아가 1991년 고향에서 세상을 떠났다. 사진은 하이나이쟈(우미노이에)'위안소' 이야기가 실린 일본 인문저널의 표지이다.

5 사카시타 쿠마조의 아들 사카시타 모토시(坂下元司, 별명 화궁핑-華公平)는 1944년부터 1945년까지 상하이에서 아버지의 경영을 도우며 '위안부'의 여러 가지 비참한 모습을 목격했다. 이후 양심의 가책을 받고 1991년 10월 상하이로 다시 와서 당시의 유적을 찾아보았다. 그는 하이나이쟈(우미노이에) 건물의 방과 구조가 '위안소'로 사용되던 시기의 모습과 거의 달라지지 않았다고 말하였다. 사카시타 모토시가 일본으로 돌아가 『종군위안소 우미노이에로부터 전언(従軍慰安所'海乃家'の伝言)』이라는 책을 냈으며 언론에 그가 알고 있는 '위안소'의 속사정과 참상을 모두 공개하였다. 사진은 그가 하이나이쟈(우미노이에)로 사용되던 건물 앞에서 찍은 것이다. 〔華公平, 앞의 책, p135〕

1 궁핑리 6호의 어르신(1995년 당시 70세에 가까운 나이)은 "당시 '위안소' 업주의 가족을 포함하여 일본인들은 우리 중국인들에게 엄청나게 흉악했다"고 과거를 회상하면서 당시의 일을 여전히 마음 속 깊이 새기고 있다. 사진은 하이나이쟈(우미노이에) 관련자들이 홍구공원에서 찍은 단체사진이다. 〔華公平, 앞의 책, p55〕

2 피해자에 대한 기억을 가지고 있는 사카시타 모토시는 일부 '위안부'는 고통스러운 나머지 아편을 피우기 시작하였고, 또 어떤 사람은 동료의 재물을 훔쳐 구타당한 뒤 추방당해 길가에서 죽었다고 말하였다. 그는 "가고시마에서 오키나와로 가는 운송선에 10여 명의 조선인 '위안부'가 실려 있었는데 미군 전투기의 공격을 받았다. 나는 수영을 해서 아마미오오시마(奄美大島)로 갔으나 그 여자들을 도와주지는 않았다." "남자가 종군하는 것은 당연한 일이며, 생명의 보장이 없으니 죽기 전에 여성을 경험하는 것이 당연하다는 생각이 널리 퍼져있었다."라고 증언하였다. 사진은 하이나이쟈(우미노이에)'위안소'가 있던 궁핑리이다. 〔1995년 쑤즈량 촬영〕

3 1943년 일본 해군 당국은 '하이나이쟈(우미노이에)' 별관을 개설하기로 결정하였다. 사카시타 모토시는 이에 대해 명확히 기억하고 있는데, 그에 따르면 '하이나이쟈(우미노이에)' 별관은 궁핑리 본관에서 약 1킬로미터 떨어진 곳에 세워졌다. 건물 외관은 미국 스타일의 작은 여관 같았으며 건물은 총 3층으로 주변에 화원은 없었으며 들어서면 큰 홀이 있었다. 이 서양식 건물의 설비는 상대적으로 좋은 편이었으며 더운 물이 나왔다. 사진은 중국'위안부'문제연구센터에서 확인한 '하이나이쟈(우미노이에)' 별관으로 쓰였던 건물이다. 〔2003년 쑤즈량 촬영〕

1

2

3

1

2

3

1 궁핑리 8호에 살고 있는 뤄(羅)씨 할머니(1994년에 74세)의 기억에 따르면 "그 해 나는 20살로 베란다에 빨래를 널고 있었다. 우리 집은 12호의 하이나이쟈(우미노이에)와 마주 하고 있었다. 가끔 빨래를 널다가 하이나이쟈(우미노이에)를 흘끗 쳐다보면 바로 일본인의 호통이 돌아왔다. 그러나 사람이 없을 때면 하이나이쟈(우미노이에)를 쳐다보았다. 가끔 치파오를 입은 아파 보이는 중국인 여자가 주방에서 찬밥을 몰래 먹는 모습을 보았다." 사진은 하이나이쟈(우미노이에) 별관의 후문이다. [2003년 쑤즈량 촬영]

2 사카시타 모토시의 어머니(가운데 서있는 사람)가 일본 해군 병사들과 하이나이쟈(우미노이에) 별관 문 앞에서 찍은 단체사진이다. [華公平, 앞의 책, p86]

3 사카시타 모토시의 어머니가 일본인 '위안부'와 하이나이쟈(우미노이에) 별관 앞에서 찍은 사진이다. [華公平, 앞의 책, p86]

こちら従軍慰安婦110番です

上海最大「海乃家」慰安所を経営 慰安婦40人、海軍と軍需廠が指定

坂下 元司さん 63歳

軍の委託で慰安所経営

坂下元司さん（東大阪市在住）のお父さんは、戦時中、上海で慰安所を経営していた。上海には当時、海軍特別陸戦隊の基地があり、日本人が十万人以上、一九四一（昭和16）年の対米開戦後、それは最終的に百万人以上になった。

お父さんの坂下熊蔵さん（一九七八年死去）が経営していた慰安所の「海乃家」（うみのや）は、日本人十人、朝鮮人十人、中国人が二十人という上海最大の慰安所だった。当時の写真を見ると、戦前で十六名、戦中に二十一名の慰安婦が、坂下さん一家と一緒に写っている（元司さんは当時、北神商業学校の生徒で、内地にいたので写っていない）。

「海乃家」は、海軍特別陸戦隊および軍需廠指定の慰安所だった。慰安所は、軍人と家族で別になっており、軍人は来なかった。入ったところにホールがあり、そこには海軍特別陸戦隊および軍需廠の関係者以外の「入楼を禁ず」と表示がしてあった。

しかし軍が全面的にバックアップしており、酒の公定価格なども軍の規定であった。コンドームも軍から無料で供給された。家賃も月額わずか五円ほどでタダ同然だったが、特別陸戦隊に納めていた。女性たちの検診も軍が強制的に行っていた。入ることは禁止されているはずなのに、佐官級の軍人がひそかにやってきてはタダ酒を飲んで帰ったという。

「事件が起こったら、警察官のかわりに海軍の軍人がくる。軍との関係はそんなかんじだった」と元司さんは言う。

経営者は熊蔵さんでも、「あくまで

1992.6.1 宣伝研究 18

1

2

3

4

1 사카시타 모토시의 별명은 화궁핑이다. 그의 이름은 하이나이쟈(우미노이에)가 궁핑리에 설립된 것을 기념하여 지은 것이다. 사진은 화궁핑의 하이나이쟈(우미노이에) '위안소'에 대한 증언을 보도한 기사이다. [『宣傳硏究』, 日本机関紙出版センター, 1992년 6월 1일]

2 둥창즈루(東長治路) 609롱 3호에 있는 하이나이쟈(우미노이에) 별관은 3층 건물로 규모가 작지 않았다. [2003년 쑤즈량 촬영]

3 『재지나 일본인 인명록 (支那在留邦人人名錄)』 제32판에 하이나이쟈(우미노이에) 별관 주소가 기록되어 있다. 조사를 통해 중국'위안부'문제연구센터는 하이나이쟈(우미노이에)별관이 둥창즈루 609롱 3호에 있다고 확인하였다. 사진은 하이나이쟈(우미노이에) 별관의 방문이다. [2003년 쑤즈량 촬영]

4 당시 '위안소'의 나무문이 주민들에 의해 잘 보존되고 있었다. 사진은 하이나이쟈(우미노이에) 별관의 실내 모습이다. [2003년 쑤즈량 촬영]

1

2

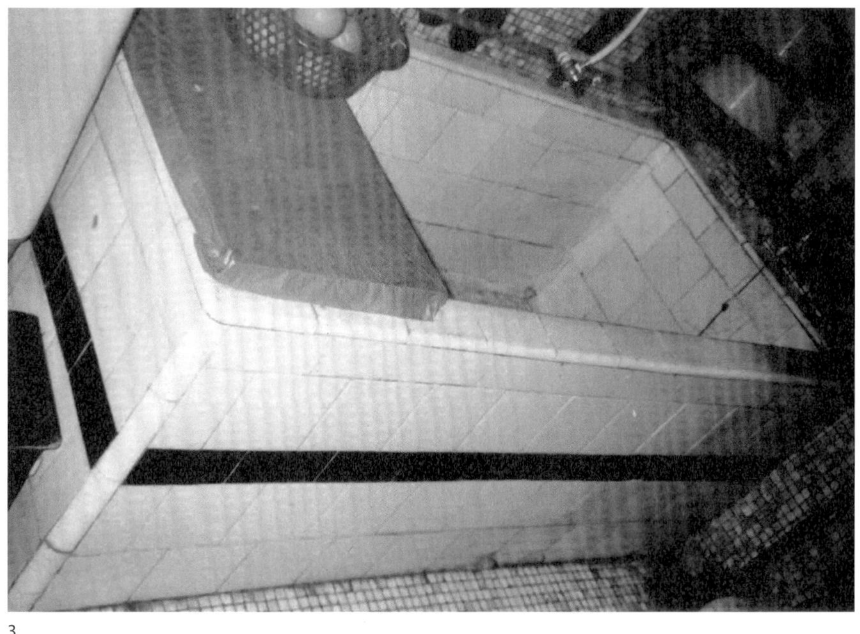
3

1 하이나이자(우미노이에) 별관의 대문으로 당시 모습을 잘 보존하고 있다. 도시 개발로 인해 하이나이자(우미노이에) 별관 건물은 이미 사라졌다. [2003년 쑤즈량 촬영]

2 하이나이자(우미노이에) 별관 화장실로 수세식 변기가 잘 보존되어 있다. [2003년 쑤즈량 촬영]

3 하이나이자(우미노이에) 별관의 '위안부'들과 병사들이 사용했던 욕조로, 지금까지 잘 보존되어 있다. [2003년 쑤즈량 촬영]

1 쓰촨리(四川里) 63호는 지금까지 당시의 내부구조 모습을 잘 유지하고 있다. 화장실은 나무로 되어있고, 슬라이드가 달려 있는 미닫이문에는 당시 일본에서 보편적으로 사용되던 5cm 크기의 손잡이가 달려있다. 사진은 쓰촨리 3호 '위안소'의 창문이다. [1999년 쑤즈량 촬영]

2 쓰촨베이로(四川北路) 1604롱 쓰촨리에는 '위안소' 3곳이 있었다. 쓰촨로 북쪽 쓰촨리 63호에 있었던 '류이팅(六一亭)'은 해군'위안소'였다. 일본 구루메 시(久留米市)에 살고 있는 곤도씨는 상하이에서 학창시절과 청년시대를 보냈다. 그의 증언에 따르면 쓰촨리 골목 입구에 있는 63호는 1920년대부터 30년대에 일본 교민이 운영한 술집이었다가 1차 상하이사변 이후 일본 장교를 대응하는 '위안소'가 되었으며 '류이팅'이라고 불리웠다. '류이팅'에 들어가면 큰 방이 있었는데 당시 술과 요리, 커피를 제공하는 장소였다가 그 뒤 주방이 되었다. 옆에 있는 나선형 계단은 2층과 3층으로 이어졌으며 당시에는 점원과 해군 장교만 올라갈 수 있었다. 위층에 30여개의 방들이 즐비했으며, 방 마다 크기가 7~8평방미터정도였다. 곤도의 말에 의하면 여기에 있던 '위안부'는 모두 일본인 여성들이었다. 사진은 '류이팅' 안에 있는 나선형 계단이다. [1998년 쑤즈량 촬영]

3 쓰촨리 63호 3층 방문 위에는 아직도 당시 '위안부'의 명패를 꽂았던 명패꽂이가 보존되어 있다. [1998년 쑤즈량 촬영]

1

2

3

1

2

3

1 쓰촨리 63호 뒤쪽에 있는 52호는 3층 건물이다. 당시 일본인이 10여 명의 일본 소녀를 모집해 이곳으로 와 일본 장교를 대응하기 위한 '위안소'를 설립하였다. 현재 이 건물의 1층에는 쓰촨제다오도서관(四川街道圖書館)과 촨베이우체국(川北郵社)이 있고 위층에는 주민들이 살고 있다. 당시부터 있던 창밖의 화분 받침대가 여전히 보존되고 있다. 사진은 1604롱의 골목이다. [2009년 쑤즈량 촬영]

2 주변 주민들의 기억에 따르면 쓰촨리 52호 3층에 있는 나무 울타리로 된 창문의 베란다는 당시 일본군에게 오락을 제공하기 위해 노래를 신청하는 곳으로 쓰였다. 병사들은 '위안부'들이 창문 앞에서 노래하도록 요구하였다. [1998년 쑤즈량 촬영]

3 쓰촨베이로 쓰촨리 1604롱 41호는 작은 골목인데, 양측으로 3층 건물이 있었다. 이 건물은 원래 저장싱예(興業)은행의 직원 숙소였다. 2차 상하이사변이 일어나자 대부분은 피난하였지만 피난가지 못하고 남아있던 중국인들을 일본군이 점령한 후 모두 쫓아냈다. 그리고 3번째 골목의 29호부터 36호까지, 4번째 골목의 41호부터 48호까지 두 골목의 총 16번지 건물을 차지하여 수리한 후 '위안소'로 만들었다. 그리고 29호부터 36호까지의 정문을 막아버리고 4번째 골목을 앞뒤 두 줄 건물의 출입구로 삼았다. 29호 건물 뒤쪽과 41호 건물 앞쪽 벽에 철문을 만들어 첫 번째 건물 즉, 41호 번지수만 남겨두고 그 밖의 15개 번지수를 폐지하였다. 이곳 역시도 대형'위안소'였다. [1998년 쑤즈량 촬영]

1 상하이의 주민 쉬주언(徐祖恩, 1994년 당시 82세)은 쓰촨베이로 쓰촨리 1604롱 41호 뒤에 살고 있었다. 그의 기억에 따르면 당시 쓰촨리 후문을 일본군이 막고 있어서 정문으로만 출입이 가능했다. 골목 입구에는 검문소가 있었으며 일본 병사들이 지키고 있었기 때문에 일본인외 이곳의 주민만 출입할 수 있었다. 일본인은 41호 앞 공터에 약 3미터 정도 깊이의 방공호를 만들었으며 방공호 위에 일본식 정자를 세우고 커다란 초롱 4개를 달았다. 동쪽에 있는 건물로 들어가면 1층은 장교들의 전용 술집이었으며 옆에 넓은 일본식 욕실이 있어, '위안부'와 일본 장교들을 위한 샤워시설이었다. 술집 옆에는 넓이 2미터의 계단이 있었는데 계단을 따라 올라가면 2층에 작게 나뉜 방들이 있었는데, 이곳이 바로 '위안부'들의 '복무' 장소였다. 사진은 41호 2층의 창문이다. [1998년 쑤즈량 인터뷰 및 촬영]

3 천빙룽 집안의 집사였던 황원중(黃文忠)은 일본인이 들어 온 후 강제로 '위안소'의 잡일을 하게 되었으나, 품삯은 지급되지 않았다. 그의 기억에 따르면 '위안소'의 여성들은 모두 중국인이었고, '위안부'들은 일주일에 한번 목욕할 수 있었으며 매일 같은 밥-주먹밥 한 개와 양파와 두부로 만든 된장국만 먹었다. '위안소'에 있던 중국 여성들 중 그 일을 원한 사람은 없었지만 저항할 수가 없었으며 구타를 당해 상처 입은 여성도 있었다. 황원중은 매일 음식물과 일상용품을 구입하는 일을 하였다. 그는 치창잔'위안소'는 별관이고 본관은 쓰촨베이로의 헝빈(橫濱)다리 다릿목에 있었다고 한다. 사진은 전창로 350호의 치창잔'위안소'의 옛터이다. [쑤즈량 1998년 촬영]

1

2 상하이 주민 천빙룽(陳炳榮, 1924년생)의 가족은 푸둥(浦東) 치창잔다제(其昌棧大街, 현 쳰창로-錢倉路) 350호에 살았었다. 이곳은 규모가 상당히 큰 주택이었으나 당시 일본군이 강제로 차지하여 '위안소'로 만들었다. 가운데 큰 2층 건물은 방이 38개가 있었으며, 주변은 단층집들이다. 이곳은 그의 아버지가 오랜 동안 무역업으로 번 자금으로 지은 집으로 푸둥에서 가장 좋은 민가로 불렸다. 사진은 쳰창루 350호의 단층집이다. [1998년 쑤즈량 촬영]

2

3

1

2

3

1 치창잔 '위안소'는 일본인(남녀 각 1명) 두 명이 업주로 관리를 맡고 있었으며 중국 여자 한 명이 도와주었다. 중국 여성은 30살 정도로 일본어에 능통하여 통역을 맡았다. 가끔 일본 군인들이 많으면 업주가 그녀에게도 '접객'을 강요하였다. '위안소'에는 언제나 일하는 사람이 몇 명 있었는데 거의 중국 사람들이었다. 당시 황원중은 쌀과 기름, 소금, 간장, 식초 등의 물품의 운송책임을 맡았다. 주방장은 원래 일본인이었는데 이후 중국인으로 바뀌었다. 일하는 사람들은 일반적으로 '위안부'들과 접촉하지 않았다. '위안부'들은 방 안에서 식사를 했으며 일하는 사람들은 정해진 장소에서 식사하였다. 사진은 옛 치창잔 '위안소'의 2층으로 연결되는 계단이다. (2000년 쑤즈량 촬영)

2 황원중의 기억에 따르면 치창잔 '위안소'의 '위안부'는 약 30~40명 정도였으며 각자에게 번호가 매겨져 있었다. 일본인은 용모가 빼어나고 건강한 여성들에게 일련번호를 매겼으며, 조건이 안 좋은 여성들에게 또 다른 일련번호를 매겼다. 또한 몸이 좋지 않아 '사용'할 수 없는 여성들에게 다른 일련번호를 매겼다. '사용'할 수 없는 여성들은 얼마 지나지 않아 사라졌으며 '새로운 얼굴'들이 들어왔다. 따라서 '위안부' 수는 증감이 있었지만 총수는 30~40명 정도를 유지했다. 사진은 '위안소' 관리실의 벽난로이다. (2000년 쑤즈량 촬영)

3 매주 토요일 오후와 일요일은 일본 군인들이 대거 치창잔 '위안소'를 찾아왔으며 심지어 줄을 서야하는 때도 있었다. 일반 군인들은 20분에서 30분 동안 머물 수 있었고 장교들은 보통 숙박을 했다. 어떤 형식을 취하든 일본 군인들은 모두 업주에게 일정한 액수의 금전을 지급해야 했다. 그들은 보통 군복을 입고 혼자 혹은 단체로 찾아왔다. 사진 속 방은 군대 '위안소'의 '위안부' 신체검사실이다. (2000년 쑤즈량 촬영)

1 천빙룽의 증언에 따르면 1943년에 일본인이 갑자기 나타나서 주민들을 모두 내쫓았으며, 천씨 집안 사람들도 본관 남쪽에 있는 단층집으로 쫓겨났다. 그 후 일본군은 이곳에 '위안소' 두 곳을 설립하였다. 중심 본관은 장교 '위안소'로 만들었고, 주변 단층집들은 병사 '위안소'로 만들었다. '위안소' 관리자는 두 명의 일본인이었으며, '위안부'는 거의 모두 중국인으로 20여 명 정도였다. 대부분 장쑤성 북부 지역의 말투였다. 두 '위안소'의 여성이 가장 많을 시 40여 명에 달하였다. 일본군 병사들은 낮에만 들어갈 수 있었으며 밤에는 장교들을 대응하는 시간이었다. 밤에 장교들이 적으면 병사들도 몰래 들어갔다. 사진은 치창잔'위안소' 건물 양쪽 사이의 통로이다. [2000년 쑤즈량 촬영]

2 중학교 선생을 했던 천빙룽은 1990년대 이후 세계 각국에서 찾아오는 참관자들에게 치창잔'위안소'의 이야기를 들려준다. [2004년 쑤즈량 촬영]

3 이 건물은 전쟁 전 푸둥에서 제일 좋은 민가였으며 푸둥신구(浦東新區)정부의 보호를 받아 현재는 '천씨주택(陳氏住宅)'이라는 간판이 새겨져 있다. [2005년 쑤즈량 촬영]

1

2

3

1

2

3

1 쟝완(江灣)지역은 2차 상하이사변 당시 중일양군의 격전지였기 때문에 중국 주민들은 대부분 피난하였다. 일본 육군은 일부 상대적으로 견고하고 넓은 집들을 일본인 창기업주에게 불하하고 협력의 방식으로 '위안소'를 설립하였다. 1938년 초봄에 70여 명의 조선인 여성들이 상하이로 운송되어왔으며 이후로 상당수의 조선인 여성들이 상하이에 도착하였다. 한때 쟝완진 도시에 일본인이 운영하는 '위안소'가 10여 곳 출현했다. 사진은 쟝완진 완안로(江灣鎮 萬安路)의 옛집들이며, 지금은 도시 개발로 모두 사라졌다. [1995년 쑤즈량 촬영]

2 당시 일본인이 쟝완에서 운영했던 '위안소'이다. 이 '위안소' 대문에 일본어로 쓴 현수막이 걸려 있다. "성전 대승, 용사 대환영, 몸과 마음을 바치는 야마토(大和)[69] 여성의 서비스"라고 적혀있다. 대문 양쪽에 정교한 꽃무늬 철제 창문이 있고 들어가면 큰 마당이 있다. 2층 건물과 붉은 칠을 한 대문이 늘비하고 있어 당시 지방 부호의 기세를 엿볼 수 있다. [麻生徹男, 앞의 책, p9]

3 사료에 의하면 쟝완진 완안로에는 나가사키에서 온 일본인 마츠시타 요시마츠(松下芳松)가 당시 완안로 777호에 세운 미요시(みよし)육군'위안소'와 가가와에서 온 타키타 료스케(瀧田良助)가 당시 완안로 761호에 설립한 자오르러우(朝日樓)'위안소', 가가와에서 출생한 타키바타 료스케(瀧端良介)가 완안로 759호에 설립한 핑허좡(平和庄)육군'위안소'가 있었다고 한다. 이는 모두 현지조사를 통해 실증되었다. 사진은 일본군이 쟝완 '위안소' 앞에서 촬영한 것이다. [麻生徹男, 앞의 책, p19]

---

[69] 일본의 다른 이름. (역주)

1 현수막이 걸려 있고 이후 언론에서 널리 보도된 이 '위안소'는 지금의 어디일까? 쑤즈량은 사진과 건물을 통해서 지방 유지의 저택이라는 아소 데츠오 주장에 근거해 쟝완진으로 가서 조사하였다. 완안로 745호의 주인 옌츄취안(嚴秋泉)은 쟝완진의 갑부였다. 그의 저택은 전시 일본인에게 빼앗겨 '위안소'로 사용되었다. 해방 이후 745호는 쟝완진의 공안파출소가 되었다. 입구의 대문에서는 당시의 흔적을 찾을 수 없었다. 그러나 넓은 마당 양쪽으로 우뚝 솟은 나무 한 그루와 모퉁이 두세 곳이 가산으로 장식되어 있다. 마당 뒤쪽에는 낡은 집이 있다. 그 구조는 사진과 기본적으로 일치하지만 나무문 아래 부분이 벽으로 개조되었다. 빨갛게 칠한 지붕창이 늘비한 모습은 예전과 같으며 심지어 가운데 하수관도 사진 속 그대로 예전 모습이 유지되고 있다. 〔1997년 쑤즈량 촬영〕

2 현재 이 목조 2층 집은 들어서면 바로 접견실이 있고 바닥은 당시 깔아놓은 무늬 타일이 여전하며 양쪽은 사랑채이고 나무 계단으로 2층과 연결된다. 2층 가운데 남향 방은 햇빛이 잘 들어오고 밖에는 커다란 베란다가 있다. 서쪽 베란다는 이미 개조되었으나 동쪽 베란다는 옛 모습 그대로이다. 동쪽 베란다의 철창 무늬는 사진 속 철창 무늬와 일치한다. 〔1996년 쑤즈량 촬영〕

3 완안로 745호는 현재 쟝완진 파출소로 대문의 광경은 완전히 달라졌다. 〔1994년 쑤즈량 촬영〕

1

2

3

1

2

3

1 쑤즈량의 조사에 따르면 해방 후 장쑤성 북쪽 출신의 건디라는 이 지역 '위안부' 제도의 피해자였던 여성이 남아서 완안로 779호에 살았다. 집주인 두페이화(杜佩華, 1997년 당시 72세)의 기억에 따르면 건디는 뒤쪽의 작은 방을 빌려 살았으며 방안에 별다른 가구가 없었다. 전후 30살쯤이었던 그녀는 20여 살 연상의 한쪽 눈을 실명한 아바오(阿寶)와 결혼하였다. 1948년 봄 어렵게 임신하였으나 난산으로 세상을 떠났다. 사진은 완안루'위안소'의 옛 건물이다. 〔1995년 쑤즈량 촬영〕

2 완안루 774호의 우바오추(吳寶初, 1919년생)와 720호의 리아주(李阿珠, 여, 1920년생)의 증언에 따르면 완안루 769호는 '육군 위안소'라는 '위안소'였다. 업주는 30살 정도의 중국말을 상당히 잘하는 일본 낭인으로 아내는 있었으나 자녀는 없었다. 10여 명 정도의 '위안부'가 있었고 모두 중국인이었다. 사진은 완안루 769호로 예전 '위안소'였던 건물이며 지금은 이미 철거되었다. 〔1997년 쑤즈량 촬영〕

3 완안루 588호부터 594호까지는 쟝완진에서 비교적 규모가 큰 '위안소'였다. 늘어선 집들은 옌츄취안 집안의 장을 담그는 곳이었으며 200여 년의 역사를 가지고 있었다. 2차 상하이사변 후 옌씨 집안은 피난을 떠났으며 일본군이 이 집들을 점령해 '위안소'를 만들었다. 관리자도 일본 낭인이었다. 일본군은 옌씨 집안의 집들을 개조하여 원래 방들을 모두 일본식으로 바꾸고 미닫이 창문과 문을 달고 다다미를 깔은 방 30개를 만들었다. 뒤쪽의 단층집들은 주방, 창고 및 하인들이 거주하는 곳으로 개조하였다. 가운데 통로를 화장실로 개조하여 일본식 수세식 변기와 목욕 시설을 설치하였고, 마당에 방공호를 팠다. '위안소'가 문을 열었는데 '위안부' 대부분은 일본인이었으며 조선인이 일부 있었다. 모두 기모노를 입고 나막신을 신고 있었다. 일부 중국인 여성들이 '접대원'을 하고 있었다. 사진은 완안루의 일본군 '위안소' 유적이다. 〔1995년 쑤즈량 촬영〕

1 어메이로(峨眉路) 400호는 일본 해군 하사관들의 집회 장소였으며 일본 해군이 설립한 '위안소'였다. 70년이 지났지만 '위안소'의 매표소는 여전히 잘 보존되고 있다. 〔2014년 쑤즈량 촬영〕

2 야마나카 산페이(山中三平)는 『상하이 육전대 이야기(上海陸戰隊故事)』에서 "육전대의 일을 마치면 군대 안의 오락 위안시설에 가거나 장교들은 사령부 옆에 있는 해군 클럽, 하사 이하의 병사들은 대부분 미러루(密勒路)에 있는 집회소로 갔다……하사관들의 집회소는 예전의 라오바즈루(老靶子路)에 있었다……하지만 지금은 새로 지은 곳이 있다. 이곳도 상당히 넓고 설비를 모두 갖추고 있는 3층 건물의 모던한 집회소이다."라고 서술하고 있다. 이 건물은 전후 다궁직업학교(大公職業學校)의 교사로 쓰이다 신중국 성립 후 군용 시설로 개조되었다. 현재의 어메이로 400호이다. 〔山中三平, 「上海陸戰隊物語」, 『改造』上海戰勝紀念臨時增刊號, 1937.11〕

3 어메이로 400호에 있던 일본 해군 직영의 육전대 '위안소'의 규모는 상당히 컸다. 상하이 시민 저우신민(周新民)은 다년간 지속적으로 조사를 했는데, 옛 물건들의 상당수가 여전히 잘 보존되고 있다. 사진은 '위안소'의 대문 유적이다. 〔저우신민 제공, 2003년경 촬영〕

4 사진은 상하이 라오청(老城) 멍화제(夢花街)에 있던 '위안소' 유적이다. 〔1996년 쑤즈량 촬영〕

1

海軍下士集会所

「陸戦隊では、勤務から離れると、隊内での娯楽慰安機関のほかに将校は司令部の隣の海軍クラブ、下士以下は密勒路の集会所へと大がい出かけていく。……下士官兵集会所は、以前老□子路にあつたが、……今のところに新築されたもの、ここもなかなか広くて設備の行き届いた三階建てのモダン集会所である。」(山中三平「上海陸戦隊物語」『改造　上海戦勝記念臨時増刊号』1937)終戦後は大公職業学校の校舎となり、新中国成立後は軍の施設。最近になって取り壊された。峨眉路400号

2

3

4

為呈報事案據高橋區分局呈稱竊職局東溝分駐所巡官沈濟卿呈稱竊於本月十日有市民楊水
長領同浦東憲兵隊東溝指導官公所東溝陸軍警備隊等職員之許可設在本鎮浦上路六號開設
慰安所僱用服務婦選擇男女僕役十二名口業已照章登記戶口其所接待之客人係為陸海空軍對于
華人概不經營等情連同男女僕役姓名年籍呈報前來據此除飭該巡官嚴加注意以免
發生事故外理合檢同慰安所開設情形並所雇男女僕役姓名年籍及草圖一份具文呈報仰祈
所鑒核備查等情附呈草圖名單各一份據此除指令外理合抄同原附件備文呈報仰祈
鑒核備查謹呈
市長傅
附呈 草圖一份 名單一冊
上海特別市警察局局長盧英

1

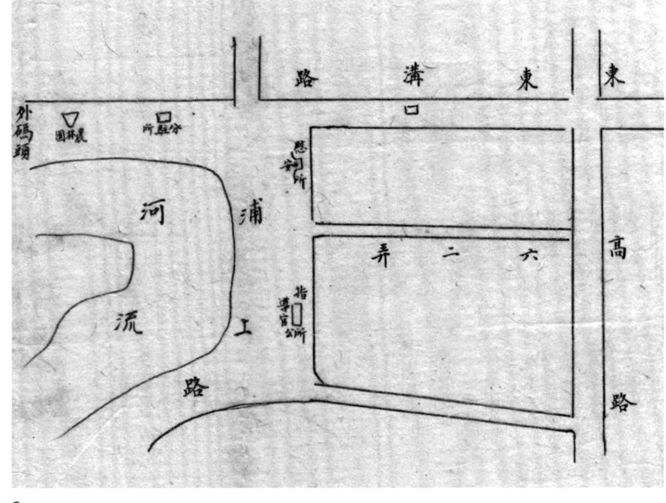

2

3

1 일본군은 상하이 각지에 '위안소'를 설립하였다. 당시 푸둥 둥거우(東溝)는 아직 농촌이었는데 이곳에도 일본군은 '위안소'를 세웠다. 사진은 상하이 괴뢰정부의 경찰국 국장 루잉(盧英) 이 푸상로(浦上路)의 '위안소' 설립에 동의하고 괴뢰시장 천궁보(陳公博)에게 올린 공문이다. 〔상하이시 기록(당안)국 원본 소장. 金炳華主編, 『抗日戰爭與上海』, 上海人民出版社, 1997.6, p166 재인용〕

2 사진은 푸상로에 있는 일본군 '위안소'의 안내도이다. 지도의 남쪽으로 일본군이 설치한 '지도원 공소(指導員公所)'가 보이는데 이곳은 '위안소'의 설립과 운영을 지도하고 보호하는 목적으로 설치되었다. 〔상하이시 기록(당안)국 소장〕

3 푸상로 '위안소'는 대략 현재 푸둥 둥가오로(東高路) 185롱에 있었다. 사진은 둥가오로의 조감도이다. 〔2014년 리쥔이(李君益) 촬영〕

1 여러 번의 현지조사로 푸상로 '위안소'의 위치는 현재 둥가오로 난펑(南鵬)의 신발가게가 있는 곳으로 추정된다. 사진은 난펑의 신발가게가 있는 곳이다. 〔리쥔이 2014년 촬영〕

2 일본의 참전군인 B의 증언에 따르면 그는 공산당 항일 근거지에서 여자 7명을 강간하였는데, 그 중에 항일 전사의 아내와 관련 요원의 동생 등이 있었다. 이는 당연히 보복적인 모욕이다. 때로는 소녀와 기혼 여성을 잡아와서 일본군의 전용 성노예로 삼았다. B가 알기로 그가 소속한 부대는 적어도 '위안소' 3곳을 개설하였다. 사진은 상하이 푸둥 칭닝사(慶寧寺)에 있는 '위안소' 유적으로, 스쿠먼(石庫門)안에 있었다. 〔1999년 쑤즈량 촬영〕

3 1939년 12월 일본군 쟈딩(嘉定)부대 이케다(池田) 반장이 괴뢰정권에게 중국 여자 4명을 '모집'해서 '위안소'를 설립할 것을 요구하였다. 괴뢰정권은 10일 쟈딩에 '위안소'를 설립하였다. 사진은 괴뢰정권의 상하이시 경찰국 국장 루잉이 상하이 괴뢰정권 푸샤오안(傅筱庵) 시장에게 올린 공문이다. 〔상하이시 기록(당안)국 소장〕

4 양진수이(楊金水) 등이 일본군의 강력한 요구로 중국 여성을 유괴해서 푸둥 차오진(草鎭) 난탕자이(南塘宅) 37호에 '위안소'를 설치하였다. '위안부'는 모두 5명이었다. 1939년에 설립된 이 '위안소'는 "순전히 우군에게만 제공하며 그 외는 접대하지 않는다"라고 하였다. 사진은 차오진 '위안소'의 안내도이다. 〔상하이시 기록(당안)국 소장〕

1

2

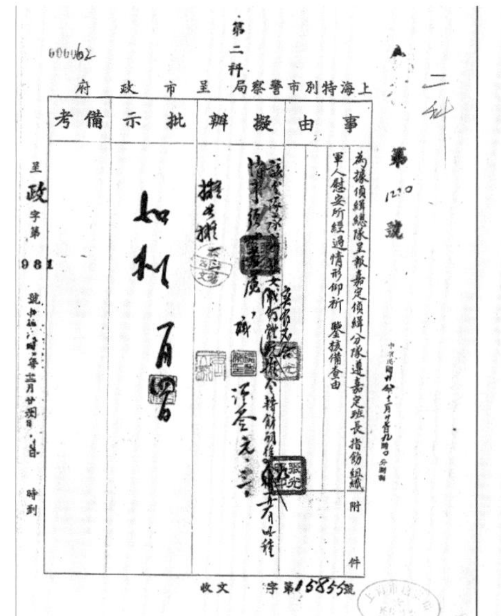

第二科

上海特別市警察局 呈 市政府

事由	擬辦	批示	備考
爲據偵緝總隊呈報嘉定偵緝分隊遵嘉定班長指飭組織軍人慰安所經過情形仰祈鑒核備查由			

附件

呈政字第981號

收文 字第15855號

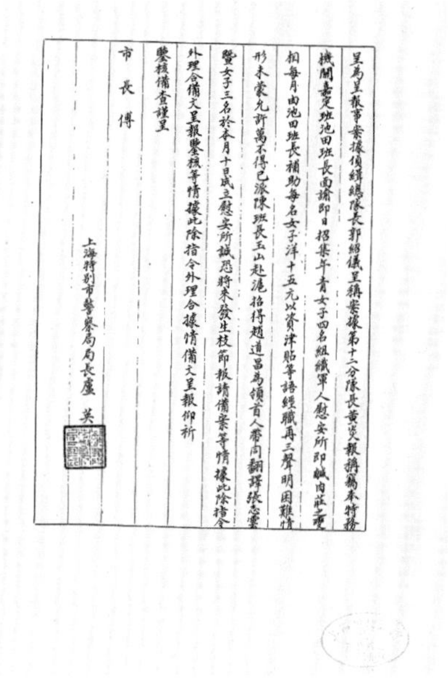

呈爲呈報事案據偵緝總隊長郭紹儀呈稱案據第十二分隊長黃炎報稱竊本特務
機關嘉定班池田班長面諭即日招集年青女子四名組織軍人慰安所
相每月由池田班長補助每名女子洋十五元以資津貼等語經職再三聲明困難情
形未蒙允許萬不得已派陳班長玉山赴滬招得趙道昌爲領首人帶同翻譯張志雲
暨女子三名於本月十日成立慰安所誠恐將來發生枝節報請備案等情據此除指令
外理合備文呈報鑒核等情據此除指令外理合據情備文呈報仰祈
鑒核備查謹呈
市長傅
上海特別市警察局局長盧 英

3

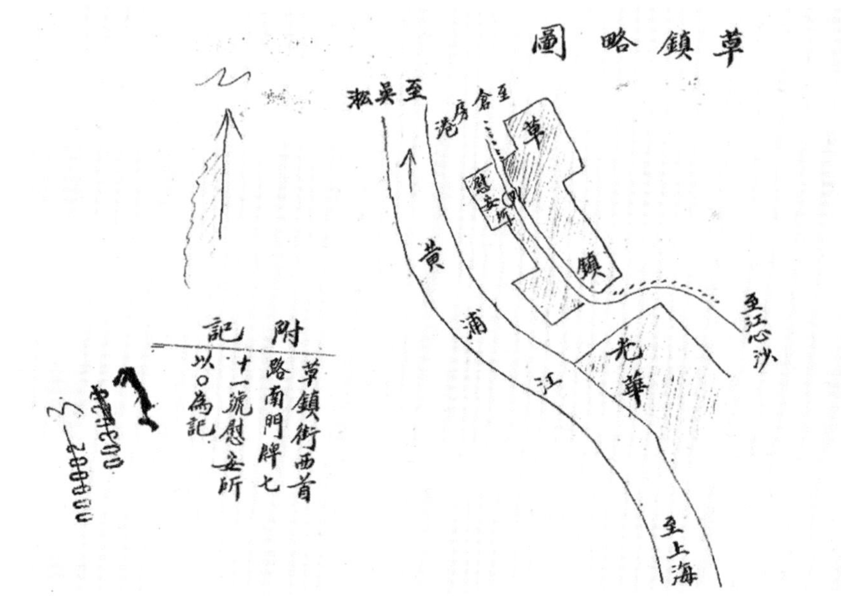

4

(2) 난징의 일본군 '위안소'

난징의 '위안소'도 상하이와 마찬가지로 화중 방면군과 상하이 파견군의 직접적인 지휘아래 만들어졌다. 일본군의 '위안소' 설립 과정 그리고 세부 사항과 관련하여 명확하게 알 수 있는 사료가 지금도 남아 있다. 상하이 파견군 부참모장 우에무라 도시미치(上村利道)는 1937년 12월 28일 일기에 "제2과의 난징 위안소 개설 문제에 대한 제안 심의"에 대해 적고 있다.[70] 상하이 파견군 군의부가 즉각 난징 '위안부'의 신체검사 업무를 인수하였다. 군의부의 와타나베(渡边) 대위가 이날 "도시마(豊島) 대위를 보내고 누구누구와 연락해 내일 78명에 대해 매독 검사를 진행 하겠다"라고 적었다. 이는 상하이 파견군이 첫 번째 '위안부' 인원을 확정했다는 것을 의미한다. 또한 그는 "오후 한시에 고이데(小出) 소령이 모처에 가서 회의('위안소'에 관한 회의)에 참가하였다"고 적고 있다. "매독 검사의사로 사에키(佐伯) 중위와 히라오(平尾) 소위를 오라고 했다. 내일 아침에 그들과 매독 검사에 대해 논의하겠다", "오후 5시에 오구치(小口) 대위와 함께 첫째 건물, 두 번째 건물 그리고 쓰다리(四達里), 루이팡취안(瑞芳泉)을 시찰하겠다" 등의 내용을 기록하고 있다. 이곳이 난징 최초의 '위안소'라고 할 수 있다.

난징은 일본군이 설립한 '위안소'가 상당히 많았던 곳으로, 도시와 농촌을 가리지 않고 '합법적 강간 센터'가 있었다. 2003년 중국'위안부'문제연구센터에서 평양의 박영심 피해자를 초청해 당시 그녀가 피해를 당했던 난징의 리지샹(利濟巷)'위안소'를 방문 확인하였다. 중국에서는 난징시 중심가에 있는 리지샹'위안소' 유적의 보존 여부를 둘러싸고 몇 년 동안 지속적으로 논쟁해왔는데 2014년 난징시 정부가 이곳을 보호조치하여 유적전시관을 설치하였다.

난징에는 일본군 '위안소'의 종류가 상당히 많았다. 사진은 난징 제4일본지나친선관(南京第4日支親善館)의 광고이다. 광고 속 '친선관'은 일본 병참이 지정한 '위안소'로 강을 따라 600미터 떨어진 곳에 있었으며 그곳에 있는 '위안부'는 중국인임을 명시하고 있다. 이 광고 사진은 미국인 진링대학교 교수 마이너 셜즈 베이츠의 기록 문헌에 보관되어 있다. 베이츠는 "이 특수한 간판 두 개가 중산베이로(中山北路)에 걸려 있었다. 신제커우(新街口) 위안환(圓環) 가까이에 있는 여자학교의 맞은편에 세워져 있었다. 헌병 사령부도 그 근처에 있었다."고 덧붙이고 있다. [장카이위안(章開沅) 교수 1996년 제공. 미국 예일대학교 신학원도서관 소장]

[70] 南京戰史編集委員會編, 『南京戰史資料集』, (東京)偕行社, 1989, p280.

1 푸허우강'위안소'는 일본군 장교의 고급'위안소'이었다. 조사를 통해 이 '위안소'가 원래 민국(民國) 요원의 3층 공관 안에 설치되어 있었고 관리자는 오니시(大西)라는 사람으로 확인되었다. 사진은 푸허우강민국공관(현재 푸허우강 28호) 유적지이다. [1996년 쑤즈량 촬영]

2 제16사단 보병 제33연대에 소속된 카미나카 키요히토(川中潔一)는 당시 일본군 연대마다 '위안소'가 있었다고 기억하고 있다. 황니강(黃泥崗)에 있는 이 낡은 건물은 일본군 구러우(鼓樓)'위안소'의 일부였으며 난징시 중심에 설치된 '위안소' 중 하나였다. [1995년 쑤즈량 촬영]

3 리지샹은 난징시 중심에 있으며 일본군은 이곳에 대형 '위안소'를 설립하였다. 사진은 쑤즈량과 가오싱주(高興祖, 난징대학교 교수)가 리지샹 둥윈(東雲)'위안소' 유적을 조사할 당시 찍은 사진이다. [1999년 8월 14일 촬영]

1

2

3

1

3

2

1 1939년 8월 17살의 조선인 소녀 박영심은 강제로 난징으로 끌려와 둥윈'위안소'의 일본군 성노예가 되어, '우타마루(歌丸)'로 강제 개명되었다. 사진은 리지샹의 일본군 '위안소' 건물이었다. [2004년 쑤즈량 촬영]

2 박영심은 '위안소'에서 온갖 괴롭힘을 당하여 많은 상흔이 몸에 남아있다. 2003년 11월 중국'위안부'문제연구센터에서 박영심을 초청하였으며 중국에서 그녀의 피해 사실에 대한 현지조사를 하였다. 사진은 센터의 주임 쑤즈량과 일본 학자 니시노 루미코 등이 난징 기차역에서 박영심을 맞이하는 모습이다. [2003년 선샤오칭(沈曉青) 촬영]

3 박영심은 난징에 와서 자신이 모욕당하던 리지샹의 2층에 있던 방을 바로 알아보았다. 살아남기 위해 그녀는 '위안소'에서 아편 피우는 법을 배웠다. 1942년 5월 그녀는 일본군을 따라 미얀마와 윈난까지 갔었다. 사진은 박영심이 윈난에서 당시의 '위안소'를 찾아간 모습이다. [2003년 주훙(朱弘) 촬영]

1 1942년 5월 박영심은 일본군에 의해 강제로 미얀마와 윈난으로 끌려갔다. 텅충에 있는 '위안소'에서 그녀는 온갖 능욕을 당하였으며 일본군에 의해 강제로 나체사진(앉아 있는 사람)을 찍었다. 이 사진들은 세심한 텅충사진관 사장이 보관하고 있었다. 〔위난 바오산(保山) 지방 지판공실(辦公室) 천주량(陳祖樑) 제공〕

2 텅충사진관 사장의 아들 슝웨이위안(熊維元)이 아버지에게 물려받은 '위안부' 나체사진 필름들을 보관하고 있었다. 〔천주량 제공〕

3 1944년 뎬시(滇西) 숭산(松山) 전쟁에서 임신 중인 박영심과 다른 여성들은 마침내 악마의 손에서 벗어나 중국 원정군에게 구출되었다. 임신한 '위안부' 사진은 '위안부'를 주제로 한 사진 중 가장 유명하다. 이 사진은 미국 종군 기자가 1944년 9월 3일에 촬영하였다. 원본은 미국 국회도서관에 소장되어 있다. 〔陳麗菲,蘇智良, 『追索—朝鮮'慰安婦'朴永心及其姐妹們』, 香港時代國際出版有限公司, 2005, p1〕

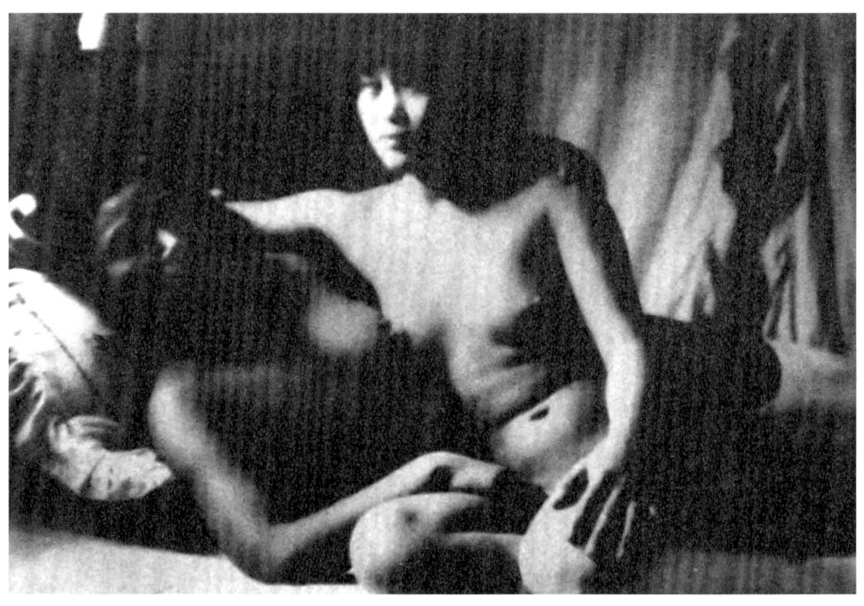

1

2

3

1

2

3

1 룽링 숭산에서 박영심이 당시 원정군을 데리고 '위안부'를 구출해낸 소몰이꾼 리정한(李正旱)과 다시 만나 감격해 하는 모습이다. [2003년 주홍 촬영]

2 사진은 2002년 쑤즈량이 평양을 방문하여 박영심을 만났을 때의 모습이다. 박영심은 1944년 9월 3일 숭산 라멍(臘勐)'위안소'로 이송되던 중 포화로 인해 다수의 사망자가 나왔으나 무사히 살아남았다. 그리고 중국 원정군에게 구출되었는데, 당시 박영심은 임신하고 있었다. 박영심은 중국 육군 병원에서 유산하였으며 조선으로 이송되었다. 박영심은 도쿄에서 열린 2000년 일본군 성노예전범 국제법정의 증인으로 행사에 참가하였다. 박영심은 2005년 8월 6일 평양에서 세상을 떠났다. [2002년 류바오천(劉寶辰) 촬영]

3 수년 동안 국내외 학자들이 난징시 정부에게 리지샹'위안소' 유적 보호와 '위안부' 기념관 설립을 호소하였으며 2014년에 결실을 맺었다. 사진은 일본의 '위안부'문제 연구자 니시노 루미코(오른쪽에서 세 번째)와 재일중국 언론인 주훙(오른쪽에서 첫 번째) 등이 리지샹'위안소' 유적을 조사하고 있는 모습이다. [선샤오칭 2003년 촬영]

(3) 화동 및 기타지역의 일본군 '위안소'

전쟁이 지속되면서 일본군 '위안소'도 중국 각지로 광범위하게 퍼져나갔다. 일본군이 점령한 쟝쑤성과 쟝시성, 안후이성, 상하이시, 저쟝성 등 화동지역의 대도시부터 작은 시와 진(鎭), 그리고 심지어 농촌에 이르기까지 모두 대대적으로 일본군 '위안소'가 설립되었다. 1938년 항저우와 쑤저우(蘇州), 창저우, 난퉁(南通), 루가오(如皐), 후저우, 전쟝, 단양 등지에 '위안소'가 대거 출현하였다. 『아사히 신문(朝日新聞)』의 혼다 가츠이치(本多胜一)의 기록에 따르면 일본군이 전쟝지역의 각 마을에서 잡아온 여성들을 군대로 배분하였고, "한 여성이 15명에서 20명까지 대응하였다. 창고 주변의 해가 비치는 적당한 곳이라면 잎이 달려 있는 나뭇가지로 막을 지어서 병사들이 중대장의 도장이 찍힌 소위 '홍취안(紅券:붉은 티켓-역주)'을 가지고 줄을 서서 바지를 벗었다......"[71]고 적고 있다. 일본 참전군인의 기억에 따르면 항저우의 '위안소'에는 창성러우(長生樓)와 관먼팅(關門亭), 허우(鶴屋) 등이 있었고, 쑤저우의 일본군 '위안소'는 다둥여관(大東旅社), 신쑤타이여관(新蘇臺旅社), 쥬쑤타이여관(舊蘇臺旅社), 잉저우여관(瀛洲旅社), 중화여관(中華旅館), 러샹반점(樂鄕飯店), 샹푸여관(祥符旅社), 디이여관(第一旅館), 창먼반점(閶門飯店), 톄루여관(鐵路旅社) 등이 있었다.

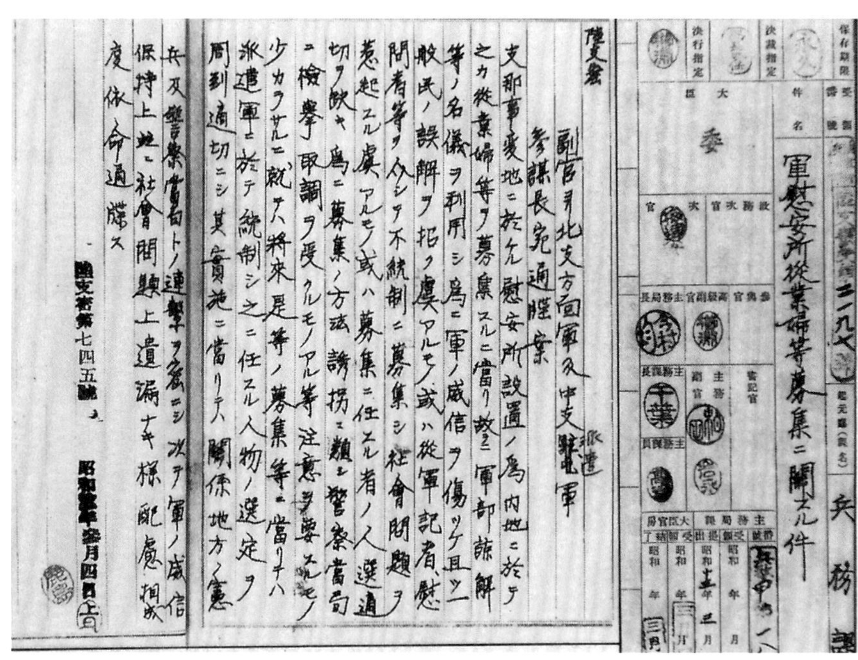

軍慰安所從業婦等募集ニ關スル件

兵務課

陸支密

副官ヨリ北支方面軍及中支派遣軍參謀長宛通牒案

支那事變地ニ於ケル慰安所設置ノ爲內地ニ於テ之カ從業婦等ヲ募集スルニ當リ故ラニ軍部諒解等ノ名儀ヲ利用シ爲ニ軍ノ威信ヲ傷ツケ且ツ一般民ノ誤解ヲ招ク虞アルモノ或ハ從軍記者、慰問者等ヲ介シテ不統制ニ募集シ社會問題ヲ惹起スル虞アルモノ或ハ募集ニ任スル者ノ人選適切ヲ缺キ爲ニ募集ノ方法誘拐ニ類シ警察當局ニ檢擧取調ヲ受クルモノアル等注意ヲ要スルモノ少カラサルニ就テハ將來是等ノ募集等ニ當リテハ派遣軍ニ於テ統制シ之ニ任スル人物ノ選定ヲ周到適切ニシ其實施ニ當リテハ關係地方ノ憲兵及警察當局トノ連繫ヲ密ニシ以テ軍ノ威信保持上並ニ社會問題上遺漏ナキ樣配慮相成度依命通牒ス

陸支密第七四五號 昭和十三年三月四日

육지밀(陸支密) 제745호 비밀문서는 일본 대본영에서 일본군 화북 방면군과 화중 파견군 참모장에게 보낸 '위안소' 설립과 '위안부'의 모집에 관한 문서이며 시기는 1938년 3월 4일이다. 〔일본 방위성 방위연구소도서관 소장〕

[71] 太平洋戰爭硏究會, 「不尋常的最前線」, 『朝日文藝』, 1971.1; 李秉新 等主編, 『侵華日軍暴行總錄』, (石家莊)河北人民出版社, 1995, p630.

1

1 일본 종군 기자의 보도에 따르면 일본군은 쟝쑤성 루가오를 점령한 후 바로 '위안소'를 설립하였다. 일본군은 넓은 민가 몇 개를 임시 '위안소'로 개조하였고, 현지에서 민간 여성을 강제로 모집하였으며 일본 특무기관의 통역이 관리를 맡았다. 사진은 루가오현 피해자 저우펀잉(周粉英) 노인이 유린당했던 바이푸(白蒲)'위안소' 유적이다. [2007년 쑤즈량 촬영]

2 쑤저우 샹푸쓰샹(祥符寺巷) 24호에 있던 일본군 '위안소'(해방 이후 피시제<皮市街>파출소로 사용)이다. [가오옌(高巖) 쑤저우일보(蘇州日報) 기자 제공, 2014년 1월 14일 촬영]

2

1 2000년 쑤저우일보는 쑤저우시의 '위안소' 유적지에 대한 조사를 하여 일본군 '위안소' 10곳을 확인하였다. 쑤저우 다둥여관(다마로〈大馬路〉)과 신쑤타이여관(다마로), 쥬쑤타이여관(다마로), 잉저우여관(스루〈石路〉 입구), 중화여관(상탕제〈上塘街〉), 러샹반점(관첸제〈觀前街〉), 샹푸여관(샹푸쓰샹), 디이여관(야단챠오〈鴨蛋橋〉 옆), 창먼반점(창먼샤탕〈閶門下塘〉), 뎨루여관(딩쟈샹〈丁家巷〉, 당시 '판나이쟈〈繁乃家〉') 등이다. '인간 천국'이라고 불리던 쑤저우는 인간 지옥이 되었다. 사진은 쑤저우 허핑제(和平街)에 있던 '위안소' 유적이다. 〔쑤저우일보 제공, 2003년〕

2 쑤저우 쓰허우제(寺后街) 길모퉁이의 허핑제 65호는 일본군 '위안소' 유적이다. 〔쑤저우일보 제공, 2003년〕

1

2

1

2

3

1 판쉐구이(範學貴)는 진탄의 역사를 연구하는 향토사학자이다. 그는 다년간의 연구로 진탄에 7곳의 '위안소' 유적지가 있음을 확인하였다. 훠샹(火巷) 32호 '위안소'와 단양먼다제(丹陽門大街)'위안소', 다루반점(大陸飯店)'위안소', 그리고 화제에 있던 '위안소' 2곳 등을 확인하였다. 혼다 류타로(本多立太郎)[72]라는 일본 참전군인이 2005년 5월 22일 진탄에서 사죄할 당시에 진탄 훠샹 32호에 "중국 여자가 가장 많았다"면서 당시 일본군 '위안소'였음을 밝혔다. 사진은 훠샹 32호 일본군 '위안소' 유적이다. 〔範學貴編著, 『金壇慰安所遺迹資料匯編』, 자비출판, 2010, 책표지 도판〕

2 장쑤성 양저우(揚州)의 '뤼양징서(綠揚精舍)'는 유명한 여관이었는데 일본군이 양저우를 점령한 후 이곳을 '위안소'로 만들었다. 일본군 나고야 보병 제6연대의 통계에 따르면 중국인 '위안부'가 60명, 일본인 '위안부'가 30명, 그리고 조선인 '위안부'가 20명 있었으며, 총 인원수가 110명에 달하였다. 〔名古屋第六會, 『步兵第六聯隊歷史追錄』(第2部), 1971(私家版), p97〕 사진은 이 '위안소'의 유적지이다.

3 일본 참전군인의 회상에 따르면 양저우 작전 당시 상급에서 지시가 내려왔다. 내용은 "장병들의 사기를 진작시키고 군기 엄수를 위해 '위안부'를 그쪽 부대로 파견할 예정이니 기일에 맞춰 가능한 신속하게 합당한 위안 시설을 완성하고 특히 현지에서 '위안부'를 모집할 때 위생에 유의해야 한다."고 하였다. 명령의 하달에 따라 후방에서 '위안부' 수십 명을 전선으로 보내왔다. 그녀들의 관리는 부관이 맡았다. 일본군은 양저우 긴자(銀座, 일본 번화가 지칭)의 3층 건물인 대반점(大飯店)을 접수해 이곳을 '위안소'로 개조하였다. ((日)名古屋第六會, 『步兵第六聯隊歷史追錄』(第2部), p97) 사진은 '뤼양징서'건물이다. 〔2008년 촬영〕

[72] 1914-2010. 시민운동가. 홋카이도 고타루시(北海道小樽市)에서 태어났다. 전시 중 징병되어 중국전선에서 종군하였으며 포로 살해경험을 갖고 있다. 패전 후 시베리아에서 귀국하여 금융기관에 근무하다 오사카에서 정년을 맞았다. 1986년 2월부터 일본 전국을 돌며 전쟁체험에 대해 이야기하며 다녔다. (역주)

1

1 일본군의 증언에 따르면 일본군은 항상 소녀를 강탈해서 성노예로 삼았다. 당시 중국 침략 전쟁에 참전했던 71살의 마사키 고로(政木五郎)는 1940년 2월 입대하여 난징에서 중국 파견군 사령부 통신부대의 위생병이었다. 당시 그는 20살이었고 성경험이 전혀 없었으나 선임병을 따라 자주 '위안소'에 갔으며, 그곳에서 만난 것은 십여 세의 중국 소녀였다. 〔『朝日新闻』, 1991년 9월 5일〕
현지 주민들은 난징 탕산에 있는 이 건물을 '다이리러우(戴笠楼)'라고 불렀으며 항전시기 이곳이 일본군 '위안소'였다고 증언하였다. 〔2006년 쑤즈량 촬영〕

2

2 일본군 화중 파견대 헌병대 사령 오오키 시게루의 상급 보고에 따르면, 1938년 2월 전장의 '위안부' 109명이 1만 5천 명의 병사를 대응해야 했으며 한 여성 당 평균 137명을 응대해야 한다고 보고하였다. 보고에 따르면 2월 중순의 열흘 동안 일본군 8,929명이 전장의 일본군 '위안소'로 왔으며, 이 열흘 동안 '위안부' 한 명이 평균 82명을 상대해야 한다고 명확하게 적고 있다.
사진은 아시아 각지의 일본제국 침략 피해자들이 홍콩에서 집회를 열었던 모습이다. 그중에는 중국에서 온 피해자 3명이 있었다. 〔2001년 쑤즈량 촬영〕

3

3 소녀를 강탈해 성노예로 만든 일에 대해서는 일본군으로부터도 증언이 나왔다. 사진은 일본군이 난징에서 설립한 '위안소' 유적이다. 〔2006년 쑤즈량 촬영〕

1

2

3

4

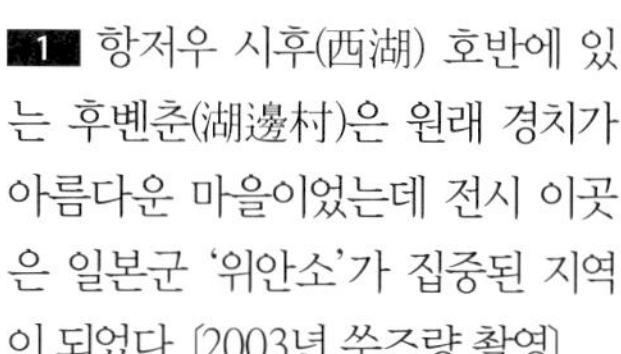

1 항저우 시후(西湖) 호반에 있는 후볜춘(湖邊村)은 원래 경치가 아름다운 마을이었는데 전시 이곳은 일본군 '위안소'가 집중된 지역이 되었다. [2003년 쑤즈량 촬영]

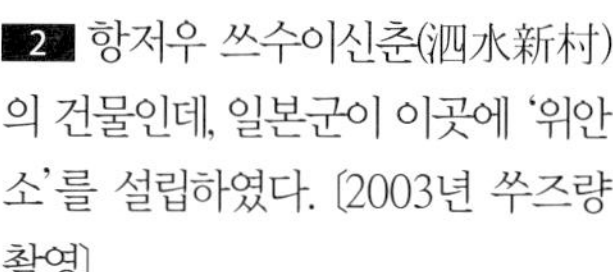

2 항저우 쓰수이신춘(泗水新村)의 건물인데, 일본군이 이곳에 '위안소'를 설립하였다. [2003년 쑤즈량 촬영]

3 항저우 쓰수이신춘 '위안소'는 일본인이 설립한 관먼팅'위안소'이다. 조사 당시 주민들의 증언에 의하면 대문 입구에 일본국기가 걸려 있었으며 보초를 서는 병사는 없었지만 경비원처럼 입구를 지키는 사람은 있었다고 말하였다. 또한 그곳에는 20여 명의 중국인 여성들이 있었다고 한다. 사진은 쓰수이신춘 '위안소'의 대문이다. [2006년 쑤즈량 촬영]

4 항저우 쟝쥔루(將軍路)에 있던 '위안소'의 역사를 기록한 석비이다. [2004년 쑤즈량 촬영]

1

2

1 항저우 쓰수이신춘의 낡은 집이다. 항저우 궁천교(拱宸橋) 일대는 당시 주둔 일본군이 상대적으로 많은 곳이었으며 이곳에도 상당수의 '위안소'가 있었다. 쑤즈량은 현지 조사를 하면서 현지에서 전해지는 이야기를 듣게 되었는데, 어떤 일본인이 궁천교 일대에서 '위안소'를 했는데 그곳에는 모두 일본인이 잡아온 중국의 양가여성들이 있었으며 현지여성도 포함되어 있었다. 그해 여름 업주의 아내 두 명이 더위를 피해 궁천교 위에서 바람을 쐬고 있다가 현지인에게 인질로 잡혀 '위안소'에 갇혀있는 중국인 여성과 교환하자는 요구를 받았다. 이 일이 있은 후 일본인은 자신의 잘못을 뉘우치고 회개하면서 '위안소'를 닫았으며, 인간 지옥에 빠져있던 많은 중국인 여성들이 구출되었다. [2006년 쑤즈량 촬영]

2 진화(金華) 스먼춘(石門村)의 '위안소' 유적이다. 예전 야탕제(雅堂街) 20호(현재 49-1호)가 쥐수이(菊水)'위안소'였다. 지금은 창문으로 개조된 길가 쪽 석회석 문 위 편액에 '쥐수이'라는 글자가 여전히 남아 있다. 이 '위안소' 업주는 조선 해주(海州)에서 온 하구환(河鉤煥)이었으며 조선인 '위안부' 17명이 있었다. [『錢江晚報』, 2013년 4월 10일]

1

2

1 항저우에 있었던 일본군 '위안소' 유적의 일부이다. [2006년 쑤즈량 촬영]

2 진화 스먼진(石門鎭)에는 일본군 사령부가 있었는데 일본군이 농민의 집을 강제로 점령하여 '위안소'로 만들었다. 그 중에는 마츠가미 도시오(松上年雄)라는 소대장이 악명 높았는데, 70년이 지난 지금도 현지의 많은 사람들이 그의 이름을 기억하고 있었다. [『金華日報』, 2013년 4월 12일]

1 일본군은 안후이성에서도 많은 '위안소'를 열었다. 펑이러우 '위안소'는 1938년 1월 일본군이 우후에서 설립한 첫 번째 '위안소'이다. 이 '위안소'는 낮에는 병사들이 사용하고 밤에는 장교들에게 개방하였다. 중국인 여성 총 200여 명이 잡혀갔으며, 그중에는 젊은 비구니도 있었다. 한 여성은 유린을 견디지 못해 건물에서 뛰어내려 자살하였다. 조사에 따르면 1941년 우후에 적어도 9곳의 '위안소'가 있었다. 〔範家驊, 耕漢, 「華昌街與煙花女」, 『安徽文史資料』第16辑, p164〕
조선인 피해자 이천영(李天英)은 산전수전 다 겪고 만년에는 안후이성에서 생활하였다. 사진은 1950년대 우후에서 찍은 것이다.

2 1938년 2월 일본군 화중 파견군 헌병대의 보고에 따르면 우후에 '위안부' 109명이 있다고 하였다. 그러나 실제로 1월에 펑이러우 '위안소'에서만 이미 중국인 여성 200명을 잡아서 성노예로 만들었다. 따라서 하급 부대가 직접 중국인 여성을 강탈하여 세운 '위안소'는 위에서 언급한 자료의 통계에 들어가지 않았다는 것을 알 수 있다. 이를 통해 일본군 '위안소'와 '위안부'의 수치는 기존의 일본군 문헌에서 통계한 수량보다 더 많다는 것을 알 수 있다. 〔길림성 기록(당안)관 소장 관동 헌병대 기록〕
펑이러우 '위안소' 앞에서 줄을 서서 기다리는 일본 병사들이다. 1938년 1월 30일 가가와 시게루(香川茂)가 촬영하였다. 〔山谷哲夫編, 『沖縄のハルモニ』, 晩聲社, 1979.12〕

1

2

3

3 일본군은 안후이성 벙부(蚌埠), 추현(滁縣), 펑양(鳳陽), 허페이(合肥), 안칭(安慶), 타이후현(太湖縣), 차오현(巢縣) 등지에 '위안소'를 설립하였다.
사진은 전후 중국 안후이성에 남아 생활한 조선인 피해자 이천영과 남편 관차오신(關朝信)이다. 〔朴宣泠, 劉寶春, 『歷史的漩渦』, 上海文藝出版社, 1995.8, 컬러 사진〕

1

2

『陣中日誌』 一九三八年七月五日、六日

3

1 1938년 2월 1일 일본군은 평양 도심을 점령하면서 미친 듯 학살을 자행하였다. 이 때 대량의 현지 여성들을 강탈하여 일본군의 '위안소'로 보내 일본군에게 '성복무'를 강요 하였다. "조금이라도 저항하면 바로 죽였다." 장소 물색부터 양가 여성들을 잡아와 '위안소'를 만드는 일까지 모두 유지회가 담당하였다. 일본 괴뢰정권은 중국인 여성을 아무도 놓아주지 않았으며 심지어 수도원의 수녀도 '위안소'로 잡아갔다. 〔李秉新 等主編, 『侵華日軍暴行總錄』, 河北人民出版社, 1995, p710, p734〕

사진은 피해자 황우중(黃伍仲)의 모습이다. 〔2000년 후하이잉(胡海英) 촬영〕

2 1940년 5월 쑤저우(宿州)를 점령하고 있던 일본군은 도시에 '위안소'를 만들었으며 그중 하나는 제국여관(帝國旅館)에 있었으며 그곳의 여성들의 대부분은 강탈해온 중국의 양가 여성들이었다. 사진은 '위안소' 밖에서 '위안부' 방으로 들어가기 위해 기다리는 일본 군인들이다. 〔婦女救援基金會主編, 『沈默的傷痕—日軍'慰安婦'歷史影像書』, (臺北)商周出版社, 2005, p35〕

3 어느 일본군 병사는 1938년『진중일기(陣中日記)』에 안후이성 벙부에서 장교가 '위안부'에게 밤새도록 술자리에 배석하도록 강요하였다고 적었다. 〔高崎隆治, 『「陣中日記」に書かれた慰安所と毒 ガス』, 梨の木舍, 1994.1, p45-47〕

1 안후이성 닝궈 왕양거(望陽閣)의 일본군'위안소'의 '위안부'이다. 사진은 일본 기자 카가와 시게루가 1938년 4월 23일 촬영한 것이다.〔山谷哲夫編,『沖縄のハルモニ』, 晩聲社, 1979〕

2 쯔진좡(紫金莊)'위안소'의 중국인 '위안부'이다. 카가와 시게루가 1938년 5월 2일 촬영하였다.〔山谷哲夫編,『沖縄のハルモニ』, 晩聲社, 1979〕

1

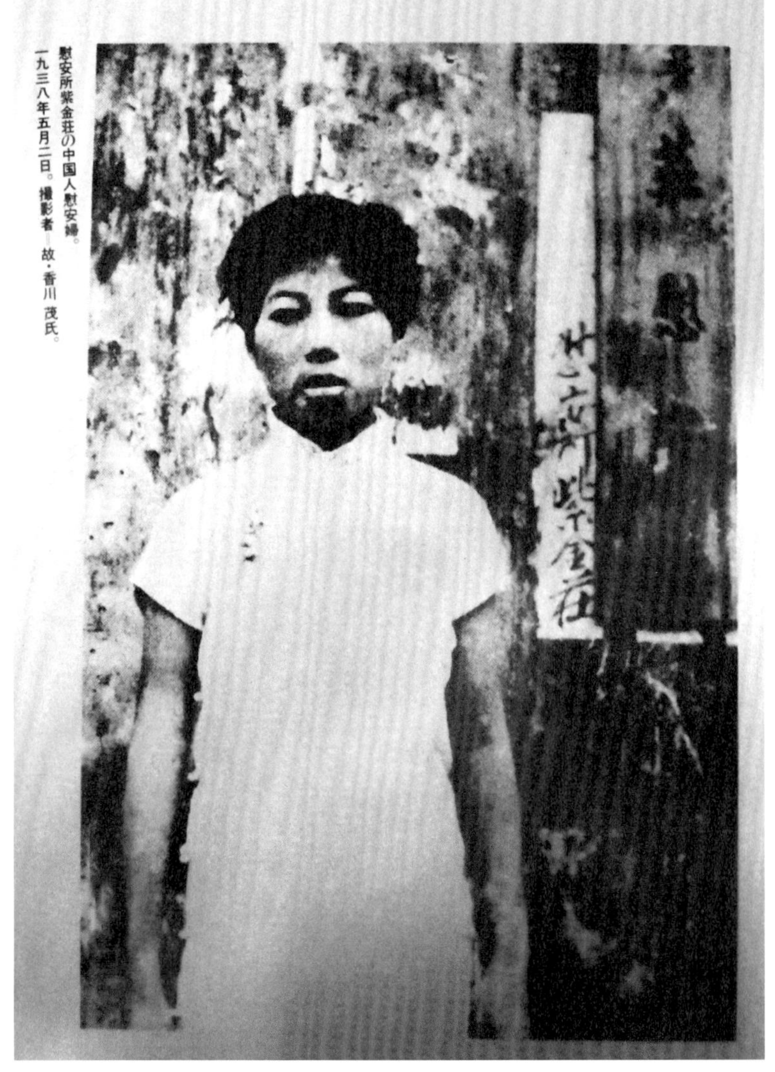

2

2. 화중지역의 일본군 '위안소'

일본군은 후베이성, 후난성, 허난성 등의 점령지에서 형태를 달리하는 많은 '위안소'를 만들었다. 우한과 창사(長沙) 등 대도시에 있던 '위안소'는 상대적으로 완비되어 있었고 대부분 군의관에 의한 신체검사제도 등이 있었다. 우한은 일본군의 집결지였기 때문에 '위안소'도 아주 보편적이었다. 라오롄바오리(老聯保里), 성청리(生成里), 신롄바오리(新聯保里), 류허리(六合里), 지칭리 등지에 모두 '위안소'가 있었다. 일본군 제29사단은 당양과 이창(宜昌), 징먼(荊門) 등에 '위안소'를 설치하였다[73]. 그러나 허난성 등의 전선에서는 일본군 소부대가 직접 현지 여성을 잡아 성노예로 충당했는데 위생환경이 지극히 나빴다. 일본 전범의 자백에 의하면 허난성에서 일본군은 기루이었던 곳을 '싱클럽(星俱樂部)'으로 개조하였으며, 중국의 젊은 여성 30여 명을 강제로 일본군의 야만적 욕망을 충족시켜주는 도구로 만들었다. 여성들은 매일 일본병사 20~30명의 유린을 당해야만 했으며[74] 피해 여성의 생명은 아무런 보장을 받을 수 없었다. 일본군은 주저우 주팅진(朱亭鎮)에 '위안소'를 설치하였는데 현지 여성 10명중 8명이 유린을 당해 죽었다. 창사와 형양(衡陽)에도 일본군 부대가 직접 운영한 '위안소'가 있었다.

우한에는 일본군 '위안소'가 상당히 많았으며, 특히 한커우에 '위안소' 집중지역이 다수 있었다. 예를 들어 지칭리에 '위안소'가 집중되어 있었는데, 이곳은 1938년 11월 말 당시 '위안소'가 30곳에 이르렀다. 〔長沢健一, 『漢口慰安所』, 図書出版社, 1983.7, p42〕
사진은 한커우 지칭리의 일본군'위안소' 유적이다. 〔1998년 쑤즈량 촬영〕

---

[73] 袁秋白, 楊瓌珍 編譯, 『罪惡的自供狀: 新中國對日本戰犯的歷史審判』, (北京)解放軍出版社, 2001.1, p63.
[74] 袁秋白, 楊瓌珍 編譯, 『罪惡的自供狀: 新中國對日本戰犯的歷史審判』, (北京)解放軍出版社, 2001.1, p142-143.

1 지칭리는 우한에서 일본군이 만든 가장 큰 '위안소' 단지였다. 사진은 당시의 '위안소' 유적이다. 익명을 요구한 어떤 피해자는 지칭리 22호가 바로 자신이 당시 피해를 당한 곳이라고 증언하였다. 이 피해자는 지금도 한커우에서 생활하고 있다. 〔2001년 쑤즈량 촬영〕

2 1991년 73세의 일본 노병 고야마 미츠오(小山三男)는 한커우에서 병역에 복무할 때 2곳의 '위안소'에 가본 적이 있으며 그곳의 '위안부'는 약 100여 명 정도였다고 기억하고 있었다. 그 중 한 명이 울면서 "우리는 특수 간호사로 전장에 왔는데 이런 짓을 시킬 줄 몰랐어요."라고 말하였다고 한다. 〔『每日新聞』, 1991년 12월 27일〕
사진은 일본군 병사가 제작한 지칭리 '위안소'의 단지 안내도이다. 〔户井昌造, 『戦争案内: ぼくは二十歳だつた』, (東京)平凡社, 1999년 9월〕

3 일본군 부대가 '위안소'의 설립과 관리를 담당하였다. 사진은 한커우 병참 시설의 배치도이고, 그 안에 지칭리 '위안소'가 포함되어 있다. 〔長沢健一, 앞의 책, p41〕

1

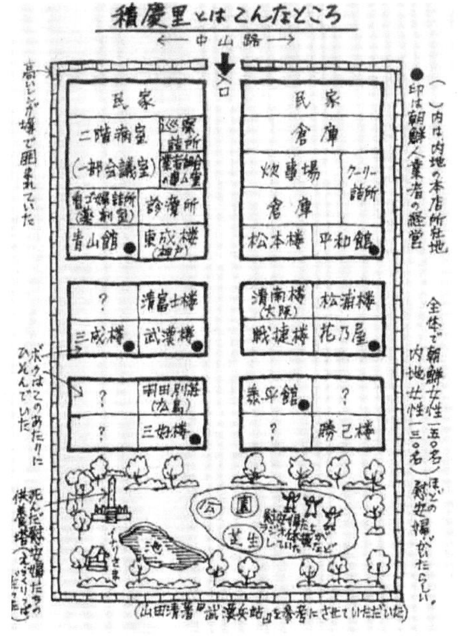

2

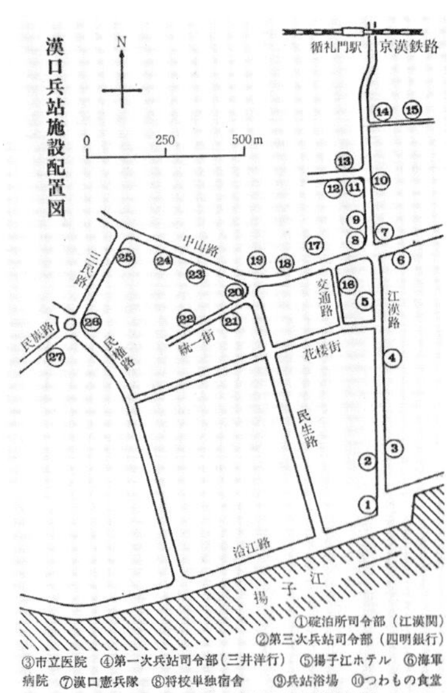

3

1

2

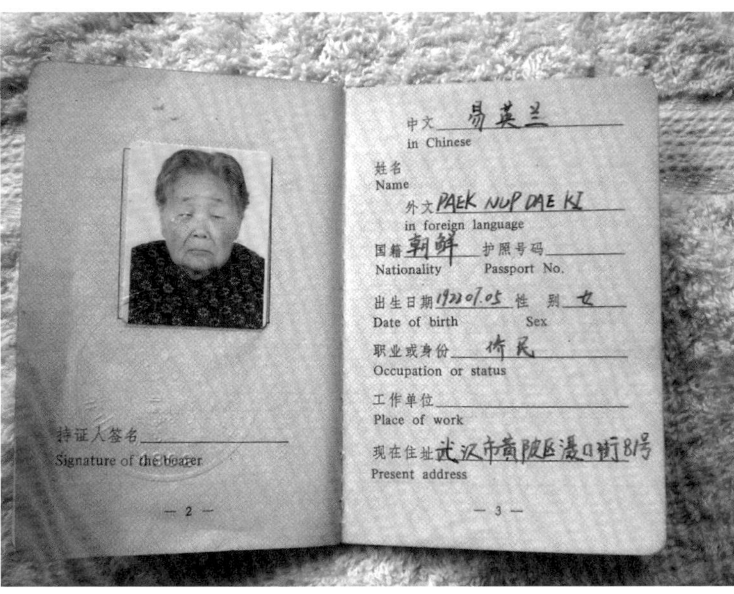
中文 易英兰
in Chinese
姓名
Name
外文 PAEK NUP DAE KI
in foreign language
国籍 朝鲜 护照号码
Nationality Passport No.
出生日期 1922.01.05 性别 女
Date of birth Sex
职业或身份 侨民
Occupation or status
工作单位
Place of work
现在住址 武汉市蔚陂区漫口街81号
Present address
持证人签名
Signature of the bearer
— 2 —
— 3 —

3

1 생존자와 일본 참전군인의 기억에 따르면 우한 롄바오리(聯保里)는 일본군 '위안소' 집중 지역이었다. 전시에 많은 '위안소'가 출현했다. 사진은 롄바오리 건물 단지이다. 〔쑤즈량, 1998년 촬영〕

2 일본군 제39사단장 육군 중장 삿사 신노스케(佐佐真之助)의 기억에 따르면 사단 주둔지인 후베이성 당양에 일본인이 운영한 '위안소'가 있었으며 그 중 일부는 중국인 여성들이었다.
우한 롄바오리도 '위안소'가 밀집한 지역이었다. 사진은 1990년대 롄바오리의 모습이다. 〔쑤즈량, 1998년 촬영〕

3 우창(武昌)의 더우지잉(斗級營)은 우창에서 '위안소'가 가장 밀집된 지역이라고 말할 수 있다. 『재지나 일본인 인명록 (支那在留邦人人名錄)』(1942년 제33판)에 의하면 더우지잉에는 18호의 메이치러우(梅崎樓)와 47호의 다성관(大盛館), 80호의 쥐수이(菊水), 96호의 다허관(大和館) 등 '위안소' 4곳이 기록되어 있다. 이잉란(易英蘭)은 속아서 조선에서 우한으로 와서 일본군의 성노예가 되었다. 사진은 그녀의 중국 거주증이다. 그녀는 우한에서 살다가 세상을 떠났다. 〔쑤즈량, 2007년 촬영〕

1 한커우 병참 사령부 군의관 대위 나가사와 겐이치(長沢健一)는 전후 회고록 『한커우위안소(漢口慰安所)』를 썼는데 일본군이 한커우의 호화롭고 우아한 쉬안궁반점(旋宮飯店)에 병참 사령부를 두었다고 하였다. 사진은 쉬안궁반점이다. 〔長沢健一, 앞의 책, 1983, p42〕

2 우한시 한커우 성청베이리(生成北里)의 일본군 '위안소' 유적이다. 이곳은 사통팔달도로에 있는 건물로 당시 '위안소'의 규모를 엿볼 수 있다. 〔1998년 쑤즈량 촬영〕

1

2

1

2

3

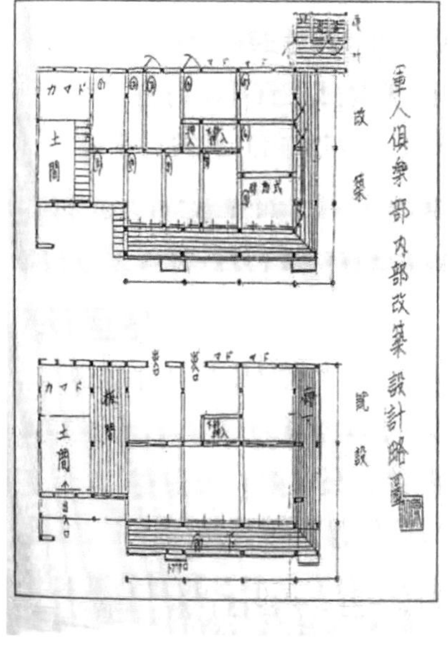

4

5

1 사진은 나가사와 겐이치 일본군 군의관이 1942년 가을에 찍은 허핑관(和平館) '위안소'이다. 대문 입구에 적힌 '제6위안소'를 통해 제1부터 제5까지의 '위안소'들이 있었다는 것을 유추할 수 있다. 이것은 모두 일본군 군대가 설립한 '위안소'였다. 〔長沢健一, 앞의 책, 1983, p41〕

2 일본인 '위안부'가 성병에 걸리면 군대에서는 그녀들을 병원으로 옮겨 치료를 해주었다. 사진은 나가사와 겐이치가 1942년 가을에 찍은 '위안부'이다. 〔長沢健一, 앞의 책, p179〕

3 일본군은 이창시 핑허리(平和里)에도 '위안소' 4곳을 두었다. 이리관(一力館), 궈지관(國際館), 아예메이관(阿也美館), 아예메이(阿也美) 본관이다. 이곳에서 일을 했던 천중샤오(陳忠孝) 노인의 기억에 의하면 '위안소' 한 곳 당 30여 명의 여성이 있었다. 사진은 일본군이 이창 핑허리에 만든 궈지관'위안소'의 현재 대문이다. 〔2001년 6월 쑨웨이위(孫維玉) 촬영〕

4 일본군 독립 산포병(山炮兵) 제3연대 본부에서 1939년 6월 『각 대장에게 내린 지시』를 보면 특수'위안소' 밖에 있는 사단이 지정한 소매점과 음식점(군인 술집)에 대한 언급이 있다. 사진은 일본군 군인클럽이라고 불린 '위안소'로 1944년 12월의 내부 설계도이다. 〔일본 방위성 방위연구소도서관 소장〕

5 일본 참전 군인의 기억에 따르면 후베이성 징먼의 일본군 사령부 소재지에는 두세 개 건물을 사이에 두고 '위안소'가 한 곳 있었으며 "위안부는 조선인과 현지 여성으로 40~50여 명 정도가 있었다"고 하였다. 〔森金千秋, 『悪兵』, 文叢社, 1978〕
사진은 일본 군인들이 '위안부' 방 앞에서 들어갈 차례를 기다리고 있는 모습이며, 뒤쪽 벽에는 '위안소'의 주의사항이 붙어 있다.

1

2

3

1 1942년 일본군은 홍후시(洪湖市) 신디(新堤)와 펑커우(峰口)를 점령한 후 바로 일본군 장교를 위한 전용 '위안소'를 설립하였다. 그들은 주변 마을에서 잡아온 소녀와 젊은 여성들을 '위안소'에 감금하고 수시로 강간하고 유린하였다. 항상 6, 7명이 이어서 '위안부' 한 명을 폭행하였으며 이 여성들을 살 수도 죽을 수도 없게 만들었다. 가오(高)라는 성을 가진 젊은 과부는 일본군에게 잡혀가 온갖 유린을 당하였으며 수일동안 바지도 입지 못하였다고 하였다. 이후 가족들이 금전을 써서 그녀를 구해냈지만 앓아 누워 일어나지 못한 채 2년 후 한을 품고 죽었다. 사진은 후난성 피해자 류슈잉(劉秀英)이다. 〔2001년 쑤즈량 촬영〕

2 일본 참전군인의 기억에 따르면 1938년 그는 웨저우(岳州, 현재 웨양〈岳陽〉)에서 철로 경비를 담당하였다. 1938년 10월 부대는 퉁산(通山)쪽에 있는 난린챠오진(南林橋鎮)으로 가서 사람이 살지 않는 민가를 '위안소'로 개조하였다. 이 부대는 1939년 4월까지 주둔하였으며, 부대와 150미터정도 떨어져 있는 작은 산에도 '위안소'가 하나 있었다. 중국인 '위안부'는 중국옷을, 조선인은 기모노를 입었고, '하나코(花子)' 등으로 불리었다. '위안소'는 군대가 관리 하였다. 〔從軍慰安婦110番編集委員会編集, 『從軍慰安婦110番』, (東京)明石書店, 1992.6, p38〕
사진은 후난성 위안장현(沅江縣) 장쟈좡(張家莊)이다. 이곳은 원래 상당한 규모의 '위안소'였다. 〔2001년 6월 26일 쑤즈량 촬영〕

3 1944년 일본군은 바오칭(寶慶)에 침입한 후 제116사단 후방 주임 참모는 곧 바로 바오칭 주둔 헌병대장 야마다 사다무(山田定) 준위에게 중국 여성을 찾아 '위안소'를 개설하라고 명령하였다. 야마다 사다무는 일본군 조장(曹長)에게 명령하여 한간의 도움으로 10여 명의 중국인 여성을 잡아와 후방 주임 참모에게 넘기도록 하였다. 얼마 지나지 않아 일본 장병들이 바라던 사단 '위안소'가 만들어졌다. 창사와 헝양에 일본군 군대가 직영하는 '위안소'가 생겼다. 안화(安化)에서는 일본군 야전 병원이 '특수 위안거리'를 관리하고 있었다.
사진은 후난성 피해자 탄위화(譚玉華)가 그녀의 집 앞에서 자신이 겪은 고통스러운 과거에 대해 이야기하는 모습이다. 〔2006년 쑤즈량 촬영〕

1

2

3

1 1945년 1월 16일 일본 제11군 독립 제 88여단이 후난성 이장(宜章)을 침략하여 살인, 방화, 강간, 약탈을 자행하였다. 전 현을 점령한 후 일본군은 현에서 매일 쌀 50kg과 여성 10명을 '위안부'로 내놓도록 하였다. 사진은 후난성 이양(益陽)의 '위안소' 유적이다. [2001년 쑤즈량 촬영]

2 일본군이 뤄양(洛陽)을 점령한 후 곧바로 사단 후방 참모 주도로 민가를 '위안소'로 개조하여 중국인 여성을 '위안부'로 강탈하였다. 일본군은 허난성 각지에서 많은 '위안소'를 설치하였다. 사진은 허난성 우강시(舞鋼市) 주란뎬촌(朱蘭店村)의 '위안소' 유적이다. 길 오른쪽은 일본군 사령부였고 대각선 맞은편은 바로 일본군 '위안소'였다. 당시 사람들의 기억에 따르면 항상 일본 병사와 조선인 여성들이 출입하였다고 한다. [2001년 장궈퉁(張國通) 촬영]

3 우강시는 핑딩산시(平頂山市)가 관할한 현급 시이고 핑딩산 시내로부터 동남쪽으로 80여 킬로미터 떨어져 있는 곳이다. 우강시에서 동남쪽으로 15킬로미터를 더 가면 인지진(尹集鎮)이 있다. 이 마을은 1945년 초 일본군에게 점령당하였다. 사진의 낡은 기와집 3곳이 당시 일본군의 '위안소'였다. 그곳에 차이전(柴珍), 류위화(劉玉花), 쑤밍와(蘇明娃) 등의 피해자가 있었다. [2001년 장궈퉁 촬영]

1 쑨젠궈(孫建國) 허난대학교 교수의 조사에 의하면 쉬창라오청(許昌老城)의 결핵 병원 안에 일본군 '위안소'가 있었다고 한다. 현재의 칭쉬제(淸虛街, 난터우〈南頭〉) 97호이다. '위안소'에는 주로 조선인 '위안부'가 있었다고 한다. 옛 건물은 몇 년 전 철거되었고 현재는 새 건물이 들어섰다. 사진은 복원한 '위안부' 방의 일부이다. 〔2007년 천리페이(陳麗菲) 촬영〕

2 1990년대 일부 양심적인 일본 역사학자들과 시민운동가들이 적극적으로 일본군 성노예의 진실에 대한 조사를 하였다. 사진은 그들이 일본 참전군인들의 회상을 모아 편집한 책(慰安婦情報電話報告集編集委員會編,『性と侵略: 軍隊慰安所元日本兵らの証言』, 社会評論社, 1993.7)의 표지이다. 이 책에는 '위안소' 84곳에 대한 상세한 상황이 기록되어 있는데 대부분의 '위안소'는 중국에 있었다. 〔쑤즈량 촬영〕

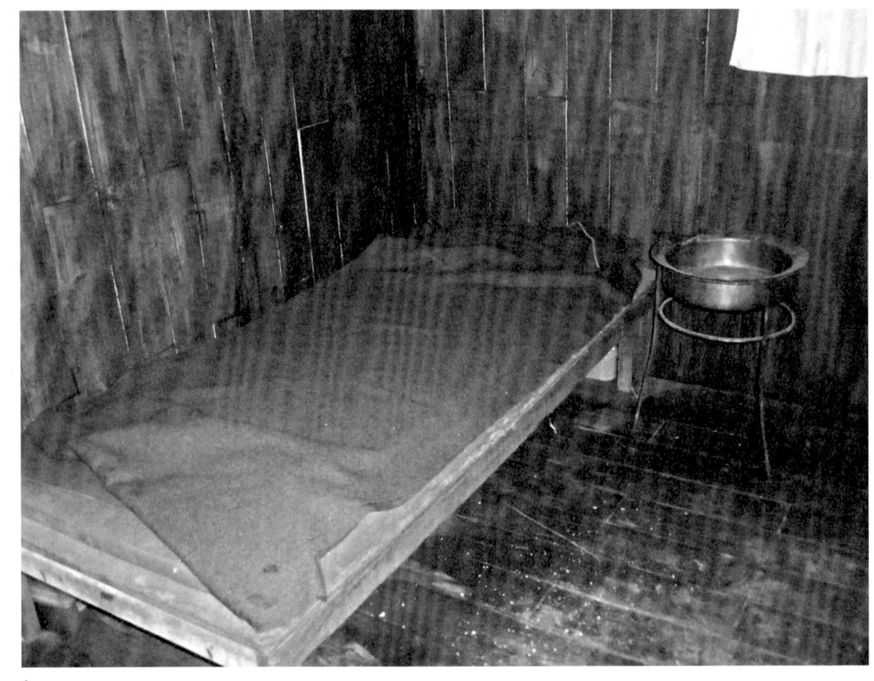
1

2

3. 화남지역의 일본군 '위안소'

1938년 6월 일본군 제104사단 및 해군 해병대가 산터우(汕頭)를 점령한 후 이어서 광둥성 각지를 점령하였다. 1939년 2월 일본군 제21군이 하이난다오에 상륙하였다. 같은 해 11월 일본군 제5사단 및 타이완 여단이 팡성(防城)을 점령하고 광시 대부분을 점령하였다. 1941년 4월 일본군 우사미(宇佐美) 파견대가 푸젠성의 롄장(連江)과 창먼(長門), 창러(長樂)를 점령하고 21일에 푸저우(福州)와 푸칭(福清)을 함락하여 푸젠성에서 식민통치를 하기 시작하였다. 점령구에서 일본군은 여러 종류의 '위안소'를 설립하였다. 하이난다오는 일본군의 동남아시아 침략을 위한 거점으로 일본 군대의 진출이 빈번하였기 때문에 섬 전역으로 '위안소'가 확대되었다. 중국'위안부'문제연구센터와 하이난성 정치협상회의의 장기적인 조사로 '위안소' 유적지 70곳을 확인하였다. 일본군은 다양한 방식으로 중국인 '위안부'를 모집하였으며 인원수도 상당히 많았다. 조사에 의하면 청마이현 한 곳에서만 일본 괴뢰정권이 369명의 '위안부'를 징용하였다.[75] 푸저우 도심의 유명한 산팡치샹(三坊七巷)에도 일본군이 '위안소'를 설립했다는 기록이 남겨져 있으며, 샤먼(廈門)에는 안톈(安田, 일본명 야스다)과 밍웨(明月, 일본명 메게츠) 등의 '위안소'가 있었다. 1942년 9월 3일 일본 육군성 과장 회의에서 은상과장이 "장교 이하의 위안시설을 화북 100곳, 화중 140곳, 화남 40곳, 남방 100곳, 남해 10곳, 사할린 섬 10곳 등 합계 400곳"[76]을 추가하라고 지시하였다. 이를 통해 일본군 '위안소'의 규모가 계속 확대되었으며 수량이 놀라울 정도로 많았다는 것을 알 수 있다.

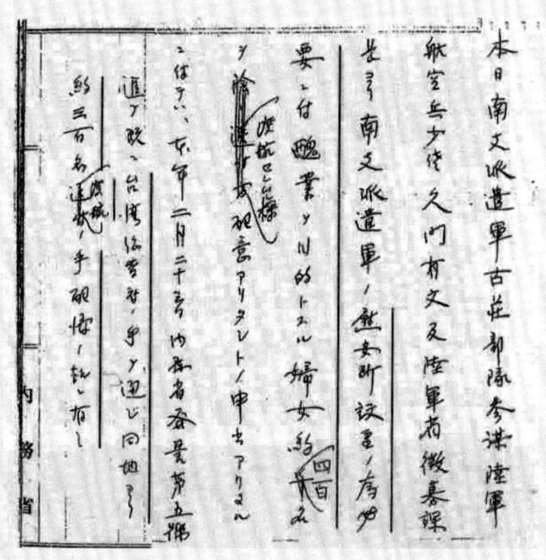

일본군 제21군이 광저우를 점령한 후 즉각적으로 '위안소'를 건립하였다. 제21군의 통계에 따르면 1939년 상반기 제21군이 관할한 '위안부'가 850명이었으며, 하급부대가 통제한 '위안부'가 150명으로 총 1,000명이었다. 사진은 일본 내무성 경보국(警保局)의 중국 화남지역 '위안부' 파견과 관련된 문서이다. 〔女性的戰爭和和平資料館編, 『2000年女性國際民間法庭集』, p48〕

[75] 中共澄邁縣委黨史研究室, 澄邁縣地方志辦公室編, 『抗日戰爭時期澄邁縣人口傷亡和財産損失資料』, 2008, p13.
[76] 矢野玲子(大海譯), 『慰安婦問題研究』, (瀋陽)遼寧古籍出版社, 1997.2, p220.

1

2

3

1 일본의 참전군인의 회고록에 따르면 중산(中山)대학교 남문이 있는 신강시로(新港西路)에 '위안소' 몇 곳이 있었다고 한다. 사진은 신강시로의 낡은 집이다. 〔1997년 쑤즈량 촬영〕

2 상황을 잘 알고 있는 사람이 제공한 자료에 의하면 광저우 둥위안다제(東源大街)는 일본군'위안소'가 밀집했던 지역이었다고 한다. 〔리샹(李翔) 촬영〕

3 광둥성 단수이(淡水)에는 신딩'위안소'와 둥산(東山)'위안소', 바이윈(白雲)'위안소', 허난'위안소' 등이 있었다. 사진은 광저우에 있었던 일본군 '위안소' 유적이다. 〔1997년 쑤즈량 촬영〕

1

2

3

1 2012년에 광둥성 산자오다오 일본군 중국 침략 범죄 유적(三竈島侵華日軍罪行遺跡)은 국가 중점 보호 문화재로 지정되었다. 이 유적은 일본군 비행장과 보루, 탄약고, 위령비, 일본군 '위안소', 싱야(興亞) 제1초등학교, 싱야 제2초등학교, 만인갱과 천인갱 등으로 구성되어 있다. 사진 속 건물은 '위안소'였던 곳으로 당시 '군인집회소(軍人集會所)'로 불렸다. 〔陳藝, 「三竈發現日軍慰安所舊址」, 『珠海特區報』, 2009.4.7〕

2 사진은 산자오다오의 일본군 '위안소'이다. 이곳은 원래 학생들의 독서실이었는데 일본군이 2층 가운데에 가로로 커튼을 치고 여러 개의 작은 공간으로 나누어 작은 방을 만들고 방마다 바닥에 잠자리를 깔아 약 20개의 방을 만들었다. 일본 병사들은 2층 양쪽 계단에 줄을 서서 등록하고 돌아가면서 커튼을 친 작은 방으로 들어가 야만적인 욕망을 채웠다. 10여 명의 '위안부'는 매주 수천 명의 병사를 대응해야만 했다. 〔2014년 류창옌(劉昌言) 촬영〕

3 관련 증언자들의 증언에 따르면 이 '위안소'는 당시 베이터우바성위안(北投八勝園)에서 운영하였으며 이곳은 분점일 뿐이었다. 업주는 뚱뚱한 아줌마였고, 50살 정도 된 남자 업주가 있었다. 초기에는 '위안부'가 모두 일본인들이었으나 이후 광저우에서 온 치파오를 입은 중국인 여성들이 그녀들을 대체하였다. 사진은 해당 '위안소' 유적이다. 〔2014년 류창옌 촬영〕

1 이 '위안소'에 있었던 중국인 '위안부'들의 운명은 상당히 비참하였으며 그녀들은 매일 밤낮으로 일본군의 유린을 받았다. 사람들이 너무 많아 줄을 서지 못해 아래층에서 서성이면서 욕설을 퍼붓는 준사관들을 흔히 볼 수 있었다. 사진은 1940년 일본 장교와 관련자의 단체 사진이다. 오른쪽의 장교는 구도(工藤) 재무감독관이다. 〔류창옌 제공〕

2 1939년 4월 일본군은 하이난을 침략하였다. 그 후 점차 하이난을 동남아시아 진출 근거지로 삼아 일본군이 대대적으로 상륙하였으며, 섬 전역에 '위안소'를 설립하였다. 하이난성 정치협상회의 등의 조사로 인해 적어도 '위안소' 유적 63곳(최근 70곳으로 증가)이 확인되었다. 사진은 독일 국영방송국이 하이난 바오팅(保亭)에서 천진위(陳金玉) 할머니를 촬영하고 있는 장면이다. 〔2007년 천허우즈(陳厚志) 촬영〕

3 일본군은 산야와 야청(崖城), 텅챠오(藤橋)에 '위안소' 6곳을 두었으며, '위안소'마다 10여 명에서 20여 명의 젊은 여성 피해자들이 있었다. 관리는 일본 여성이 맡았다. 일본군은 야청에서 쥔다오촌(遵導村)의 민가 두 채를 빼앗아 '위안소' 두 곳을 만들었는데, 하나는 화난좡(華南莊)으로 불렸으며 일본군 장교들에게 개방되었다. 또 하나는 야취안좡(巖泉莊)이라고 했으며 병사들에게 개방되었다. 산야 '위안소'는 새로 지은 푸쟈오우(浮脚屋 물이나 땅위에 기둥을 박고 그 위에 지은 집-역주, 현재 예펑〈椰風〉호텔 뒤 소재)에 만들었으며, 장교들이 사용하였다. 사진은 야취안좡'위안소' 유적이다. 〔2001년 쑤즈량 촬영〕

1

2

3

1

2

3

1 하이난성 린가오현(臨高縣)의 신잉진(新盈鎮) '위안소'는 가와카제(川風)라는 대장이 관리하였다. 이곳에는 중국인, 조선인, 싱가포르인 등의 여성이 있었는데, 이곳의 규정을 가와카제가 만들었다. 규정은 지극히 엄격하고 가혹하였다. 일본군은 이 규정을 '가와카제 규정'이라고 불렀다. 규정은 "'위안부'는 함부로 위안소를 나가서는 안 되며 도망가서도 안 되고, 만약 지키지 않으면 가족들도 즉시 참수된다. 무조건 일본군의 명령과 지시에 따라야 하며 일본군에게 무례해서는 안 된다. 관리원 두 명의 명령에 따라야 하고, 만약 복종하지 않으면 엄중한 처벌을 받는다. '위안부' 한 사람당 매일 병사 50~60명을, 바쁠 때는 70~80명을 대응해야 한다."고 명시하였다. 〔符和積主編, 『鐵蹄下的腥風血雨——日軍侵瓊暴行實錄』(續), p188〕 사진은 신잉진의 일본군 '위안소'의 옛 모습이다. 지금의 신잉진 홍민제(紅民街) 9호와 10호 옆이다. 〔2001년 후하이잉 촬영〕

2 현지 노인들의 기억에 따르면 일본군은 중국인 '위안부'가 체면을 잃는 것을 두려워하는 문제를 해결하기 위해 대부분 현지 '위안부'들을 다른 현으로 보내 '복무'시켰고, 청미이현에서 '복무'했던 여성들은 대부분 외지인들이어서 낯선 사람들이 많았다. 그녀들은 외부 사람들과 접할 기회가 적었기 때문에 외부에서는 그녀들의 고향과 이름을 몰랐다. 사진은 하이난성 둥팡시(東方市)의 일본군 위안소 '유적'이다. 〔2001년 쑤즈량 촬영〕

3 례러우시(烈樓市) 신제(新街)에 일본 장교들을 위한 '위안소'가 있었는데 '위안부'들 대부분은 린가오현에서 왔다. 현지 노인들의 기억에 따르면 신리촌(新李村)의 쉐유공사(學友公祠)가 '위안부'의 집산지였고 항상 새로운 '위안부'들이 오고갔다. 사진은 하이난성 하이커우 '위안소' 옛터이다. 〔2008년 장궈퉁 촬영〕

1 하이난성 둥팡시의 '위안소' 유적이다. 〔2000년 쑤즈량 촬영〕

2 둥팡현(현 둥팡시) 신제진은 일본군의 주둔지로 많은 '위안소'가 있었다. 사진 속 건물은 하이난성 둥팡에 있는 일본군 병사를 위한 '위안소' 유적이다. 〔2001년 후하이잉 촬영〕

3 하이난 안딩현(安定縣)의 일본군 '위안소' 유적이다. 사진은 집주인 모(莫)씨 할머니다. 〔2000년 쑤즈량 촬영〕

1

2

3

1

2

1 1942년 봄 일본군은 스루(石碌)철광에 '위안소'를 개설했는데 홍콩 '허지공사(合記公司)'라는 이름으로 홍콩과 광저우 등지에서 대대적으로 젊은 여성 노동자를 모집하였다. 300여 명의 여성이 속아서 스루철광으로 왔다. 일본군은 '위안소' 주변에 철조망을 쳤으며 밤낮으로 병사가 순찰을 돌아 경비가 삼엄하였다. 도망치다가 다시 잡혀온 '위안부' 중에 구타로 즉사한 사람도 있었다. 1945년 일본군이 항복할 때까지 살아남은 '위안부'는 10여 명 정도였다. 조선에서 온 박래순(朴來順)이라는 여성은 하이난으로 잡혀와 성노예가 되었는데 고향으로 돌아가지 못하였다. 그녀는 전후 철로 보선공으로 일하였으며 평생 혼자 살다가 하이난에서 죽었다. 사진은 2014년 1월 천리페이가 그녀의 무덤에 들꽃을 올려 온갖 고생을 하다 떠난 그녀를 추모하는 모습이다. 〔2014년 쑤성제(蘇聖捷) 촬영〕

2 1939년 11월 일본군이 광시성 난닝을 점령하였다. 일본군 제5사단장 이마무라(今村)는 1940년 2월 난닝에 '위안소'가 이미 15곳 있었다고 기억한다. '위안소'들은 여관과 민가, 학교 심지어 사원 등에 만들어졌다. 사진은 빈양(賓陽)의 '위안부' 사진이다. 〔「廣西一男子發現侵華日軍原始相册」, 『南國早報』, 2014년 6월 2일, 촬영시간 미상〕

1 일본 종군 기자 고마타 유키오(小俣行男)에 따르면 1940년 9월 난닝의 거리에는 광둥에서 옮겨 온 18개의 일본군 '위안소'가 있었고 중국인 '위안부' 백수십 명이 있었다. 육군의 이동으로 '위안소' 운영이 어려워져 광둥으로 돌아가고자 하였으나 그녀들을 운송할 트럭이 부족했다. 사진은 하이팡(海防)에 있던 일본군 '위안부'의 사진이다. 〔「廣西一男子發現侵華日軍原始相册」, 『南國早報』, 2014년 6월 2일, 촬영시간 미상〕

2 일본군이 구이린을 점령한 후 공장을 설립한다는 명목으로 여성 노동자를 모집하였다. 모집된 여성 노동자들은 모두 일본군에 의해 강제로 '위안부'가 되었다. 1945년 2월 일본군 사단은 '위안소' 설립을 계획하였다. 구이린의 제52여단 통신부대 주둔지 근처에도 '위안소'가 있었다. 조선인 '위안부'가 다수였으며 일본인 '위안부' 수는 적었다. 사진은 광시 빈양에서 발견된 중국을 침략했던 일본 병사의 앨범 안에 있던 '위안부' 사진이다. 〔「廣西一男子發現侵華日軍原始相册」, 『南國早報』, 2014년 6월 2일, 촬영시간 미상〕

1

2

1

2

1 내부 사정을 잘 아는 허광쿤(賀廣堃)은 구이린 원창챠오(文昌橋)와 난먼챠오(南門橋) 사이의 '위안소'를 기억하고 있었다. 그는 "안에는 16살부터 20살 정도의 중국인 여성이 6명 있었는데 그녀들은 전라 혹은 반라였으며 어떤 사람의 다리에는 혈흔이 있었고 어떤 사람은 바닥에 앉아 울고 있었으며, 또 어떤 사람은 아무 표정 없이 앉아 있었다. 로비에는 7, 8명의 발가벗은 일본군이 있는 것"을 직접 보았다고 말하였다. [『桂林日報』, 2007년 4월 30일]
사진은 '위안소'의 일본군이다. [村瀬守保, 『私の従軍中国戦線: 村瀬守保写真集』, 日本機関紙出版ヤンター, 2005.3, p108]

2 1941년 4월 22일 일본군이 푸저우를 점령한 뒤 성안에 많은 '위안소'를 설립하였다. 룽청(榕城)의 민간 여성 천여 명이 일본군에게 잡혀가 '위안부'가 되었다. 사진은 푸저우의 일본군 '위안소' 러췬러우(樂群樓)의 일부이다. [2000년 쑤즈량 촬영]

1 후젠성에는 "산팡치샹, 출장입상(三坊七巷 出將入相, 산팡치샹 출신이 전쟁에 나가면 장군감이고, 조정에 들어가면 재상감이다-역주)"이라는 속담이 있다. 산팡치샹은 예로부터 푸저우성의 정수라 부를 수 있는 곳으로 영남지역 독서인의 근거지라고 할 수 있다. 그런데 푸저우성이 일본군에게 함락된 후 이 유명한 서향(書香)거리를 일본군이 군대의 '화류가'로 만들어 '위안소'를 설립할 것이라고 아무도 상상하지 못하였다. 〔2001년 쑤즈량 촬영〕

2 러췬러우는 본래 영국 영사관 클럽이었다. 러췬러우는 면적이 넓어 현재 10여 호의 주민이 살고 있다. 전시 일본군은 이곳에 '위안소'를 만들었다. 이 건물은 기본적으로 온전하게 보존되었다. 사진은 러췬러우 정문이다. 〔2001년 쑤즈량 촬영〕

1

2

1

2

1 인근 주민들 대부분은 러취러우 '위안소'에 대해서 알고 있었다. 노인들의 기억에 따르면 전쟁 시기 이곳은 일본인의 클럽으로 장교들을 위한 '위안소'였으며, 매일 밤 장교들은 이곳에서 성노예를 유린하였다. 사진은 러취러우의 옆모습이다. (2001년 쑤즈량 촬영)

2 러취러우 옆에는 성당이 하나 있는데, 성스러운 성당의 바로 옆에 일본군은 '합법적인 강간 장소'를 만들어서 오랫동안 여성들을 유린하였다. 사진은 러취러우의 후문이다. (2001년 쑤즈량 촬영)

1 푸저우 타샹(塔巷)은 말 그대로 탑으로 생긴 골목이다. 골목 입구에는 여전히 보탑이 있다. 기록에 따르면 일본군은 이곳에 군대 위생 검사소를 만들어 근처 '위안부'의 신체검사를 하였다. [2001년 쑤즈량 촬영]

2 1938년 5월 일본군이 샤먼을 침략한 후 저우취샹(周厝巷) 등에 빠르게 해군 '위안소'를 설립하였으며 '위안소' 이름은 베이나이(鎮乃), 안톈(安田), 밍웨(明月) 등이 있었다. 사진은 푸저우 타샹 26호 건물이다. [2001년 쑤즈량 촬영]

1

2

4. 화북지역의 일본군 '위안소'

일본군은 네이멍구와 산시성, 허베이성, 베이핑, 톈진, 산둥 등지를 점령한 후 일상적으로 '위안소'를 설립하였다. 참전군인 다카하시 데츠로(高橋哲郎)의 기억에 따르면 일본 장교들이 사용한 '카이코우샤(偕行社, 일본 육군장교의 친목 및 상호부조단체)'라고 불린 '위안소'는 부대가 있는 곳이면 어디나 있었으며 일반 병사들이 사용한 '위안소'는 '위안소'라고 부르지 않고 '사쿠라(櫻)', '츠바키(椿)'와 같이 일본 이름을 붙여서 구분하였다. 산둥성의 경우만 보면 대대 본부가 주둔한 곳에 '위안소'는 있었지만 '카이코우샤'는 없었다. 대도시가 아니면 이러한 구분은 없었다. 중대나 소대가 주둔한 지역에는 이런 구분이 없었는데, 이는 장교 인원수가 적었기 때문으로 대부분 이와 같았다. 카이코우샤는 장교들이 사용한 '위안소'였다고 할 수 있다[77]. 일본군 제15사단은 허베이성 탕산(唐山), 펑룬(丰潤), 사허진(沙河鎮) 등에 '위안소'를 설립하고 중국 여성 60명을 잡아와 '위안부'로 충당하였다[78]. 중국 노동부 간부였던 리펑자오(李鵬兆)는 베이핑 룽셴후퉁(絨線胡同) 서쪽 쉬안네이다제(宣內大街)의 커다란 양옥집 대문 입구에 황군클럽(皇軍俱樂部)이라고 적힌 나무 간판이 달려 있던 것을 지금도 기억하고 있다. 밤에 만취한 일본 병사들이 '위안소' 출입을 하였으며, 어느 날에는 주변 주민의 문 앞에서 큰 소리로 "예쁜 여자가 있다"라고 외쳤다[79]. 톈진에 있는 일본 방위 사령부는 괴뢰정권의 경찰시스템을 통해 '위안부'를 징용하였다. 1942년 6월 일본군은 창기 229명을 강제 모집하여 전선으로 보냈으며, 마지막에 86명은 허난성으로 보내졌다[80]. 톈진의 일본군 방위 사령부에도 '위안소'가 있었으며, 괴뢰정권의 매국노들은 20명에서 30명 정도의 '위안부'를 정기적으로 제공하였다. 일본군 110사단은 바오딩(保定)에서 여러 개의 '위안소'를 만들었다. 허베이성 주둔 제14사단에 소속되었던 다구치 신키츠(田口新吉)의 기억에 따르면 어떤 '위안부'는 어느 날 21명을 대응해야 했는데 엄동설한에 차디찬 몸을 연달아 안아야 하는 것은 정말 참기 힘들다고 말하였다고 한다. 산시성 자원봉사자와 중국'위안부'문제연구센터의 조사에 의하면 산시성의 타이위안(太原)과 윈청(運城), 양취(陽曲) 등의 도시에 일본군이 만든 정규 '위안소'가 있었으며, 전선에는 일본군들이 직접 마을의 여성을 강탈해 성노예로 삼아 학대하였으며 그 수가 어마어마하게 많았다. 일본군이 취푸(曲阜)를 점령한 후 유지회에게 여성 100명을 '위안부'로 반드시 제공하라고 명령하였다[81]. 마찬가지로 지난에서도 수많은 위안소가 만들어졌다. 일본군 제59사단 제54여단 제111대대 하사였던 에하토 츠요시(繪鳩毅)의 자백에 따르면 산둥성 쒀거좡(索各莊)에서 한 명의 여성 포로를 두 명의 하사관이 자신들의 전용 '위안부'로 만들었다. 그런데 식량 공급이 어려워지자 이 여성 포로를 죽여 병사들에게 나누어 먹였다고 한다[82]. 살아남은 피해자는 '위안소'가 일본 정부와 군대가 직접 만든 '성노예 감방'이자 여성 도살장이었다고 규탄하였다.

---

[77] 「高橋哲郎: 對侵略過中國這個事實, 我們不能忘記」, 『光明日報』, 2014.9.7.

[78] 袁秋白, 楊瓌珍 編譯, 『罪惡的自供狀: 新中國對日本戰犯的歷史審判』, (北京)解放軍出版社, 2001.1, p35.

[79] 〈李鵬兆先生致蘇智良的信〉, 1997.6.18.

[80] 『天津特別市警察局爲勸遣妓女赴河南慰勞經過情形給市政府的呈文』(1944.6.8.), 天津市檔案館藏.

[81] 管雪齋編, 『抗戰一年』, 汶口華北圖書公司, 1938.

[82] 「绘鸠毅: 日軍强徵慰安婦并殺掉吃肉 立下謝罪碑誓不再戰」, 『光明日報』, 2014.9.5, 3면.

1

2

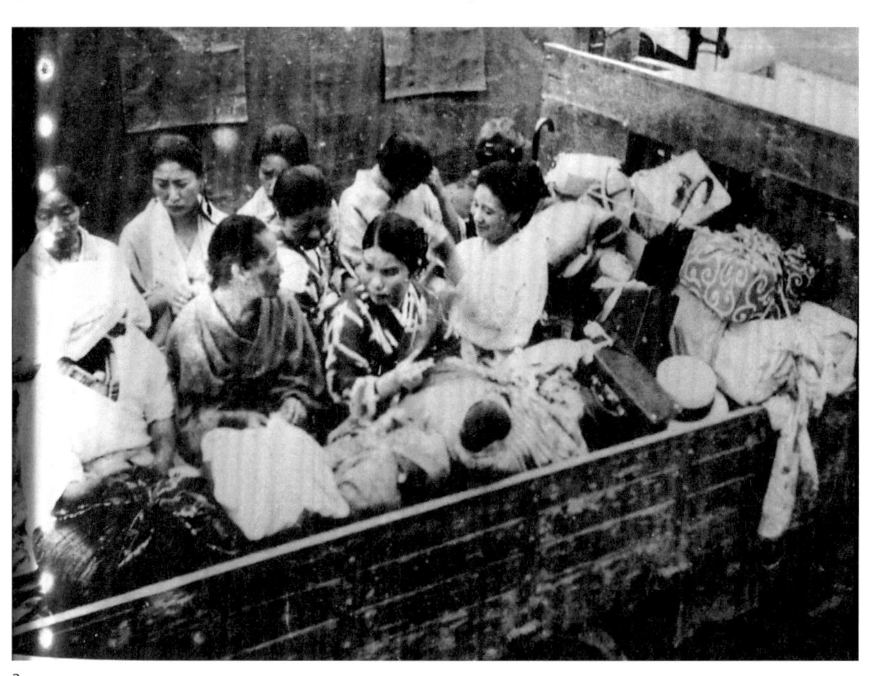
3

1 일본 참전군인 고다이라 기이치(小平喜一)의 기억에 따르면 일본군은 1939년부터 네이멍구 철로 연선 지역에 여러 개의 '위안소'를 만들었다. 이 '위안소'의 여성들은 거의 모두 중국인 '위안부'였으며 극소수의 조선인 여성이 있었다. 사진은 두 명의 조선인 여성이 황허(黃河)를 건너고 있는 모습이다. 바로 이 사진이 일본 기자 센다 가코의 관심을 끌어 '위안부'의 역사를 파헤치는 일을 하도록 하였다. 〔伊藤孝司, 『白飄帶 噙在嘴里』, 1994, p16〕

2 1937년 9월 산시성을 침략한 이후 8년 동안 일본군은 산시성 각지에 많은 '위안소'를 만들었다. 1937년 입대하여 일본군 제20사단 경리부에 소속된 나카무라 마코토(中村信)는 1938년 제1군 경리부가 원청에서 '위안부'를 관리한 일을 회상한 바가 있다. 〔中村信, 『大草原』, 青雲社, 1971〕 사진은 센다 가코가 집필한 『從軍慰安婦』(雙葉社, 1973)의 표지이다.

3 1942년에 일본 장갑 제3사단이 바오터우(包頭)에서 장교 전용 '위안소'를 만들었다. 편벽한 지역은 일본군이 트럭으로 '위안부'를 각 분대 주둔지로 이송하였다. 〔村瀬守保, 『私の従軍中国戦線: 村瀬守保写真集』, 日本機關紙出版センター, 2005, p108〕

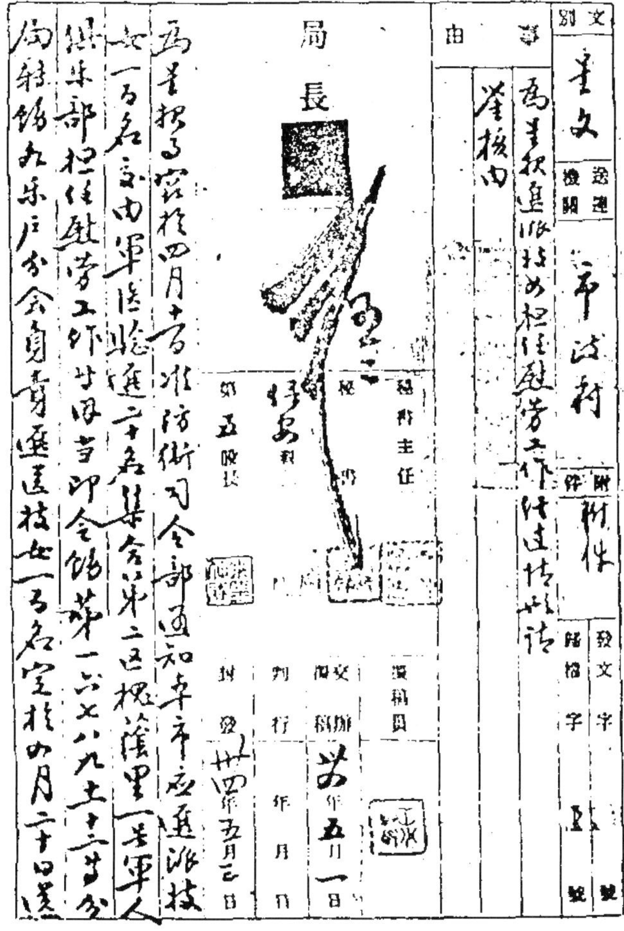

天津特別市政府警察局稿

1

> 軍人軍隊ノ對住民行為ニ關スル注意ノ件通牒
>
> 昭和十三年六月二十七日　北支那方面軍參謀長　岡部直三郎
>
> 一 山東、河南、河北南部等ニ在ル紅槍會大刀會及之ニ類スル自衛團體ハ古來軍隊ノ掠奪強姦行為ニ對スル反抗熾烈ナルカ特ニ強姦ニ對シテハ各地ノ住民一齊ニ立チ死ヲ以テ報復スルヲ常トシアリ（昭和十三年十月六日方面軍ヨリ配布セル紅槍會ノ習性ニ就テ參照）從テ各地ニ頻發スル強姦ハ単ナル刑法上ノ罪惡ニ留ラス治安ヲ害シ軍全般ノ作戰行動ヲ阻害シ累ヲ國家ニ及ホス重大反逆行為ト謂フヘク部下統率ノ責ニアル者ハ國軍國家ノ為メニハ泣テ馬謖ヲ斬リ他人ヲシテ戒心セシメ再ヒ斯ル行為ノ發生ヲ絶滅スルヲ要ス若シ之ヲ不問ニ附スル指揮官アラハ是レ不忠ノ臣ト謂ハサルヘカラス
>
> 右ノ如ク軍人個人ノ行為ヲ嚴重取締ルト共ニ一面成ルヘク速ニ性的慰安ノ設備ヲ整ヘ設備ノ無キタメ不本意乍ラ禁ヲ侵ス者無カラシムルヲ緊要トス

2

1 일본군은 톈진 일본 조계지의 선후관(神戶館)과 둥잔후이관(東站會館), 화이인리(槐蔭里), 탕구(塘沽), 지현(薊縣) 등지에 군인클럽(軍人俱樂部)과 '위안소'를 만들었다. 사진은 톈진에 주둔한 일본군이 괴뢰정권을 통해 '위안부'를 모집한 문서이다. 〔『天津特別市政府警察局檔案』, 톈진시 기록(당안)관 소장〕

2 2001년 역사학자 왕후이린(王檜林) 교수는 전시를 회고하며 다음과 같이 말하였다. "내 고향 허베이성 러팅현(樂亭縣)에 일본군 '위안소'가 있었다. 나는 1925년 러팅현에서 태어났다. 1937년 일본군대가 러팅현을 점령하였다. 1940년부터 현성에서 중학교를 다니기 시작하였고 중학교와 고등학교 몇 년을 모두 현성에서 보냈다. 현성의 서북쪽에 일본군 병영이 있었는데 당시 현성에 있던 일본군은 소대 하나 정도였다. 일본군이 병영 옆에 중국인 민가를 점령해 만든 '위안소'가 있었는데 대체로 고려 여성들이었으며 어떤 옷을 입고 있었는지는 기억이 나지 않는다. '위안부'의 수는 많지 않았고 중국인 여성은 없었던 것 같다. 그곳을 지날 때면 언제나 일본군들이 오가는 모습이 보였다. 그 '위안소'는 아마도 일본군 점령이후부터 있었던 것 같은데 내 기억에 중학교 1학년부터 고등학교 1학년 때까지 있었다."

1938년 6월 27일 일본의 화북 방면군 참모장 오카베 나오자부로(岡部直三郎)가 서명한 문서는 강간사건 발생으로 인하여 위안소 설립을 승인하고 있다. 〔일본 방위(防衛)청 도서관〕

1 웨이현(蔚縣)은 허베이성 스쟈좡시(石家莊)의 남부에 있는데, 1938년 1월 4일 이 현성에서 400여 명의 예쁜 중국 소녀들이 버스로 장쟈커우(張家口)로 이송되었다. 이외 일본군은 현지 마을들에 15살부터 25살까지의 처녀를 각 10명씩 내놓으라고 요구하였다. 이는 조직적인 강제 모집이며, 이 여성들은 일본군의 성노예가 되었다. 〔『抗日敵報』, 1938.1.13〕
일본 통치 하의 조선에서는 적지 않은 여자정신대를 조직해 젊은 여성들을 중국으로 보냈다.

2 쳰먼다졔(前門大街)의 번화가에도 위안소가 있었다. 사진은 앞선 중국 노동부 간부 리펑자오(李鵬兆)가 황군클럽이 있었던 곳으로 기억하는 베이핑 룽셴후퉁(絨線胡同) 서쪽 쉬안네이다졔(宣內大街)의 신원화졔(新文化街) 입구에 있는 오래된 가옥이다. 〔2001년 9월 15일 쑤즈량 촬영〕

1

2

1

2

1 일본군 제15사단 제67연대장 스즈키 히라쿠(鈴木啓久)는 허베이성에서 '위안소'를 만든 일을 기억하고 있었다. 탕산지역 철로는 화북 교통의 중심으로 일본 제국주의는 이 중심을 장악하기 위해 '화북개발주식회사(華北開發株式會社)'를 설립하여 "전면적으로 지원하였으며 특별히 회사로 경비병을 파견하였다. 일본군의 관례에 따라 나는 우리 연대가 주둔한 다섯 곳(펑룬〈豊潤〉, 사허진〈沙河鎮〉외 3곳)에 '위안소'를 만들도록 명령하였으며, 중국 여성 60명을 잡아와 '위안부'로 충당하였다". 〔중앙기록(당안)관 소장 기록〕
사진은 일본군이 사용했던 군표(정면)이다. 군부의 규정상 '위안소'에 들어가려면 군표를 지불해야 한다고 되어 있었는데, 전쟁에 패한 후 군표는 모두 휴지조각이 되었다. 게다가 대대적인 사실 조사에 따르면 '위안소'의 개설 비용은 대부분 괴뢰정권이 부담하였으며, 중국 측 피해자의 경우 한 푼의 보수도 받지 못하였을 뿐만 아니라 오히려 피해가 너무 심해 '사용'할 수 없게 된 피해자를 가족이 돈 혹은 재물을 지불하고 되찾아야 하는 경우가 많았다.

2 일본의 참전군인 미츠이 야스지(二井泰治)는 2000년 6월 인터뷰에서 "스쟈좡에 있었을 때 그곳에 '위안소'가 있었는데 업주는 조선인이었고 열두세 명의 여자를 나누어 트럭으로 이송하였다. '위안소'는 병사전용과 장교 전용으로 구분되어 있었다. 나는 그들이 군표를 가지고 있는 것을 봤다. …… 지금 일본 정부는 '위안부'문제로 많은 질책을 받고 있다. 나는 이것이 당연하다고 생각한다. 일본군이 했다는 것은 의심의 여지가 없다. 지금 텔레비전에서 당시 '위안부'들이 할머니가 된 모습을 자주 보게 되는데 그녀들은 정말 불쌍하다."
사진은 일본군이 사용했던 군표 뒷면이다.

1

2

1 일본의 참전군인 미즈노 야스오(水野靖夫)는 당시 한단(邯鄲)에 주둔했던 일본 병사들이 가장 좋아하는 일은 '위안소'에 가는 것이었다고 기억하고 있다. 틈만 나면 그들은 서로 "어때? P집에 갈래?"[83]라고 묻고 "좋아, 가자!"라고 답하곤 하였다. 한 참전군인은 1939년 5월에 칭다오(青島)에 상륙하자마자 무리지어 바로 '위안소'로 갔다고 기억한다. 그곳은 병원처럼 생긴 커다란 건물이었으며, 복도가 가운데 있고 좌우 양측은 모두 커튼이 쳐져 있었고 안에는 좁은 침대 약 50개가 있어 여자들이 침대 위에 누워 있었다. 일부 커튼 위에는 빨간색 표시가 있었는데 이는 안의 여자가 병에 걸렸다는 표시였다. 한 사람 당 15~16분의 시간 제한이 있었고 조금만 초과해도 밖에서 "아직도 안 끝났어?"라고 소리를 질렀다. 자기 마음에 드는 여자를 찾기 위해 여기저기 커튼을 열어 보는 병사들도 있었다. 〔水野靖夫, 『日本軍と戦つた日本兵』, 白石書店, 1974〕
사진은 중국을 침략한 일본군 오카무라 야스지 총사령이다. 그는 '위안부'제도 시행에 참여하였고 이 제도를 처음 만든 사람임을 인정하였다.

2 정저우(鄭州)에도 일본군 제12군 사령부가 '위안소'를 만들었으며 '위안부' 5명이 있었는데, 각자 매일 일본군 십수 명씩을 대응하라고 강요당하였다. 사진은 베이징 쉬안네이다졔 신원화졔 입구에 있는 낡은 건물인데, 이곳은 일본군 '위안소'였다고 한다. 〔2001년 쑤즈량 촬영〕

[83] p는 pee를 의미한다고 본다. 제2차 세계대전 당시 일본군 '위안소'는 피야(ピー屋), 조선인 '위안부'는 조선피, 중국인 '위안부'는 만피 또는 지나피, 일본인 '위안부'는 일본피라고 불렀다. (역주)

1

2

1 일본군은 지난을 점령한 후 도심에 '위안소' 여러 곳을 만들었으며 징얼루(經二路) 샤오웨류루(小緯六路)에 '황군초대소(皇軍招待所)'를 설치하였다. 사진은 징얼루의 낡은 건물이다. 〔2011년 쑤즈량 촬영〕

2 지난에는 장교 전용 '위안소'가 있었으며 이곳에는 일본인 '위안부'들이 있었다. 하사관은 조선인이 있는 '위안소'를 사용하였으며, 병사들은 중국인 '위안부'가 있는 '위안소'로 가야했다. 지난반점(濟南飯店)은 구 일본 영사관이었다. 〔2011년 쑤즈량 촬영〕

1 하마자키 도미조(浜崎富藏)라는 참전군인은 『진흙투성이 병사』에서 "일본군은 젊은 여성을 잡아오면 우선 두 손을 펼쳐 손바닥을 보았다. 농민 혹은 노동자의 손이면 그 자리에서 당장 폭행한 후 현성으로 데리고 가 '위안부'로 팔았다. 부잣집의 첩이나 하녀 혹은 손바닥이 하얀 여자면 팔로군 사람이라고 의심해서 헌병에게 넘겼으며 고문을 당한 후 대부분은 학살당하였다."라고 서술하고 있다. 지난 웨산루(緯三路)에도 '위안소'가 있었다. 사진은 지난 웨산루의 도로 표지와 오래된 건물이다. 〔2011년 쑤즈량 촬영〕

2 참전 장교였던 히로세 사부로(廣瀨三郎)는 1942년 4월부터 1945년 3월까지 각 대대에 지시해서 신타이(新泰)와 타이안(泰安), 린칭(臨淸), 라이우(萊蕪), 지난, 장뎬(張店), 보산(博山), 저우촌(周村), 더현(德縣), 둥어(東阿) 등지에 '위안소' 127개를 만들었다고 말하였다. 지난에는 장교전용 '위안소' 사쿠라모모(櫻桃)와 류다마루(六大馬路)의 싱클럽, 웨바루(緯八路) '위안소', 얼다마루(二大馬路)의 웨쥬루(緯九路)'위안소'가 있었다. 그리고 리청현(曆城縣)과 리청현 시잉촌(西營村), 장츄현(章丘縣)(도심 및 난차오판〈南曹范〉, 시차이스〈西彩石〉), 창칭현(長淸縣)의 구산(崮山) 등에도 '위안소'가 있었다. 〔중앙기록(당안)관 소장 기록〕
사진은 지난 웨바루의 도로 표지와 오래된 건물(외부는 새로이 정비됨)이다. 〔2011년 쑤즈량 촬영〕

1

2

1

2

1 쿠보 지로(久保二郎)라는 일본 참전군인의 기억에 따르면 1943년 지난에 '위안소'가 있었는데, 그곳의 여성들은 모두 중국인이었다. 그녀들은 완전히 어린 아이의 얼굴이었으며, 묻는 말에 아무런 대답이 없었다. 반복해서 물으니 간신히 "일본군이 우리 마을에 침입하여 우리 오빠를 포함하여 14~15명의 사람들을 찔러죽이고 땅에 묻었다. 우리 가족들은 피난 후 전투가 잠잠해지자 다시 집으로 돌아왔다. 그런데 어느 날 일본 장교가 우리 집으로 와서 언니를 잡아가려고 하여 아버지가 힘껏 막다가 일본 장교에게 죽음을 당했다. 언니가 소리를 지르자 그 장교가 우리 언니도 죽였다." 이후 그녀도 성노예가 되었다. 웨쓰루(緯四路)에도 일본군의 '위안소'가 있었다. 〔久保二郎, 『朝风—我们忘不了战争』, 1988.2(私家版), p28-29〕
사진은 지난 웨쓰루에 있는 오래된 건물이다. 〔2011년 쑤즈량 촬영〕

2 일본군 독립 보병 제44대대에는 1,300명이 있었고 본부에는 500명이 있었다. 각 부대는 산둥성 린칭 주변 15~20킬로미터 지역에 주둔하였다. 당시 '위안소' 3곳이 있었는데, 타이양카페(太陽咖啡屋, 일본명 타이요키페)와 예인 선술집(葉隱居酒屋, 일본명 하가쿠레선술집), 장교 전용 가뻣옥(割烹屋, 일본 요리집) 등이다. 본부 근처의 '위안소'는 자주 '위안부'를 파견하여 순회 '위문'을 하였고 보통 2, 3일이 걸렸다. 그런 경우 첫날은 일반적으로 중대장이 독점하였으며 다음 날에 병사들의 '사용'을 허가하였다. 병사들은 종종 현지 민간 여성을 강간하였다. 〔川田文子, 「中国戦犯供述書にみる日本軍の性暴力」, 『戰爭責任研究』第23輯, p23〕
사진은 '위안부'제도 피해자 상춘옌(尙春燕) 노인의 집이다. 〔2007년 야오페이 촬영〕

1 전범 아키타 마츠요시(秋田松吉)의 자백에 따르면 1940년 2월부터 1941년 5월까지 제43대대 제3중대 산둥성 장추현 난차오판 파견대 야마네 신지(山根信次) 오장(伍長)과 수하 병사 15명이 난차오판에 주둔했을 때 그는 파견대의 일등 보초병이었다. 야마네 오장은 괴뢰정권 마을 사무소를 통해 중국 여성 5명을 강제로 데려와 '위안부'를 시켰다. 일본군 15명은 이 5명의 중국 여성들을 1년 5개월 동안 학대하였다. 〔중앙기록(당안)관 소장 기록〕 사진은 류멘환(劉面換) 노인이 위현 양취안촌(羊泉村)의 집에 있는 모습이다. 〔2007년 야오페이 촬영〕

2 가네코 야스지(金子安次)는 1940년 11월 입대하여 혼성(混成) 제10여단을 따라 산둥으로 왔다. 사진은 그와 전우들이 린칭현 '위안소' 앞에서 기다리면서 찍은 단체사진이다. 앞줄 오른쪽이 가네코 야스지이다. 〔(日)女性的戰爭和和平資料館 編, 『女性國際戰犯法庭集』, p44〕

3 전후 가네코 야스지는 중국에서 체포되었고 자신과 일본군의 전쟁 범죄에 대해 참회하였다. 2000년 12월 가네코 야스지는 도쿄 여성민간법정에 나가 증언했다. 사진은 그가 집회에서 당시 화북에서 중국 여성을 유린한 사실을 이야기하는 장면이다. 〔女性的戰爭和和平資料館 編,앞의 책, p44〕

1

2

3

5. 동북지역의 일본군 '위안소'

일본군은 1932년에 이미 동북지역에 '위안소'를 설립하였다. 그 후로 헤이룽장성과 지린성, 랴오닝성의 각 점령지에 대량으로 '위안소'를 만들었다. 관동 헌병대 기록에 따르면 동북지역의 펑톈(奉天, 현재 선양〈瀋陽〉)과 신징(新京, 현재 창춘〈長春〉), 둥안(東安), 핑양(平陽), 안산(鞍山), 둥닝(東寧), 주허(珠河), 베이안(北安), 보리(勃利), 미산(密山), 하이라얼(海拉爾), 라오헤이산(老黑山), 스먼쯔(石門子), 다두취촨(大肚川), 바멘퉁(八面通), 무단장(牧丹江), 샤청쯔(下城子), 이례커더(伊列克得, 현재 네이멍구 속함) 등지에 '위안소'가 있었다는 것을 알 수 있다. 이 '위안소'들 중 일부는 관동군이 직접 만든 것이었고 대부분 부대 주둔지에 있었다. 1941년 10월 16일에 헤이허(黑河)에 있는 다케다 다케지로(武田武二郎)라는 일본병은 "북만주 헤이허시로부터 북쪽으로 4리 떨어져 있는 산선푸(山神府)병영의 가와무라(川村), 이노우에(井上), 그리고 와다비키(绵引)에게" 보내는 편지에 다음과 같이 적고 있다. "기분 좋게 후방으로 돌아갈 날을 생각하고 있다. 끝없이 넓게 펼쳐지는 벌판에 마을은 없고, 국위를 선양하는 각 병과의 병영에 육군 시설의 일각을 이용해 만든 동서 방향의 '위안소'가 보인다. '위안소'라는 것은 작은 극장 같기도 하고 물건을 저장하는 작은 창고 같기도 한데, 구체적인 모양을 묘사하는 것이 어렵다. 하지만 이곳은 여기서 생활하는 병사들의 무료와 답답함을 풀어주는 아주 중요한 오락장소이다."[84] 일본군이 직접 개설한 '위안소' 외에도 도시에는 일본인과 조선인 그리고 중국의 매국노가 설립한 '위안소'도 일상적으로 존재하였다.

다롄(大連) 우창제(武昌街) 이몐제(一面街) 일대는 예전에 펑반딩(逢坂町)이라고 불렸는데 20여 개의 '위안소'가 개설되어 있었다. 이곳은 동북 지역에서 유명한 '위안소' 거리 '화류가'였다. 사진은 예전에 '위안소'가 모여 있던 이몐제의 모습이다. [2000]

---

[84] 『關東軍憲兵隊北安地方檢閱部「郵檢月報」』, 昭和十六年(1941)十月十六日, 吉林省檔案館藏.

1 사진은 1945년 '만주 중앙은행' 안산지점이 관동군 제4과의 승인을 받아 군용공금으로 일본군 '위안부' 구입을 위한 특별자금을 이체한 전화내용을 기록한 것이다. 제7990부대는 1944년 말부터 1945년 초까지 네 번에 걸쳐 총 53만 엔을 이체하여 '위안부' 구입과 '위안소'의 설립과 운영에 썼다. [『'滿洲中央銀行' 鞍山支店'慰安婦'采購資金電話記錄』, '康德'十二年(1945)三月三十日, 吉林省檔案館藏]

2 교토 제16사단 후쿠치야마 제20연대의 퇴역군인의 증언에 따르면 "'위안소'는 군대의 지휘 하에 운영되었고, '위안부'는 일본인과 조선인들이었으며 '위안소'마다 15명 정도가 있었다. 낮부터 오후 4시까지 일반 병사에게, 오후 4시 이후부터 밤 8시까지는 하사관(오장, 군조〈軍曹〉, 조장)에게, 밤 8시 이후는 장교에게 개방하였다. 장교가 돈이 없으면 끝나고 떠났으며 돈이 있으면 그곳에서 묵을 수 있었다. 우리는 '위안소'에 갈 때 콘돔을 가지고 갔다. 우리는 만주은행, 조선은행, 일본은행의 돈으로 지불했다." 사진은 하얼빈(哈爾濱) 베이얼다오제(北二道街) 위시후퉁(魚市胡同)의 '위안소' 유적이다. [2000년 쑤즈량 촬영]

3 잉커우(營口) 융스제(永世街, 현재 시스구〈西市區〉 카이쉬안리〈凱旋里〉)는 일본인 집중 거주지였으며 '르번딩(日本町, 일본명 니혼마치)'이라는 일본 지명으로 불리다가 이후 '얼번딩(二本町)'이라고 하였다. 이곳에 일본군을 위한 '위안소'가 있었다. 사진은 다롄 우창제 난샹(南巷)'위안소' 유적이다. [2000년 쑤즈량 촬영]

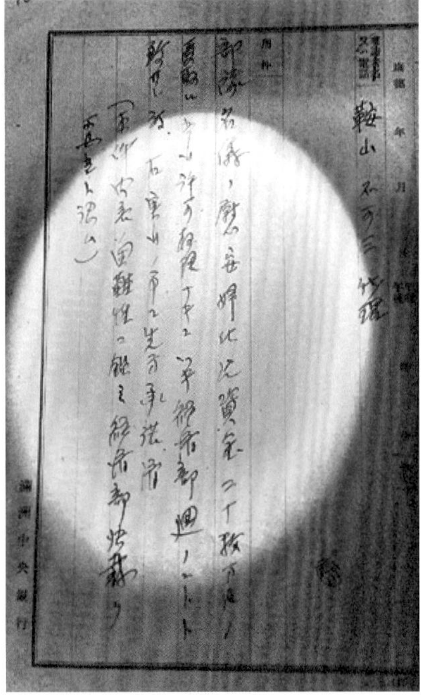
1

2

3

1

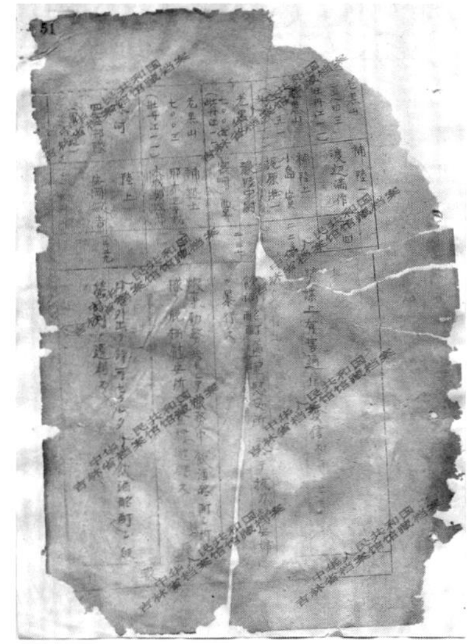
2

3

1 지린의 궁주링시(公主嶺市), 쓰핑제(四平街, 현재 쓰핑시〈四平市〉) 등에 일본군 '위안소'가 있었다. '위안소' 건물은 단층집 혹은 2층 건물도 있었으며 비교적 예쁜 건물들이었으며 그중에 '완수이러우(萬水樓)'라고 불린 '위안소'가 있었다. '위안부'는 조선인과 일본인, 중국인 여성들이었으며, 그중 동북지역 여성의 위생 환경이 가장 나빴다. '위안소'에 가는 병사들은 모두 면세표를 가지고 있어 20전(錢)(10전은 1엔에 상당)을 할인 받을 수 있었으며 하사관의 면세 금액이 더 많았다. 면세표는 콘돔과 함께 수령하였다. 일본군의 기억에 따르면 병사들은 '위안소'에 가는 것을 즐거워했으며 보통 교자를 먹고 '위안소'로 갔다. 〔従軍慰安婦110番編集委員会 編, 『従軍慰安婦110番』, 明石書店, 1992, p34〕
헤이룽장성은 일본의 무장 이민이 목적이었던 곳 중 하나였다. 사진은 당시 일본 개척단 유적이다. 〔2008년 쑤즈량 촬영〕

2 지린성 옌볜에는 많은 '위안소'가 있었다. 징청(京城) '위안소'에는 대부분 조선 여성들이 있었다. 제16사단 후시미 제29연대 주둔지에 일본인 업주가 운영한 '위안소'가 있었는데 일본인, 조선인, 중국인 여성들이 모두 있었으며 중국인 여성이 가장 많았다. 그녀들은 십대의 아이들이었으며, 물을 긷는 등의 일도 해야 했다. 헤이룽장성에 있었던 일본 포병부대에도 여러 '위안소'가 있었으며 일반 병사는 1.5엔이었다. 지린성 기록(당안)관에 소장된 관동군 자료 중 '위안부' 관련 자료가 적지 않다. 사진은 라오헤이산과 무단장 지역의 '위안소' 설립 에 관한 기록과 병사들이 '위안부'를 구타한 기록이다. 〔지린성 기록(당안)관 소장〕

3 1943년 옌지(延吉)에는 '위안소' 제1, 제2 싱야관(興亞館, 일본명 코아관)이 있었으며 주로 조선인 '위안부'들이 있었다. 병사는 1.5엔, 하사관은 2.5엔, 장교는 5엔이었다. 사진은 옌지 광밍제(光明街)의 오래된 건물이다. 〔2014년 쑤즈량 촬영〕

1 1992년에 한국인 학자 윤정옥(尹貞玉)이 지린성 훈춘시(琿春市)를 조사하면서 놀랍게도 일본군 '위안소' 건물, 다다미 두개 반 정도의 좁고 긴 방들과 철제 격자 창문들이 여전히 보존되어 있는 것을 발견하였다. 전시에 이곳은 일본군의 '공공화장실' 역할을 하였다. 현재까지 동북지역에는 전시 건물들이 일부 남아 있다. 사진은 관동군이 주둔 당시 사용한 오래된 건물이다. [쑤즈량 2010년 촬영]

2 옌지에서 장교들은 대부분 '인수이(銀水)'라고 불린 요정에서 놀았다. 사진은 지린에서 강제로 '위안부'가 되었던 한국의 이옥선(李玉善)할머니와 쑤즈량이 미국 LA에서 만나 이야기를 나누고 있는 모습이다. [2001년 촬영]

3 이옥선은 사기로 한반도에서 지린성으로 끌려가 '위안소'에서 온갖 모욕을 당하였다. 전후 그녀는 그녀를 구해 준 중국인 농민과 결혼하였으며 남편이 세상을 떠난 후 한국으로 돌아갔다. 사진은 LA에서 인터뷰를 하고 있는 이옥선의 모습이다. [2001년 쑤즈량 촬영]

1

2

3

1

2

3

1 쑨우(孫吳)에서 한때 일본군이 2만 명 주둔하였으나 '위안부'가 50명 정도였던 상황이 있었다. 그 당시 일본군 부대 간에 '위안부' 쟁탈전이 일어나 싸우기도 하였다. 또한 일부 병사들은 훈련할 때 몰래 빠져나가 '위안소'에 가거나 현지 여성을 강탈하였다. 〔千田夏光, 『從軍慰安婦』, 雙葉社, 1973〕
쑨우 군인회관에는 '위안부'의 방이 20여 개가 있었으며 회관이 커다란 '위안소'였다. 〔2010년 쑤즈량 촬영〕

2 쑨우 군인회관은 관동군의 주요 주둔지 중 하나였으며 안에는 '위안소'가 설치되어 있었다. 문명금(文明金)이라는 조선인은 이곳에서 유린을 당했다. 사진은 문명금이 피해를 입은 곳이다. 〔2010년 쑤즈량 촬영〕

3 1942년 당시 헤이룽장 무링시(穆陵市) 포병대에서 병역 복무를 했었던 일본 참전군인의 회고에 따르면 매일 다른 부대가 들어왔기 때문에 '위안소'도 굉장히 바빴다. '위안부'는 한 달에 한번 쉴 수 있었는데 그날은 바로 성병 검사하는 날이었다. 군의관이 검사하였으며 거의 모든 여성은 자궁내막염(子宮內膜炎)과 질염(陰道炎)에 시달렸으며 시간이 지나면 월경이 없어지고 생식 능력도 사라졌다. 방에는 소독제가 있었다. 병사들이 많을 경우 입구에 줄을 서 기다리고 있었다. 병사들이 문을 쾅쾅 두드리는 소리가 났다. 10분에서 15분 정도의 시간제한이 있었다. '위안부'는 밥 먹을 시간도 없었기 때문에 밥을 먹으면서 엉덩이를 들어 올릴 수밖에 없었다. '위안부'들은 기모노를 입고 있었고 자유로운 외출은 금지되었다. '위안소' 앞 헌병초소가 있었으며 기밀이 세는 것을 두려워했다. 장교들은 유숙할 수 있었기 때문에 '위안부'들이 군사 기밀을 알고 있는 것도 사실이었다. 〔從軍慰安婦110番編集委員会 編, 앞의 책, p50〕 사진은 헤이룽장 둥닝 스먼쯔'위안소'에 남아 있던 도자기 파편이다. 〔2001년 쑤즈량 촬영〕

1 하얼빈은 동북지역 중에서 일본군 '위안소'가 가장 집중하고 있던 도시 중 하나이다. 도심 난쉰제(南勛街)에는 많은 일본군 '위안소'가 있었다. [2002년 쑤즈량 촬영]

2 하얼빈시 핑팡구(平房區)에 있던 일본군 제731부대와 공군 제8392부대의 장교와 병사는 합계 2,500여 명이었다. 일본군은 핑팡구 근처에 속칭 일본인 기루의 '위안소'와 조선인 기루의 '위안소'를 두 곳 설치하였다. '위안소'에서 잡일을 했던 팡위추이(方玉翠) 노인의 기억에 따르면 "나는 원래 일본군 731부대 '둥샹촌(東鄉村)' 세탁소에서 일했다. 1940년에 난창핑팡(南廠平房)의 기차역 근처에 있던 조선인 기루로 가서 잡일을 하였다. 이곳에 와서 조선인 기루와 일본인 기루가 있다는 사실을 알았으며 중국인과 조선인은 응대하지 않았으며, 매일 오후에 위관(尉官)급 이하의 일본군인과 중하층의 공무원들(그들은 군속이라고 부름)이 이곳에서 즐겼다. 실제 간판을 달지 않은 이 두 기루는 일본군 731부대와 8392부대의 하급 장교 및 병사들을 위한 전용 '위안소'였다. 장교급 이상은 이곳은 저급하다며 오지 않았으며 하얼빈 시내에 있는 장교클럽으로 갔다. 조선인'위안소'는 '위안부' 20여 명이 있었으며 매일 위관 이하 병사 약 400명을 대응하였다." [쑤즈량이 하얼빈 일본군 제731부대 세균전 진열관 관장을 역임한 한샤오(韓曉)를 인터뷰한 기록]
사진은 난쉰제에 있는 '위안소' 유적이다. [2002년 쑤즈량 촬영]

1

2

2 참전군인 이치카와 이치로(市川一郎)는 치치하얼 바이청쯔(白城子)에 4, 5곳의 '위안소'가 있었고 '위안소'마다 '위안부' 약 20~30명이 있었다고 기억하고 있다. 군의관은 매월 그녀들의 성병 검사를 하였다. 전쟁 막바지에 일본군은 바이청쯔에서 철수하면서 길거리에 불을 질러 시가를 태워버리면서 트럭에 올라타 남쪽으로 도망쳤다. [『阿格拉』雜志, 1992, 174호]
쑨우 정자바오(曾家堡)에 있는 이 건물은 전시에 일본식 술집이었으며 다수의 '위안부'가 있었다. [2008년 쑤즈량 촬영]

1 쓰치야 요시오(土屋芳雄)는 치치하얼(齊齊哈爾)에 일본군 '위안소' 3곳이 있었다고 말하였으며 그중 하나가 현재의 뎬바오다러우(電報大樓) 부근에 있었다. "'위안소' 대문 입구에 노골적으로 '위안소'라고 표시되어 있지는 않았으며 군인클럽이라고 불렀다. 그중 하나는 일본인 '위안부'가 있는 '위안소'였고, 나머지 두 곳은 조선인이 있는 '위안소'였다. '위안부'는 낮에는 30명에서 50명의 병사들을 대응해야 했고 밤새도록 일본 장교를 대응해야 했기 때문에 밤낮으로 쉬지 못해 병이 없는 사람이 없었다." 노몬한 전투[85] 당시 일본군은 치치하얼에 1,500명의 병사를 전선으로 보냈다. 이 1,500명의 병사가 떠나기 전 마지막으로 '위안소'에 갔다. 병사들은 '위안소' 앞에 긴 줄을 이루었다. 10분 제한이 있었으며 뒤에 서있는 병사들은 쉼 없이 앞사람에게 빨리 끝내라고 재촉하였다. '위안부'들은 모두 힘들어 죽은 것과 같았다. [長岡純夫, 『われ地獄へ堕ちん: 土屋芳雄憲兵少尉の自分史』, 日中出版, 1985.7]
사진 속 광후이여관(光輝旅舍)은 하얼빈의 유서 깊은 여관이었는데, 전시 이곳은 '위안소'가 되었다. [2001년 쑤즈량 촬영]

---

[85] 만주국과 몽골인민공화국의 국경 노몬한 근처에서 일어난 소련·일본 양군의 대규모 전투를 말한다. 1939년 5월 12일 노몬한 부근에서 강을 건넌 외몽골군과 만주군이 충돌하였는데, 하이라얼 주둔의 일본군 제23사단장 고마쓰바라(小松原) 중장은 관동군 시달에 따라 즉각 부대를 출동시켜 외몽골군을 한때 격퇴시켰지만 외몽골군은 소련군의 가세로 전환, 병력을 증강하였다. 일본군은 소련군의 우세한 화력과 전차의 공격을 받고 고전에 빠졌으며 중일전쟁이 가장 치열할 때라 사건이 소·일전쟁으로 확대되는 것을 두려워한 일본의 대본영(大本營)은 불확대방침을 정하고 정부도 사건의 외교적 해결을 모색하였다. 그러나 관동군은 이것을 무시하고 7월 23일부터 공세를 취하고 이것이 실패하자 다시 제6군을 편성, 병력을 집중시키고 제3차 공세를 준비하였다. 한편 소련군은 국경선을 회복하기 위해 8월 20일에 총공격을 시작, 일본군 제23사단을 괴멸시켰다. 때마침 8월 21일에 독·소불가침조약의 체결이 발표되고, 이어 9월 1일 독일의 폴란드 침입으로 제2차 세계대전이 시작되었으므로 대본영은 공격 중지와 병력의 후퇴를 명령하고 모스크바에서 정전 교섭의 타결을 서둘렀다. 그 결과 9월 15일 정전협정이 성립하였다. (역주)

1

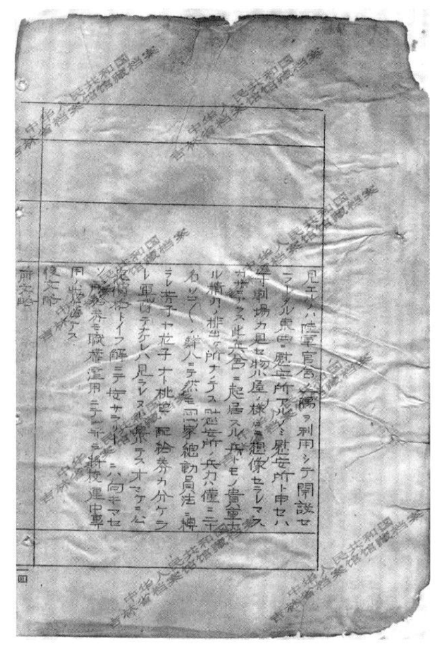
見エルノハ陸軍官舎ノ一隅ヲ利用シテ開設セラレタル東亜ニ慰安所アルノミ慰安所ト申セバ[illegible]場ガ見世物小屋ノ様ニ御想像セラレマスガ[illegible]兵舎ニ起居スル[illegible]モノ貴重ナル精力ノ排出ノ所ナノデス慰安所ノ兵力ハ僅ニ二十名[illegible]鮮人ニテ国家総動員法ニ縛ラレ芳子ナド花子ナド桃色ノ配給券ヲ分ケラレ軍隊デナケレバ見ラレヌ光景デス オマケニ公定価格トイフ訳ニテ安サラリーニハ向キマセン配給券モ職権濫用ニテ将校連中専用ノ状態デス

後文略

前文略

2

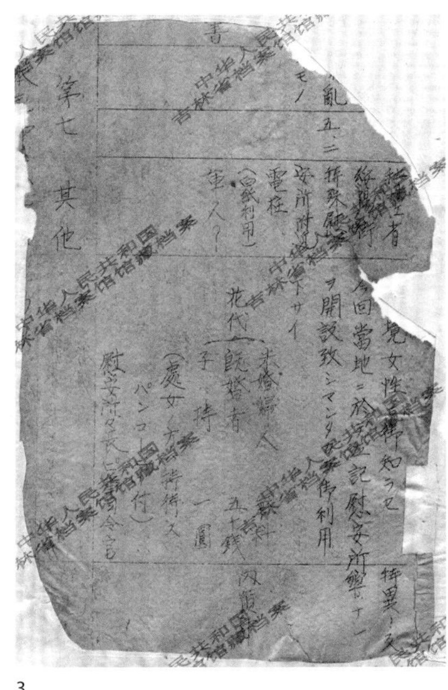
3

■1■ 헤이룽장 동쪽의 일본군 군사 요충지인 후터우(虎頭)에는 원래 중국인 '위안소' 6곳이 있었고 1935년 조선인 '위안소' 2곳이 새로 개설되었다가 1938년에 일본인 위안소 3곳이 추가되었다. 1933년부터 1945년까지 일본인 '위안부' 30명, 조선인 '위안부' 8명, 중국인 '위안부' 11명이 있었다. 1945년을 기준으로 하면 총 40~50명의 '위안부'가 1,400명의 일본군들에게 '성복무'를 제공해야 했다. 후터우전쟁이 끝나고 그녀들은 모두 후터우 요새의 산속 동굴 안에서 죽었는데, 어떤 이는 가슴에 아이를 안고 있기도 하였으며 일본의 중국 침략 부장품이 되었다. 〔王承禮等主編, 『苦難與戰爭十四年』, 中國大百科全書出版社, 1995.7〕
사진은 둥안에 있던 관동군 기숙사이다(1937년). 〔『わが聯隊: 陸軍郷土歩兵聯隊の記録』, ノーベル書房, 1978.10, p263〕

■2■ 헤이허에 있던 일본군 다케다 다케지로(武田 武二郎)는 일본에 있는 친구에게 보낸 편지에 군대 '위안소'의 상황을 밝히고 있다. "'위안소'의 병력(원문 그대로-역주)은 20명밖에 안되었으며 모두 조선인이었다. 그들은 국가 총동원법의 제약을 받고 있다. 요시코(芳子), 하나코 등 핑크색 배급권을 나눠준다. 군대가 아니면 이런 광경을 볼 수가 없다. 할인 후 공식적으로 정한 가격이기 때문에 임금 노동자(현역이 아닌)에게 개방되지 않는다. 배급권은 직권남용의 방식으로 오로지 장교들에게 제공된다." 헤이허 헌병대는 이 편지를 압수 결정 하였다. 〔지린성 기록(당안)관 소장, 『鐵證如山』 제1권 제2부〕

■3■ 어느 날 무단강(牧丹江)에 있는 일본군 헌병대는 쑤이양졔(綏陽街)의 '특수위안소' 근처 전신주에 게시 글이 붙어 있는 것을 발견하였다. 내용은 다음과 같다. "국경의 여성들에게 알립니다. 이번에 이곳에 '위안소'를 개설한다. 보수는 미혼 무료, 기혼 50전, 자녀가 있는 자 1위안이다(처녀 우대, 빵과 커피 별도 제공)." 낙관은 '위안소' 소장 P군 사령관이다. 일본 헌병대는 무료한 병사가 한 짓이라고 판단했다는 의견이 적혀있다. 이를 통해 당시 일본군의 '위안소' 출입이 아주 일상적이었음을 알 수 있다. 〔지린성 기록(당안)관 소장〕

6. 서남지역의 일본군 '위안소'

전후 극동국제군사법정 재판에서 일본군이 구이린에서 노동자를 모집한다는 광고로 중국 젊은 여성들을 속여 '위안부'로 충당했던 증거가 제출되었다. 일본군은 광시성의 도시와 마을에 많은 '위안소'를 만들었다. 1942년에 일본군이 운남성 뎬시지역을 점령한 후 라시오, 망시, 저팡(遮放), 완딩(畹町), 라멍, 텅충, 룽링 등지의 태족과 한족 여성을 강탈해 '위안소'를 만들었다. 1944년 중국 군대의 뎬시지역을 수복하기 위한 치열한 공방전 속에서 일본군은 전패할 것이라고 생각하여 '위안부'들을 강제로 청산가리 등의 독약을 먹여 자살하게 하거나 심지어 잔인하게 그녀들을 죽이기도 하였다. 일부 중국인 여성 및 조선인 여성은 중국 원정군에 의해서 지옥을 벗어날 수 있었다.

일본군이 구이린을 점령한 후 공장을 세운다는 명목으로 여성 노동자를 모집하였는데 모집한 여성들은 모두 일본군에 의해 강제로 성노예 즉 '위안부'가 되었다. 1945년 2월 일본 모 사단은 '위안소' 설립을 계획하였다. 구이린의 제52여단 통신부대의 주둔지 근처에도 '위안소'가 있었으며 조선인 여성이 많았고 일본인 '위안부'는 적었다. 중국인이든 조선인이든 '위안부'들은 대부분은 '키미코(君子)', '마사코(雅子)', '아키코(秋子)' 등의 이름으로 불렀다. [2009년 천리페이가 한국의 나눔의 집에서 촬영]

1 일본 종군 기자 고마타 유키오의 기록에 따르면 1940년 9월에 광시성 난닝 거리에 일본군을 위한 '위안소'가 있었으며, 광둥에서 옮겨온 곳이 약 18곳 있었다. 중국인 '위안부'가 백여 명이 있었다. 일부 '위안소에'는 '위안부'의 명패가 벽에 걸려 있었다. 〔2009년 천리페이 한국의 나눔의 집에서 촬영〕

2 윈난성 망시에 있었던 산커수(三棵樹)'위안소'는 중국을 침략한 일본군 제15집단군 제56사단이 만든 것이었으며, 1942년 여름부터 1944년 겨울까지 약 2년 반 존속했다. 일본인과 조선인, 중국인 여성들이 있었는데 인원수는 명확하지 않았다. 이 '위안소'는 일본군이 직접 관리하였다. 망시의 노인들의 기억에 따르면 당시 일본군이 길가에서 태족 여성 80명을 잡아 트럭에 싣고 각 '위안소'로 운송하였다. 일본군 패전 당시 오직 한 명의 여성만 살아남아 집으로 돌아갔지만 그녀도 정신 질환을 앓았다. 〔천주량 진술〕 사진은 일본군 바이타(白塔)'위안소' 유적이다. 〔2002년 쑤즈량 촬영〕

3 광시성 리푸(荔浦)의 마링(馬嶺)에 일본군 100여 명이 주둔하였는데 농민의 집을 빼앗아 '위안소'로 만들었으며 현지 젊은 여성을 강탈해서 성노예로 충당했다. 사진은 마링'위안소' 건물이다. 〔2008년 쑤즈량 촬영〕

1

2

3

1

2

3

1 윈난성 텅충현 텅웨진(騰越鎭) 천쟈자이(陳家宅) '위안소'의 건물은 원래 천궈전(陳國珍)과 천궈바오(陳國寶) 형제의 소유였는데 당시 그들은 미얀마에서 상업을 하고 있었다. 건물 구조는 사합원(四合院)[86]이 앞뒤로 두 동 있었으며 우물도 두 개 있었다. 일본군은 패퇴하기 전 '위안부'들을 우물에 던져 익사시켰다. 주인 천씨가 돌아와서 우물에서 10여 구의 여성 시신을 건졌는데, 부패하지 않은 상태로 모두 치마를 입고 신발을 신고 있었다. 〔1998년 천주량 촬영〕

2 1942년 일본군이 윈난성 서부지역을 침략하여 텅충현 텅웨진 광화루(光華路)에 '위안소'를 만들었다. '위안소'는 일본군 제148연대를 위해 복무하였으며 대상은 장교들이었으며, 방안에는 일본 그림이 걸려 있었고, 여성들은 모두 기모노를 입고 있었다. '위안부'의 방문 위에 해당 여성의 신체검사 날짜와 군의관 성명이 적혀 있는 간판이 걸려 있었다. 대문 입구에는 일본 병사들이 보초를 섰다. 〔쑤즈량, 천리페이, 2001년 조사기록〕 사진은 텅웨진 차이자(蔡家) '위안소'의 일부이다. 〔2002년 쑤즈량 촬영〕

3 일본군은 텅충 시내에서 민기를 강제 점령해 육군 '위안소'로 만들었다. 〔천주량 제공〕

[86] 북경의 전통 주택 양식으로, 가운데 마당을 중심으로 사방이 모두 집채로 둘러싸여 있는 구조를 하고 있다. (역주)

1

2

1 일본군은 마지막에 '위안부'들에게 자살을 강요했다. 중국 원정군이 텅충을 점령한 후 부패하기 시작한 '위안부'들의 시체를 묻었다. [中共騰衝縣委宣傳部 編, 『血色記憶—騰衝抗戰見證錄』(下册), 中國文聯出版社, 2003, p291]

2 1944년 중국 군대의 텅충 공습 시 일본군은 청산가리로 일본군 '위안부'를 독살한 후 화염방사기로 시체를 훼손하여 증거를 없애려고 하였다. 일본군은 전시 텅충 문묘(文廟)를 '위안소'로 만들었다. 사진은 텅충 문묘의 현재 모습이다. [2002년 쑤즈량 촬영]

3

3 현지 노인의 기억에 따르면 1942년 일본군은 텅충 문묘의 관리자들을 쫓아내고 현지 여성들을 잡아와 문묘를 '위안소'로 만들었다. [2002년 쑤즈량 촬영]

1

2

3

1 천주량 선생의 조사에 의해 중국을 침략한 일본군 제15집단 제56사단 제148연대 모 대대(부대장 에또-江藤)는 텅충의 허화츠촌(荷花池村)에 '위안소'를 만들었으며 1942년 10월 초부터 1943년 6월 말까지 약 9개월간 존재했다. '위안소' 건물은 목조의 사합원이었으며 허화츠촌 주민 인쟈링(尹家令)의 집을 강제로 차지하여 만들었다. 사진은 텅웨진의 상공업자연합회 주임을 역임한 양즈징(楊之靜)의 집인데, 이곳도 일본군 '위안소'였다. 〔2009년 쑤즈량 촬영〕

2 1942년에 일본군이 윈난성 룽링을 점령한 후 이곳에 주둔한 일본군 군정반(軍政班) 다지마 도시츠구(田島壽嗣) 본부장의 명령으로 둥쟈거우(董家溝) '위안소'를 만들어 중국인 여성 20여 명을 가두었다. 사진은 둥쟈거우 '위안소' 유적 입구이다. 〔2009년 쑤즈량 촬영〕

3 룽링 둥쟈거우의 둥(董)씨 집안의 오랜 가옥은 1930년대에 지어진 사합원식 건물로 가운데에 정원이 있으며 이곳에서는 사합원오천정(四合院五天井)이라고 불린다. 2층의 오래된 목조로 조각이 아주 정교하고 도금한 조각은 상당한 예술성을 보여주고 있다. 2층의 접견실 건물에는 나무로 제작된 대련이 있다. 모두 22개의 방이 있다. 〔2005년 쑤즈량 촬영〕

1 룽링 둥자거우의 동씨 집의 오래된 나무 창문은 지금도 잘 보존되고 있다. [2005년 쑤즈량 촬영]

2 둥자거우 '위안소' 유적은 한때 상당히 훼손되었는데 사진은 유적의 일부이다. 각 방면의 호소 덕분에 현지 정부가 정비하였다. [2002년 쑤즈량 촬영]

3 오래된 둥씨집 들보에는 '병자년(丙子年)'이라고 적혀 있는데, 이 집이 1936년에 건립되었다는 것을 보여준다. [2005년 쑤즈량 촬영]

4 현재 둥자거우 '위안소'는 진열관이 건축되었으며 사진은 진열관 안내도이다. [2012년 쑤즈량 촬영]

5 진열관에는 일본군 '위안소' 규정 복원본이 전시되고 있으며 중국어로 번역하여 중국 참관자들이 이해할 수 있도록 하였다. [2012년 쑤즈량 촬영]

1

2

3

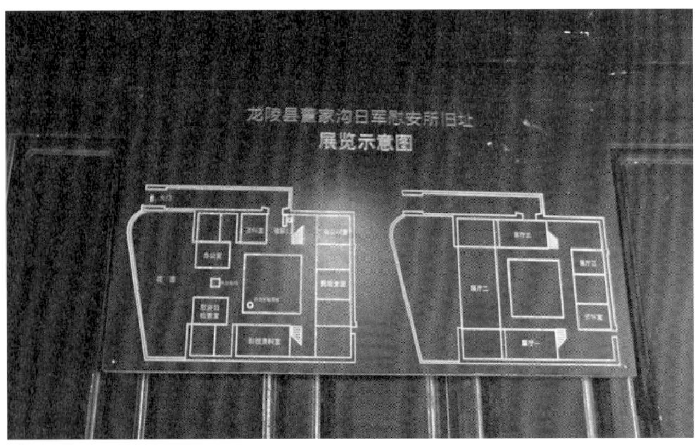

4

5

1

2

3

1 둥쟈거우 '위안소' 유적의 정비 과정에서 당시 '위안소'였던 곳에서 많은 유물들이 발굴되었다. 사진은 당시 발굴된 일본의 그릇이다. [2012년 쑤즈량 촬영]

2 둥쟈거우 '위안소' 유적에서 '위안부'들이 사용했던 많은 화장품 용기들이 발굴되었다. [2012년 쑤즈량 촬영]

3 현재 둥쟈거우 '위안소' 유적 진열관은 아시아에서도 보기 드문 일본군 '위안소' 유적지에 만든 전시관으로 매일 세계 각지에서 참관자들이 찾아오고 있다. [2010년 장궈퉁 촬영]

1 2001년 8월 25일 쑤즈량, 천리페이, 천주량, 사비루(沙必璐)는 룽링현 외사판공실 자오치후이(趙其慧) 부주임의 안내로 바이타촌(白塔村)의 일본군 '위안소' 유적을 방문하였다. 이 건물은 비교적 온전히 보존되고 있었다. 목조의 2층 건물로 좌우에 사랑채가 있으며 현재 자오(趙)씨 집안이 살고 있다. 현지인들은 이곳이 옛날에 '위안소'였다고 말하는 것을 기피하였다. 문에 도가의 빨간 천으로 만든 부적이 걸려 있었다. 〔2001년 쑤즈량 촬영〕

2 중국 원정군은 텐시 대반격 과정에서 많은 '위안부'들을 구해냈다. 사진은 인간 지옥에서 벗어난 각국 '위안부'들의 모습이며, 그녀들의 유쾌한 마음을 읽을 수 있다. 〔(日) 伊藤孝司, 『白飄帶噙在嘴里』, p17〕

3 숭산 라멍(拉孟, 臘勐)에 있었던 일본군 진지의 '위안소' 유적이다. 룽링현 정부에서는 간판을 세웠다. 〔2010년 3월 쑤즈량 촬영〕

1

2

3

朝日新聞

皇軍の精華 拉孟・騰越両守備部隊

數十倍の敵を撃碎し
全員壯烈なる戰死
滇緬公路の打通許さず

隻眼隻手の將兵も立つ
阿修羅の奮戰 孤壘守る百日

生死超越、敢闘せるも
御期待に副ひ得ず

戰果擴大中

拉孟守備隊の全滅を伝える記事。当時、日本の報道は拉孟守備隊の「戦果」を誇張し、全滅を美化して伝えた。(朝日新聞 1944.9.21)

1

2

3

1 1944년 9월 21일 『아사히신문(朝日新聞)』은 룽링 라멍의 일본군 부대 전멸 소식을 전하고 있는데 기사의 내용은 여전히 일본군을 미화하고 있다.

2 톈시지역의 노인들은 일본군 점령시기의 상황과 중국 원정군의 이야기를 익히 알고 있다. 라멍향(臘勐鄕)의 양쟈윈(楊家運) 노인은 당시 일본군에게 잡혀가서 노역을 하였다. 사진은 그가 알고 있는 '위안소'에 대해 이야기하고 있는 장면이다. 〔2000년 쑤즈량 촬영〕

3 중국 원정군이 반격하면서 많은 '위안부'들을 구해냈다. 사진은 중국 원정군이 구해낸 조선인 피해 여성들이다. 〔미국국회도서관 소장〕

1 1944년 9월 3일 중국 원정군은 룽링 숭산 전쟁터에서 '위안부'들을 구출해냈다. 사진은 원정군이 전화를 연결해 생존자를 후방으로 보내려고 한 모습이다. [미국국회도서관 소장]

2 사진은 일본군 참전군인의 일기장이다. 미얀마에서 중국 서남지역까지의 일본군 침략에 관한 상황이 자세히 기록되어 있으며 '위안소'와 '위안부' 관련 내용도 있다. 일기장은 현재 한국민족문제연구소에 소장되어 있다. [2014년 쑤즈량 촬영]

3 1944년 11월 일본군 제3사단과 제13사단이 구이저우성 바자이(八寨)와 두산(獨山) 등지를 침략하였다. 일본 참전군인의 기억에 따르면 일본군은 두산에 '위안소'를 만들었다. 사진은 무라세 모리야스(村瀨守保)라는 일본 참전 군인이 전시 전쟁터를 돌면서 각지의 '위안소'를 촬영한 사진집의 표지이다.

4 가네코 야스지(金子安次)라는 일본 참전 군인의 증언에 따르면 강간을 거부한 여성들은 우물에 던져졌으며 그녀들의 아이들도 던져졌다. 그는 상관의 명령으로 수류탄을 우물 속으로 던졌다고 한다. [張國通, 『爲歷史作證』, (開封)河南大學出版社, 2005, p43]

1

2

3

4

7. 홍콩, 타이완의 일본군 '위안소'

태평양전쟁이 발발한 후 일본군은 홍콩을 점령하였다. 1942년 4월 일본의 홍콩총독부는 일본군의 군기문란과 성병 만연을 해결하기 위해 '위안소' 설치를 강화하기로 하였다. "'위안소' 관리자를 한정시키고 '위안소'를 일정한 지역에 집중시켜 위생 시설을 갖추어 군인과 군속의 안전을 꾀할 예정이다"[87]. 일본군 의무관 에구치(江口) 장교는 홍콩의 저명인사인 양허병원(養和醫院) 리수편(李樹芬) 원장을 찾아가 '위안소' 홍등가를 만들어 병사의 성욕 문제를 해결해야만 홍콩 여성들이 난리를 피할 수 있다고 제안하였다. 리수편의 단호한 거절에도 불구하고 에구치는 홍콩에서 '위안' 지역을 만들고자 하였다.

이렇게 하여 홍콩에 일본군 '위안' 지역이 생겨났는데, 얼마 되지 않아 일본군은 언론 매체에 '위안부' 모집 광고를 공개적으로 게재하였다. 싸쿵랴오(薩空了)는 자신의 『홍콩함락일기(香港淪陷日記)』에서 일본군의 '위안부 모집 포스터'를 직접 본 적이 있다고 적고 있다. 그의 글에 의하면 1942년 1월 7일 "오늘 또 홍콩 거리에 손으로 쓴 포스터가 나타났는데 일본군 '위안소'에서 군 창기를 모집한다고 쓰여 있었으며 '인원이 제한되어 있으니 지원자는 속히 신청하기 바란다'고 덧붙였다"[88].

완짜이(灣仔, Wanchai)의 록하트 로드(駱克道, Lockhart Road)에 일반 병사들을 위한 '위안소'가 출현하였다. '첸쑤이관(千歲館)'은 일본군 장교를 위한 오락 장소였다. 일본 보병 제228연대에서 쓴 『난화차오(南華抄)』(1978년 판)라는 책은 홍콩 주둔 당시 이 연대의 장교와 병사들이 다녔던 '위안소'들에 대해 기록하고 있다.

마찬가지로 일본이 통치한 타이완 지역에도 타이베이(臺北)부터 타이난(臺南)까지의 도시와 향촌 등지에 대거 일본군 '위안소'가 생겨났다. 태평양전쟁이 발발한 후 타이완의 일본 식민 정부는 여성을 강제로 모집해 남양(南洋)으로 보냈다. 타이베이 여성구원기금회(婦女救援基金會)의 조사에 따르면 그 수가 수천 명에 이르렀다고 한다. 이는 아주 최소화한 숫자이다[89]. 타이완총독부가 타이완 여성을 모집해 '위안부'로 만들고 타이완 각지에 '위안소'를 설립하는 일에 깊이 개입하였음은 자명하다[90]. 타이완 척식주식회사(拓殖株式會社)는 일본 정부와 민간 재벌 기업이 공동으로 출자해 1936년에 설립되었다. 이 회사는 중국 침략 전쟁을 준비하는 일본 국가의 특수 사명을 맡은 국책회사였다. 타이완 척식주식회사의 본부는 타이베이에 있었고 도쿄에 지부가 있었다. 전시 점령군에게 협력하기 위해 광저우와 하이커우, 하노이, 사이공 등지에도 지부를 설치하였으며, 주요 업무 중 하나가 '위안소'를 만드는 일이었다. 조사에 따르면 장화(彰化)와 타이베이, 타이중(臺中), 핑둥(屛東), 지룽(基隆), 가오슝(高雄) 등지에 '위안소'를 만들었다. 타이완 '위안부'를 화북과 상하이, 하이난 등지로 보냈으며 적지 않은 조선인 '위안부'를 타이완으로 이송해 와서 일본군 성노예로 만들었다.

---

[87] 吉見義明 主編, 『従軍慰安婦資料集』, 大月書店, 1992.12, p295-297.
[88] 薩空了, 『香港淪陷日記』, 三聯書店香港分店, 1985, p130.
[89] 臺北市婦女救援基金會采訪記錄, 『鐵盒里的青春——臺籍慰安婦的故事』, (臺北)天下遠見出版股份有限公司, 2005, p171.
[90] 朱德蘭, 『台湾総督府と慰安婦』, (東京)明石書店, 2005.11.

1 첸쑤이관은 케네디 로드(堅尼地道, Kennedy Road)의 퉁지(同濟)중학교 안에 있었고 3층 건물 두 채가 독립적으로 서있었다. 내부 사정을 잘 아는 사람은 시설이 정교하고 호화로웠으며 종이 창문과 종이 등롱, 목란 문양의 돗자리 등이 모두 그윽한 일본 게이샤의 집 같은 분위기였다고 한다. 일본군이 점령 후 첸쑤이관을 장교용 고급 '위안소'로 지정하였다. 한때 이곳에 군용차가 끊임없이 드나들었으며 침략군의 우두머리들이 이곳에서 방탕한 생활을 하였다. 첸쑤이관은 당시 기형적인 번화가였다. 마찬가지로 록하트 로드에도 적지 않은 '위안소'들이 있었다. [2010년 쑤즈량 촬영]

2 일본군이 홍콩을 점령한 뒤 제38사단 제230연대의 병사들이 성 스테파니(聖斯蒂芬妮, San Stephanie) 학원으로 돌진해 학원의 여의사와 간호사들을 강간한 후 '위안소'로 데려가 강제로 성노예로 만들었다. 이후 피해자들 중 일부는 싱가포르로 이송되어 제44532번 위안영(慰安營)으로 편입되었으며, 전쟁이 끝나자 일본군 제34사단이 독가스탄과 폭탄으로 죽였다. 홍콩 섬에는 많은 일본군 '위안소'가 있었다. 사진은 록하트 로드에 있었던 '위안소' 유적이다. [1998년 쑤즈량 촬영]

3 완짜이는 홍콩의 일본군 '위안소' 집중지역이었다. 히라노 시게루(平野茂) 홍콩 부총독은 하이팡제(海旁街)의 완짜이 주변 800미터를 지정해 주민들에게 3일 내로 이사하라고 강요하였다. 얼마 지나지 않아 특대형 '위안소'가 완짜이에 등장했으며 그 안에는 수백 개의 방이 있었다. 매일 일본군 장교와 병사들의 발길이 끊이지 않았다. [1998년 쑤즈량 촬영]

1

2

3

4

4 홍콩이 함락된 후 일본군은 호텔을 '위안소'로 개조하였다. 매국노들도 일본군의 명령을 받아 일본 병사들을 위해 중국 여성을 모집하여 '위안소'를 만들었다. 쥬룽(九龍), 왕쟈오(旺角, Mongkok)의 나단 로드(彌敦道, Nathan Road)의 룬즈(倫智)중학교는 일본군에게 점령되어 '위안소'로 개조되었다. 사진은 완짜이에서 가장 규모가 컸던 일본군 '위안소' 유적이다. [1998년 쑤즈량 촬영]

1

2

1 홍콩의 스털링 로드(士他令道, Stirling Road)에 있는 쥬룽청(九龍城) 침례교성당은 전시 일본군이 점령하여 '위안소'로 만들고자 하였다. 이 계획은 비교적 정직한 사가나미(菅波) 참모장이 저지하여 실현되지 않았다. 사가나미가 "성당을 위안소로 개조하느니 차라리 태워버리는 것이 체면이 선다"고 말하였다.〔鮫岛盛隆(龔書森譯), 『香港回想錄』, 基督教文藝出版社, 1971, p96〕
사진은 홍콩 스털링 로드이다. 〔2010년 쑤즈량 촬영〕

2 가든 로드(花園道, Garden Road)에 있는 세인트 존 성당(ST. JOHN'S CATHEDRAL)은 유서 깊은 영국인 교회로 영국의 국경일에 이곳에서 전례를 거행하였다. 일본군이 홍콩을 점령한 후 이곳은 '적산'으로 몰수되었다. 일본군은 성당이 필요했던 것이 아니라 성당을 군인과 군속을 위한 클럽으로 개조하였다. 사진은 홍콩에 있는 성당이다. 〔1999년 쑤즈량 촬영〕

1 신계(新界) 펀링(粉嶺)은 홍콩과 쥬룽으로부터 멀리 떨어져 있는 번화한 곳으로 지금 그 곳에는 사터우쟈오루(沙頭角路)라는 주요도로가 있다. 이곳은 광쥬철로(廣九鐵路)의 펀링기차역이 있지만 1990년대까지 별로 번화한 곳이 아니었기 때문에 전시에는 얼마나 황량했을지 추측할 수 있다. 그러나 이렇게 황량한 지역에도 일본군이 설립한 '위안소'가 있었다. 사진은 신계 펀링 러우촌(樓村)에 있는 오래된 가옥이다. [1999년 쑤즈량 촬영]

2 사진은 일본군이 전쟁에서의 행운을 기원하는 장면이다. [중앙연구원 주더란(朱德蘭) 교수 제공]

1

2

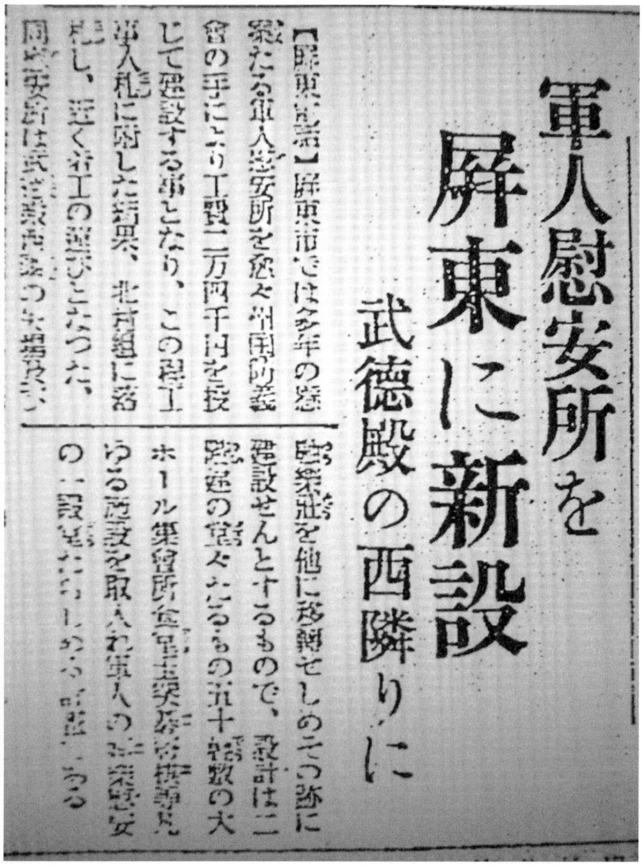

軍人慰安所を屏東に新設
武德殿の西隣りに

【屏東電話】屏東市では今年の懸案たる軍人慰安所を愈々州國防義會の手により工費二万四千円を投じて建設する事となり、この程工事入札に附した結果、北吉組に落札し、近く着工の運びとなつた、同慰安所は武德殿西隣の[illegible]倶樂部を他に移轉せしめその跡に建設せんとするもので、設計は二[illegible]堂々たるもの五十坪數の大ホール集會所食堂娛樂室等あらゆる施設を取入れ軍人の[illegible]の一殿堂たらしめんと[illegible]

1

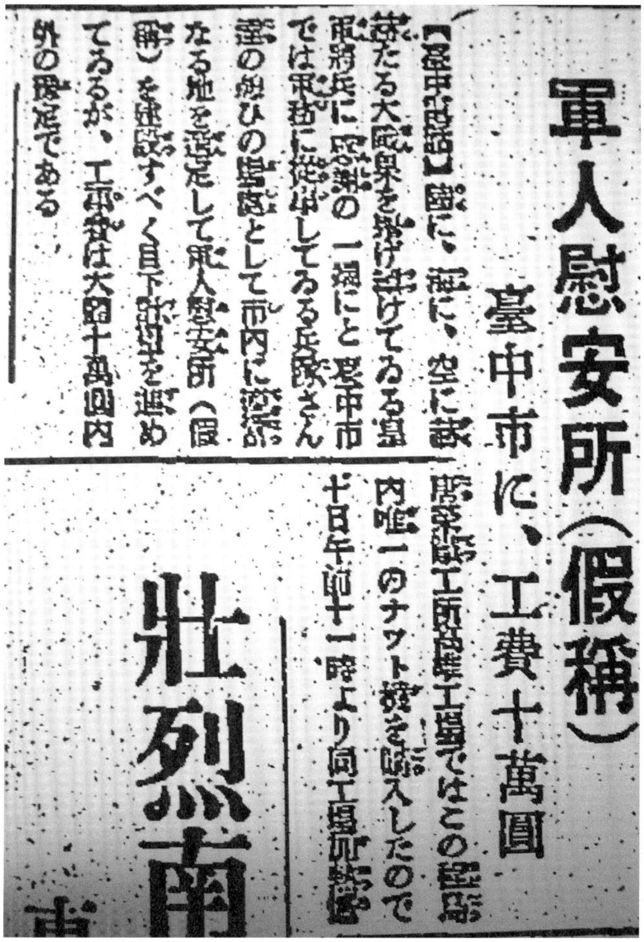

軍人慰安所(假稱)
臺中市に、工費十萬圓

【臺中電話】陸に、海に、空に赫々たる大戰果を挙げ挙げてゐる皇軍將兵に感謝の一端にと臺中市では軍務に挺身してゐる兵隊さん達の寛ひの場所として市内に適當なる地を選定して軍人慰安所(假稱)を建設すべく目下計畫を進めてゐるが、工事費は大略十萬圓内外の豫定である

[illegible]工場ではこの[illegible]内唯一のナツト機を購入したので十日午前十一時より同工場[illegible]

壯烈南

2

1 1936년부터 1943년 사이에 타이완 지방정부는 공개적으로 '위안소' 설립 계획을 발표하였는데 지룽시와 타이베이시, 자이시, 타이난시, 가오슝시, 핑둥시 등에서 군인 '위안소'를 만들어 일본군에게 '성복무'를 제공하였다. 사진은 당시 핑둥에서 '위안소'를 신설한다는 신문기사이다. [『臺灣日日新報』, 1943.9.14, 4면]

2 1940년 7월 지룽시에서 2층 목조로 된 '위안소'가 만들어졌다. 사진은 타이중시 군인 '위안소' 설립에 관한 기사이다. [『臺灣日日新報』, 1943.6.12, 4면]

1 타이난 가오슝시의 해군'위안소'와 군인회관 등 여러 곳에 '위안소'가 있었다. 주더란 교수는 타이완 '위안소'의 총수가 하이난다오의 60개보다 더 많다고 주장한다. 사진은 주교수가 제작한 타이완의 일본군 '위안소' 분포도이다. 〔朱德蘭, 『臺灣慰安婦』, (北京)社會科學文獻出版社, 2012.4, p189〕

2 1939년 7월 자이시 정부는 2만 위안의 공사비를 들여 군인 '위안소'를 만들었다. 사진은 1939년 9월 16일 『타이완일일신보 (臺灣日日新報)』 제5면에 게재된 신문기사이다.

3 1939년 4월 1일 타이완총독부 기하라 겐지(木原元次) 관방 조사과장이 타이완척식회사 다카야마 산페이(高山三平)이사에게 빠른 시간 내에 타이베이에서 '예기(藝妓)'와 '예기 및 창기(娼妓)'등 90명을 모집해 하이난다오로 보내 현지의 일본해군을 위해 복무하게 하라고 명령을 내렸다. 사진은 당시 조달한 문서이다. 〔朱德蘭 編集,解說, 『臺灣慰安婦關係資料集』第1卷, 社會科學文獻出版社, p217〕

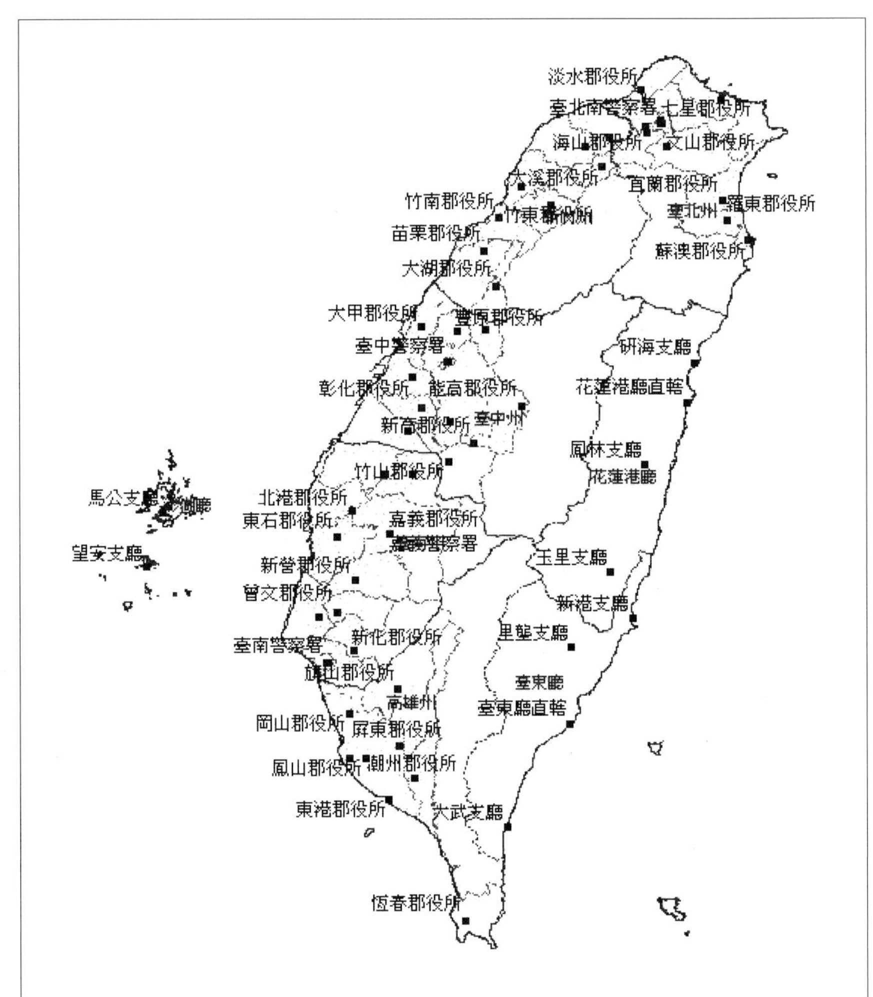

1

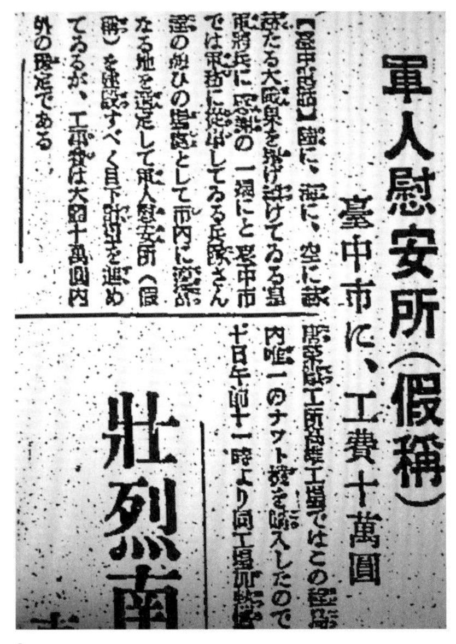
軍人慰安所(假稱)
臺中市に、工費十萬圓

【臺中電話】陸に、海に、空に赫々たる大戰果を擧げてゐる皇軍將兵に感謝の一端にと臺中市では市に駐屯してゐる兵隊さんの慰安の場として市内に然るべき地を選定して軍人慰安所(假稱)を建設すべく目下計畫を進めてゐるが、工事費は大體十萬圓内外の豫定である

2

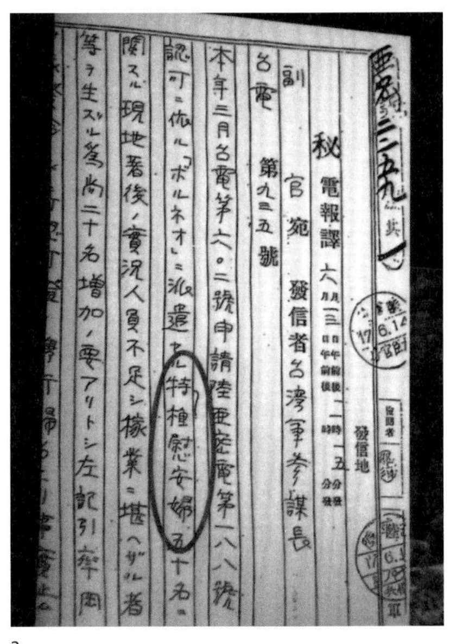
秘 電報譯
副官宛 發信者 台灣軍參謀長
台電第九三五號
本年三月台電第六〇二號申請陸密電第一八八號認可ニ依ル「ボルネオ」ニ派遣セル特種慰安婦五十名ニ關スル現地著後ノ實況人員不足シ稼業ニ堪ヘザル者等ヲ生ズル爲尚二十名增加ノ要アリトシ左記引率

3

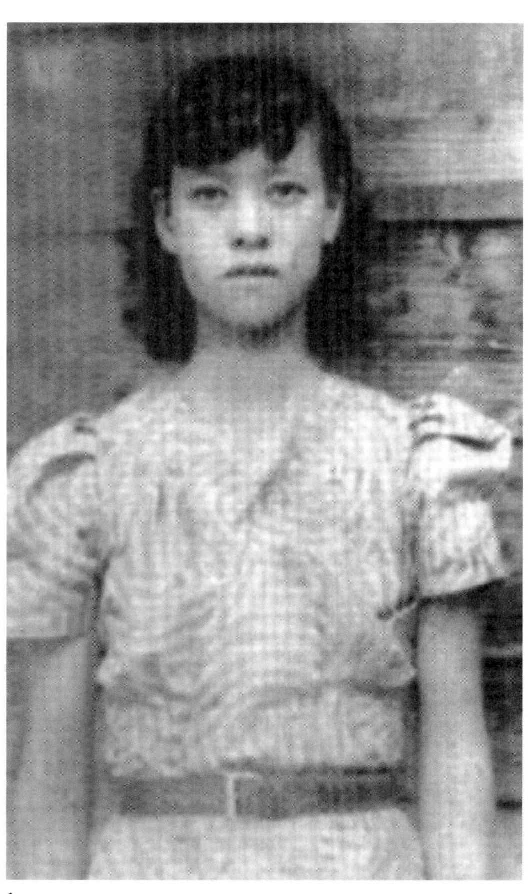
1

2

1 천메이(陳妹)라는 타이완 여성을 일본군이 하이난으로 데려갔다. 1944년 8월 일본군이 그녀에게 사진을 찍어주었는데 배경이 바로 일본군 '위안소'였다. 〔婦女救援基金會 主編, 『沈默的傷痕——日軍'慰安婦'歷史影像書』, 商周出版社, 2005, p33〕

2 화롄현(花蓮縣) 슈린향(秀林鄉) 산속 동굴로 당시 원주민 할머니가 강제로 일본군 성노예가 되어 유린을 당한 곳이다. 〔婦女救援基金會 主編, 앞의 책, p42〕

1

1 2005년 9월에 쑤즈량 교수가 평양에서 열린 일본의 전쟁책임문제 국제회의에 참석하여 타이완의 일본군 '위안부' 피해자와 찍은 사진이다. 〔2005년 허베이대학교 류바오천 촬영〕

2

2 일본 참전군인의 증언에 따르면 일반적으로 파견대까지는 콘돔의 배급이 이루어지지 않았기 때문에 많은 '위안부'들이 임신하게 되었다. 그러나 임신했더라도 견딜 수 있으면 대응해야만 하였다. 더 이상 견디지 못하는 상황이 되면 도랑 밖으로 끌려가 나무 기둥에 묶여 신병들의 찌르기 연습 표적으로 사용되었다. '위안부'와 함께 아버지가 누군지도 모르는 태아가 죽임을 당하였으며 묻혔다. 15년이라는 오랜 전쟁 동안 2천~3천 개의 거점에서 죽임을 당해 묻힌 중국 여성을 헤아리기는 어렵다. 아마도 몇 만 심지어 수십 만 명에 달하였을 것이다. 〔何吉, 「日軍强逼中國婦女爲'慰安婦'資料摘編」, 『抗日戰爭硏究』, 1993, 第4期〕
콘돔은 일본군의 전쟁 군수품으로 간주되어 전선으로 운송되었다. 사진은 당시 사용하던 일본군 전략물자 '돌격1번(突擊一番)' 콘돔이다. 〔중국'위안부'자료관 소장〕

제3장

'위안부' 제도의 중국인 피해자

일본군 고위층은 중국 침략 전쟁 초기 군대에게 '적으로부터 식량을 빼앗도록' 명령하여 일본군이 필요한 여러 물자들을 모두 중국의 전쟁터에서 빼앗았으며 그 중 성노예 - '위안부'도 포함되어 있었다[91]. 전쟁이 확대됨에 따라 참전하는 일본군도 늘어갔으며 이로 인해 일본군은 더욱더 잔혹하게 중국 여성을 끌고 가 '위안부'로 만들었다.

강제로 '위안부'가 된 중국 여성 중에는 적지 않은 소수민족 여성들이 있었는데, 그중에는 동북지역 만주족과 조선족, 타이완 고산족, 윈난 태족, 하이난 묘족과 여족, 광시 장족과 요족(瑤族) 등이 있었다. 지린성 옌볜지역에 사는 조선족은 일본군에게 최초로 성노예로 징용된 민족이었다. 만주사변이 발발한 지 오래지 않아 관동군은 바로 동북지역에서 조선족 젊은 여성을 약탈하여 성노예로 충당했다.

비록 구체적 내용과 수단은 다르지만 20여 년간의 조사 결과에 따르면 중국의 '위안부'는 모두 일본 침략자의 강제에 의해서 성노예가 되었다. 이러한 사례는 일일이 헤아릴 수가 없다. 1942년 일본군은 하이난성 링수이현(陵水縣)에서 광범위하게 거점을 설치한 후 바로 매국노들에게 각 마을로 가서 민간인 여성을 모아 오라고 명령하였다. 당시 15세의 여족 소녀 천야볜(陳亞扁)도 병영으로 끌려갔다. 그녀의 기억에 따르면 당시 매국노 단장은 후방 지원대를 모집해 병영으로 들어갔는데 낮에는 잡일을 하고 밤에는 강제로 일본군의 성폭행을 당하게 되었다. 그녀는 다른 지역을 교대로 돌았으며 3년 넘게 비인간적인 생활을 하였다. 1945년 일본군이 항복하고 나서야 그녀는 지옥에서 벗어날 수 있었는데, 함께 잡혀 간 여성들 상당수는 비명에 죽어갔다. 그녀와 함께 강제로 '위안부'가 된 사람 중에는 천진메이(陳金妹), 천야메이(陳亞妹), 천진뉘(陳進女), 줘리뉘(卓理女), 천야정(陳亞曾), 줘야톈(卓亞天), 줘스리(卓石理), 줘마오톈(卓毛天), 후유잉(胡有英), 줘야광(卓亞廣), 천야허(陳亞合), 줘마오딩(卓毛定) 등이 있었다. 1944년 8월의 어느 날 하이난 바오팅현(寶亭縣)의 여족 소녀 양어방(杨嫛榜)은 논에서 새를 보고 있었는데, 한 무리의 일본병사들이 지나가다가 그녀를 윤간하고 병영으로 압송해 전지 후방 지원대로 편입시켜 유린하였다[92].

무수한 사료들은 당시 중일 양국은 전쟁 상태였기 때문에 일본군의 중국 여성에 대한 능욕과 박해가 가장 잔혹하고 무도하였다고 말하고 있다. 예를 들어 하이난 스루철광 '위안소' 건물 면적은 약 300여 평방미터에 달하였으며 건물 가운데에 1.5미터 정도의 통로가 있고 양쪽으로 20여 개의 방이 있었다. '위안부'들이 도망치는 것을 방지하기 위해 '위안소' 사방에 경계망이 설치되어 있었으며 밤낮으로 순찰하는 병사도 있어, 경비가 매우 삼엄하였다. 도망치다가 다시 잡혀온 '위안부'들은 구타를 당해 죽거나 나체 상태로 나무에 매달려 구타, 전기 고문, 물 붓기 고문 등을 당했다. '위안부'마

---

[91] 일본학자 가시하라 도쿠시(笠原十九司)도 "중일전쟁 당시의 일본군대가 식량물자의 현지조달이라는 약탈주의를 채용한 전근대적 군대였던 탓에 중국 민중들을 적대시하는 폭행을 작전으로서 병사에게 강요한 사실이 중국 여성의 정조 약탈행위를 유행하게 했다." (笠原十九司(강혜정역), 『일본의 군'위안부' 연구』, 동북아역사재단, 2011, p275)고 이야기하고 있는데 이 점은 여러 학자들이 지적하고 있는 점이기도 하다. (역주)

[92] 符和積主編, 『鐵蹄下的腥風血雨——日軍侵瓊暴行實錄』, (海口)海南出版社, 1995.5, p533.

다 매일 적어도 8회 일본군을 대응해야 했으며, 일본 장교와 병사들이 쉬는 날이어서 군인이 많은 경우는 24회에 이르렀다고 한다. 성병 감염을 막기 위해 매주 모여 줄을 서서 의무실에서 신체검사를 받았다. '위안소' 대문은 일본군이 지키고 있었으며 일본 장교와 병사들은 특별히 제작한 나무판을 들고 입장하였다. '위안부'가 일본군을 대응함에 조금이라도 소홀함이 있으면 바로 구타를 당하는 완전한 성노예의 상태였다. 스루철광 '위안소'에는 젊은 여성 300여 명이 있었는데, 구타와 강간, 유린, 폭행을 당해 죽은 자와 병에 걸려 죽은 자, 굶어 죽은 자가 모두 200여 명에 이르렀다. 황위샤라는 여성은 능욕을 견디지 못해 어둠을 틈타 '위안소' 안에 있던 나무에 목을 매어 자살하였다. 또한 나팡(娜芳)누이라고 불린 여성은 다른 10여 명의 여성들과 함께 도망쳐 지옥에서 벗어났지만 집으로 돌아가 남편과 아이들을 볼 면목이 없어서 절벽에서 뛰어내려 타향에서 죽었다. 1945년 일본이 항복할 때까지 살아남은 '위안부' 생존자는 10여 명이 채 되지 않았다.[93]

---

[93] 符和積主編, 『鐵蹄下的腥風血雨——日軍侵瓊暴行實錄』, (海口)海南出版社, 1995.5, p749.

1. 중국인 피해자의 신분과 연령

일본군이 강제 모집한 중국인 '위안부' 중 일부는 21살 이상의 성년 여성들이었지만 나머지 대부분은 미성년 여성들이었다. 일본 정부 문건에 따르면 14세의 타이완 소녀를 징용해 중국 남방으로 이송하였다고 한다. 1940년 8월 타이완 보병 제1연대는 소녀 6명을 데리고 있었으며, 그중 18세가 한 명, 16세가 안된 사람이 두 명, 15세가 한 명, 그리고 14세가 두 명이었다[94]. 조사를 통해 중국의 많은 지역에 미성년자인 일본군 '위안부' 피해자가 있었던 것이 밝혀졌다. 윈난과 하이난, 광시 등지의 소수민족 소녀들이 일본군 성노예로 잡혀갔을 당시 그들 다수는 미성년자였다. 예를 들어 천야볜, 차이아이화(蔡愛花)는 '위안소'로 잡혀갔을 당시 15세가 채 되지 않았으며, 정진뉘(鄭金女)는 잡혀갔을 당시 13살이었으며 난징의 레이구이잉은 13세에 일본군에게 강간을 당하고 성노예가 되었다.

일본군에게 강제로 징용된 중국 여성들은 대부분 농민이었으며, 노동자와 학생, 점원, 하인, 가정주부, 생포된 전사, 심지어 비구니까지 있었다. 일본군이 우후를 점령한 후 비구니 사찰로 가서 젊은 비구니들을 약탈하였다[95].

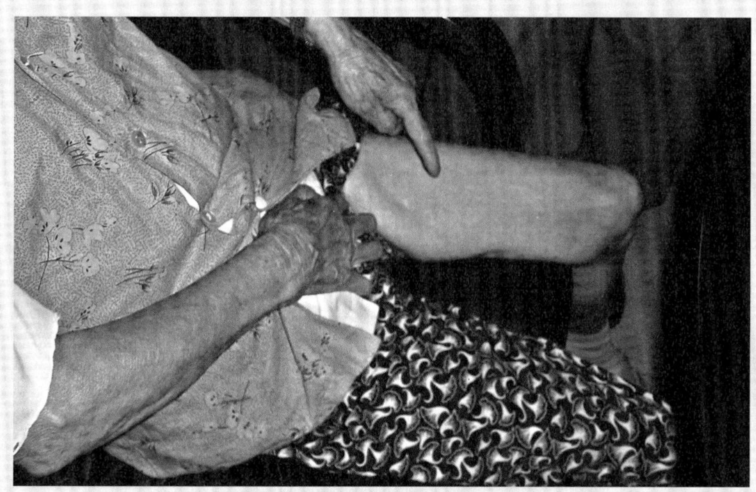

1942년 여름 초경을 경험한 레이구이잉은 야마모토(山本)라는 일본인에 의해 강제로 '위안부'가 되었다. 그녀의 기억에 따르면 "일본군이 나를 끌고 가 강제로 내 바지를 벗기고 다인용 침대로 던졌다. 나는 저항하다가 손목을 다쳤으며 아직도 상처를 볼 수 있다. 그 다음에 그 일본군이 두 무릎으로 내 배를 차고 나를 그의 밑에 꼼짝없이 깔고 군도의 칼자루로 내 머리를 때리면서 나를 강간했다." 사진은 레이구이잉 다리의 총검에 의한 상처이다. [2006년 쑤즈량 촬영]

[94] 吉見義明 主編, 『従軍慰安婦資料集』, 大月書店, 1992.12, p130-137.
[95] 汪業亞, 「鳳宜樓'慰安所'始末」, 『蕪湖文史資料』第3輯, p120.

1 천구이잉(陳桂英)은 전쟁 전 상하이에서 살았다. 일본군이 상하이를 점령한 후 전란으로 세상이 어지러워 사는 것이 힘들어졌다. 이때 노동자를 모집한다는 사람이 찾아와서 그에 응하였는데, 일본군 괴뢰정부 사람에게 속아서 북방으로 가게 되었다. 이후 헤이룽장 둥닝의 '위안소'로 들어가게 되었으며 온갖 능욕을 당했다. 사진은 그녀가 20살 때 둥닝에서 찍은 사진이다. [2001년 쑤즈량 촬영]

2 천구이잉은 둥닝 쑤이양진(綏陽鎮)이 일본과 소련이 대치하고 있는 전선이었으며, 많은 일본군들이 주둔하였고 사단 사령부도 있었다고 기억하고 있었다. 쑤이양의 '위안소'는 20여 개 정도였고 그녀는 챠오옌탕(喬燕堂) '위안소'에 있었다. 그녀의 기억에 따르면 "일본군은 업주에게 돈을 줬지만 나는 돈을 받지 못했다. 나는 그저 하루에 3끼만 먹었을 뿐이고 일주일에 한번 정도 식사를 개선했다." 천구이잉은 상하이를 떠난 이후로 60여 년간 다시 상하이로 돌아가지 못하였으며, 2004년 세상을 떠났다. 사진은 천구이잉의 생전 사진이다. [2001년 쑤즈량 촬영]

3 1941년 말 난징 탕산의 레이구이잉은 탕산 가오타이포에 있는 일본인 집의 하녀였다. 야마모토라는 일본인은 바로 '위안소'를 만든 사람이었다. '위안소'에는 중국인 '위안부' 17명이 있었다. 사진은 가오타이포의 '위안소' 유적이다(현재 탕산 농촌신용조합 건물이 들어서 있으며, 주소는 탕취안둥루-湯泉東路 61호이다). [2006년 쑤즈량 촬영]

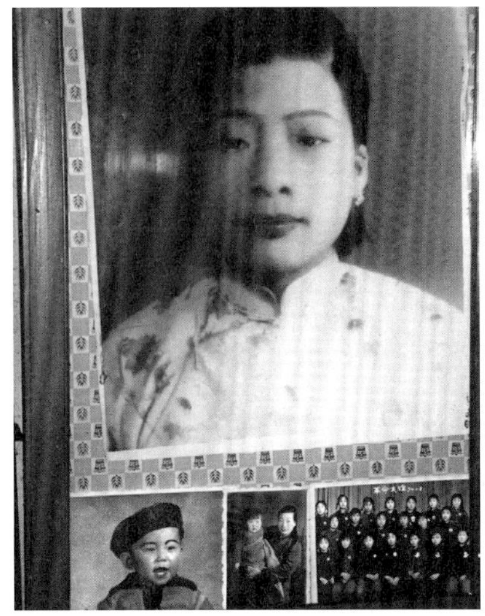
1

2

3

4

4 홍콩 섬을 떠나 숨어 사는 아웨(阿月) 노인은 "가족들이 모두 죽고 나는 삼촌에 의해 일본인 집으로 팔려가 하인으로 일했다. 나는 원치 않았지만 달갑게 죽을 수는 없었다. 비록 수십 년이 지난 지금도 사람들 볼 면목이 없다"라고 호소하였다. [『星島晚報』, 1992년 7월 12일]
사진은 2001년 홍콩 시립 대학교에서 개최된 일본의 아시아 침략 증명대회에 참가한 피해자 리슈메이와 쑤즈량의 모습이다.

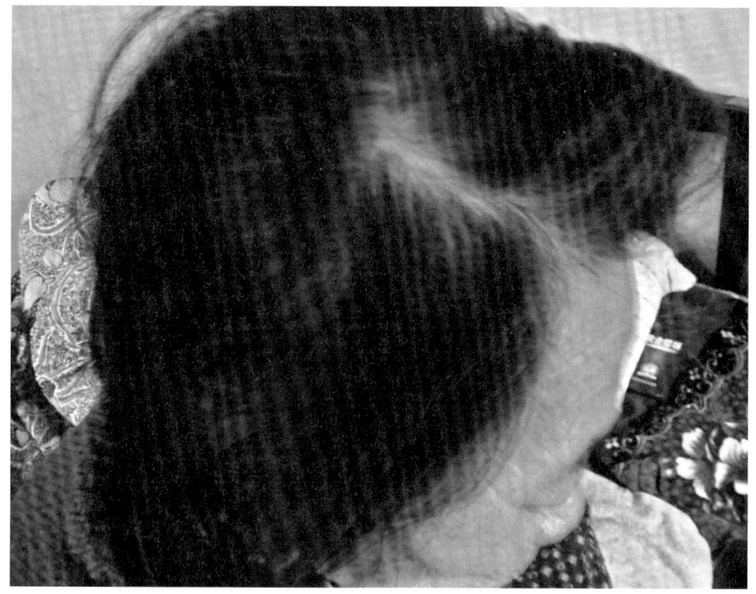
1

2

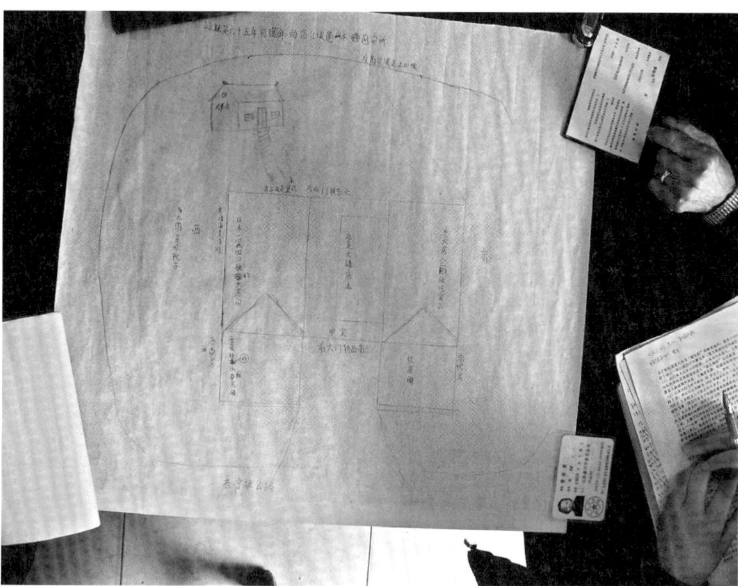
3

1 가오타이포 '위안소'에서 레이구이잉은 온갖 능욕을 당했다. 만년까지 그녀의 머리에는 일본군의 구타 상처가 남아있었다. [2006년 쑤즈량 촬영]

2 레이구이잉은 1943년 겨울의 어느 날 새벽에 모두가 자고 있는 틈을 타 몰래 '위안소'의 후문으로 탈출했다. '위안소'에서 탈출할 때 그녀는 '위안소'에서 몸을 소독할 때 쓰던 약을 가지고 나와 사용하지 않은 채 집에 보관하고 있었다. 사진은 그녀가 기증한 과망간산칼륨으로, 현재 상하이사범대학교 중국'위안부'자료관에 소장되어 있다. [2006년 쑤즈량 촬영]

3 사진은 레이구이잉의 기억에 의거해 제작한 일본군 가오타이포 '위안소' 지도이다. 그녀는 '위안소'에서 여성들의 생활은 노예와 같았다고 말하였다. 밥 먹는 것을 제외하고 온종일 일본군의 능욕을 당하였으며, 심지어 일부 여성들은 유린 끝에 죽었다. 레이구이잉은 옛날 일들에 대해 이야기하는 것을 아주 고통스러워했다. [2007년 쑤즈량 촬영]

1 2006년 5월 6일 쑤즈량과 신문 기자들이 레이구이잉 집을 방문했는데 마침 레이구이잉의 78세 생일이었다. 함께 케이크와 노래로 그녀의 생일을 축하했다. [2006년 쑤즈량 촬영]

2 레이구이잉의 침실이다. [2006년 쑤즈량 촬영]

3 레이구이잉 노인은 여러 번 상하이에서 각국 사람들에게 그녀의 피해에 대해 이야기하였다. 사진은 2006년 홍콩침례대학교(香港浸會大學), 난징사범대학교, 상하이사범대학교 교직원과 학생들을 대상으로 강연을 마치고 찍은 사진이다. [2006년 야오페이 촬영]

1

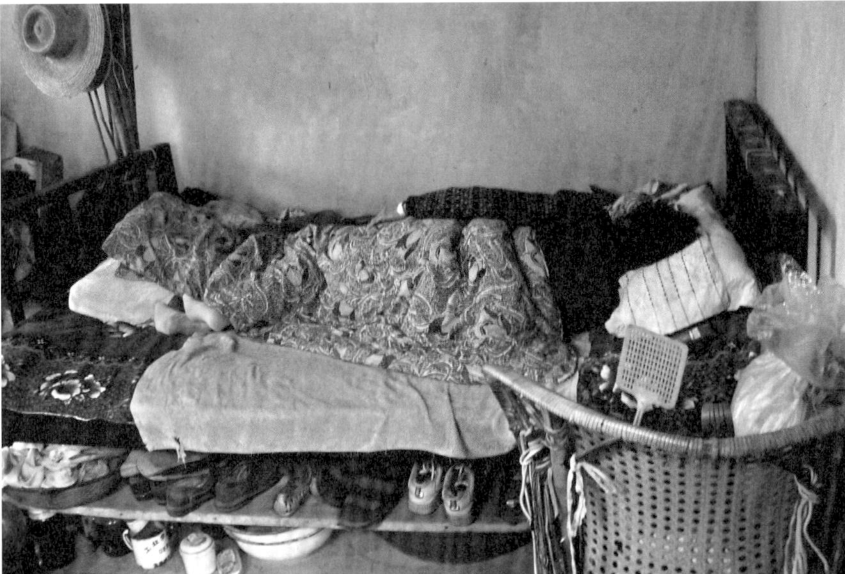

2

3

1

2

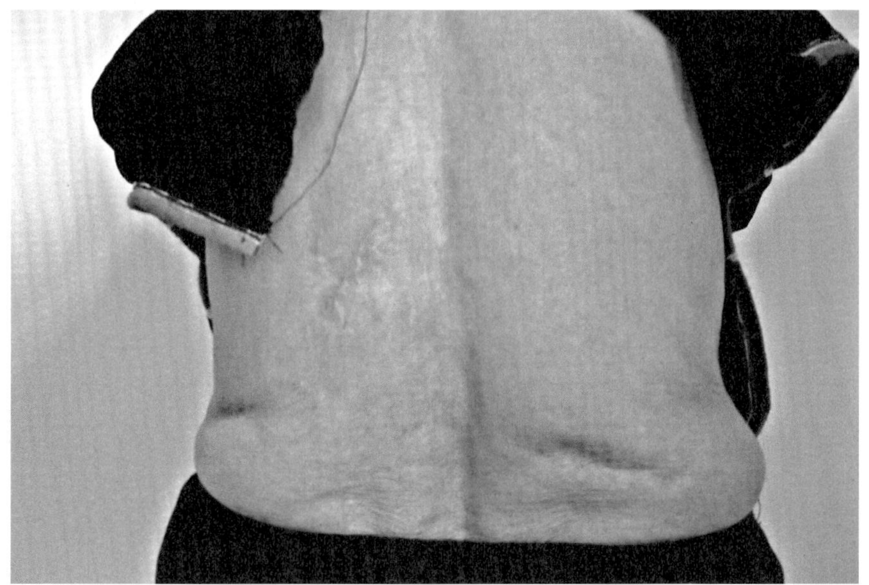
3

1 사진은 레이구이잉이 상하이에서 캐나다 사람들에게 항전 시기 자신이 당한 피해와 자신이 보고 들은 것들에 대해서 이야기하는 장면이다. 옛 이야기를 하면서 레이구이잉은 매우 고통스러워했다. 〔2006년 쑤즈량 촬영〕

2 톈진에 있었던 일본군 최고군사기관 방위 사령부에도 '위안소'가 있었다. 현지에서 극히 악명 높았던 왕스하이(王士海)가 이끄는 무장별동대(武裝別動隊)가 젊은 여성을 납치하여 정기적으로 일본 방위 사령부에게 바쳐서 '위안부'를 충당하였다. 3주를 단위로 돌아가면서 한 번에 약 20~30명의 여성을 잡아갔다. 일본군은 항상 잡혀온 여성을 학대하였다. 〔톈진시 기록(당안)관 소장〕
사진은 피해자 인위린이 당시 피해 상황을 회상하며 일본군이 사람을 때리는 장면을 재현하는 모습이다. 〔2006년 쑤즈량 촬영〕

3 하이난 러둥현(樂東縣) 황류비행장에 있었던 일본군 '위안소'는 군중낙원(軍中樂園)이었으며, 황류비행장 동문 외곽에 있었다. 제1'위안소'에는 '위안부' 5명이 있었으며 일본군 항공부대 장교들을 위한 것이었으며, 제2'위안소'에는 '위안부' 16명이 있었고 항공부대 병사들을 위한 것이었다. 피해자들은 자주 일본군에게 구타를 당했다. 하이난 묘족 덩위민(鄧玉民)은 전쟁 중 잡혀가 일본군 성노예가 되었는데 현재 그녀의 등에는 아직도 일본군이 총검으로 찌른 긴 상처가 남아 있다. 〔2014년 쑤즈량 촬영〕

1 하이난 베이리시(北黎市) '위안소'에 있었던 '위안부'들은 많은 경우 하루에 일본군 20여 명의 유린을 당해야만 하였다. 업주는 타이완 또는 조선에서 선정된 여자였으며 아주 독하고 수단이 악랄하였다. 그녀는 '위안부'들이 아파도 군인을 대응하도록 하였고 정해진 인원수를 채우지 못하면 밥도 안 주고 쉬지도 못하게 하였다. 따라서 일부 '위안부'들은 생으로 유린을 당하다 죽었다. 어떤 사람은 능욕을 견디지 못해 목숨을 걸고 도망쳤는데 다시 잡혀와 혹독한 고문을 당하고 불구가 되거나 죽었지만 이에 대해 신경 쓰는 사람은 없었다. 어떤 '위안부'들은 이 비인간적인 생활을 견디지 못해 목을 매거나 독약을 먹고 자살하여 죽음으로 이 '악마의 소굴'을 벗어나려고 하였다. 비명에 죽어간 이들을 일본군은 돗자리 한 장에 싸서 흙구덩이에 묻어버리고 대충 끝내버렸다. 가족을 부양하고자 하는 꿈을 안고 하이난다오로 온 불쌍한 이 여성들은 타향에서 죽어 고독한 영혼이 되었다. 사진은 하이난 청마이현의 피해자 3명이다. 오른쪽부터 푸메이쥐(符美菊), 왕메이진(王美金), 왕즈펑(王志鳳). 〔2013년 촬영, 하이난성 청마이현 정치협상회의에서 제공〕

2 전시에 린가오현의 쟈라이진(加來鎭)과 린청진(臨城鎭), 신잉진에 '위안소' 3곳이 있었으며 일본군에게 잡혀와 강제로 '위안부'가 된 여성 수백 명이 있었다. 왕위카이(王玉開)는 당시 잡혀간 '위안소'의 피해자이다. 2014년 1월 왕위카이가 세상을 떠났다. 〔2012년 장궈퉁 촬영〕

1

2

3 1940년 1월 5일 일본군 가와오카(川岡) 대장은 지금의 신잉진 홍민졔에 '위안소'를 만들었다. 이 '위안소'는 방이 세 개 있는 민가였는데 그중 두 개의 방에 '위안부' 4명이 살고 있었고 가운데를 나무판으로 나뉘어 관리원(일본인 중년 여성 두 명)이 살고 있었다. 방이 세 개 있는 민가 뒤에 작은 방 3개가 있는 낮은 기와집이 있었는데 '식당'과 목욕탕 그리고 잡일을 하는 사람이 살고 있었다. 하이난성 린가오현에서 겪은 자신의 피해에 대해서 회상하면서 90세의 린아이란(林愛蘭)은 통곡의 눈물을 흘렸다. 〔2014년 쑤성제 촬영〕

3

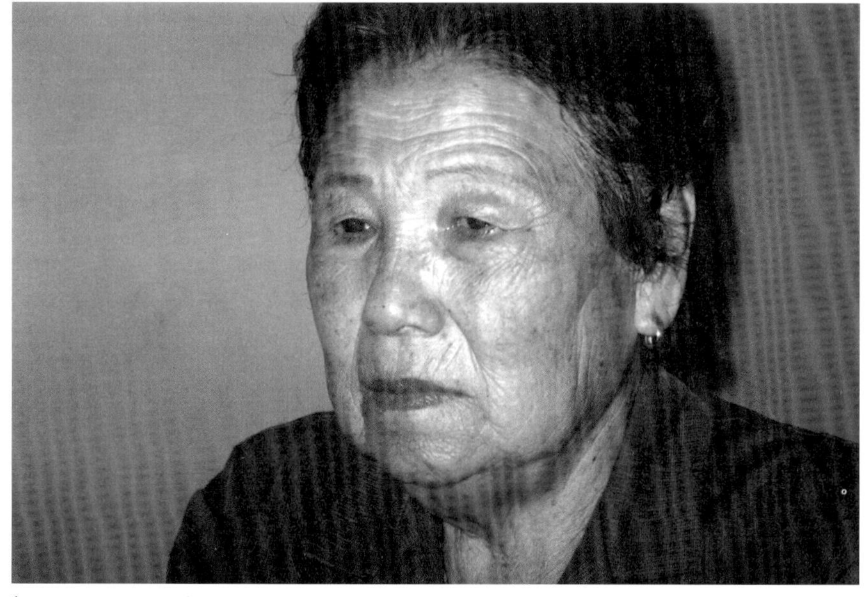
1

2

3

1 일본 기자 센다 가코는 '위안부'가 임신하면 야만적인 관동군은 임신한 '위안부'를 버렸으며 "네가 어디로 가든 마음대로 해라! 네가 가고 싶은 곳으로 가라!"면서 1위안도 주지 않았다고 적고 있다. 〔千田夏光, 앞의 책,『從軍慰安婦』, 雙葉社, 1973〕
사진은 헤이룽쟝 둥닝의 피해자 진수란(金淑蘭)이 옛일을 회상하면서 흐르는 눈물이 멈추지 않는 모습이다. 〔2001년 쑤즈량 촬영〕

2 일본의 한 참전군인은 톈진의 '위안소' 정경에 대해서 다음과 같이 회상하였다. '위안소'에는 방 3곳밖에 없었으며 다다미가 깔려 있었고 입구에는 20명에서 30명 정도의 병사들이 줄을 서 있었으며 제한시간은 2~3분 정도였다. 병사들이 시간을 아끼려고 줄을 설 때 이미 속바지를 내리고 있었다. '위안부'들은 처음에 황토색 군복을 입고 있었는데 이후 중국옷을 입은 여자들이 점점 많아졌다. 중국인 '위안부'는 열 몇 살밖에 안되었으며 그녀들은 매일 100여 명을 응대해야 하였다. 〔從軍慰安婦110番編集委員会編集, 『從軍慰安婦110番』, 明石書店, 1992〕
사진은 일본 병사가 찍은 중국인 '위안부'들이다. 〔荻島靜夫, 『荻島靜夫日記』, (北京)人民文學出版社, 2005.8, p62〕

3 차이아이화는 1926년 하이난성 청마이현 중싱진(中興鎭)에서 태어났다. 1941년 15살이었던 그녀는 일본군에게 중싱진 거점으로 잡혀가 '위안부'가 되었다. 그녀의 사촌언니 차이진허(蔡金和)는 일본군에게 박해를 당해 죽었다. 차이아이화는 그 후 탈출하여 일본이 항복할 때까지 깊은 산속에 숨어 지냈다. 전후 차이아이화는 몸이 허약해져 잦은 병치레로 병상에 줄곧 누워 있다가 2012년 9월에 병으로 세상을 떠났다. 〔2008년 황다챵(黃大强) 촬영〕

1

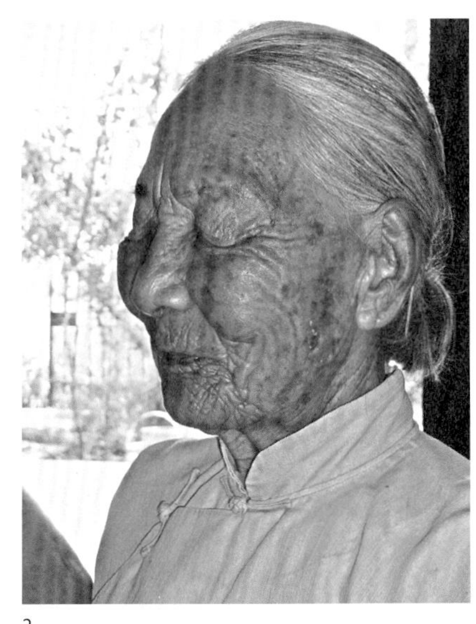

2

1 일본 종군 기자 고마타 유키오는 회고록에서 일본군은 행진 도중 멋대로 중국 여성을 잡아서 임시 '위안소'를 만들었다고 적고 있다. 일본군이 장쑤성 둥타이현(東臺縣) 산창허진(三倉河鎭)으로 들어오자 고쿠라(小倉) 대장이 바로 유지회에게 '여자가 필요하다고' 이야기하였다. 유지회 대표는 "이곳에는 창기가 없으니 근처 마을에서 양가 여자들을 구해올 수 있다"라고 대답하였다. 며칠 뒤 10여 명의 민간 여성들이 일본군 주둔지로 압송되었고, 비교적 큰 민가가 '위안소'가 되었다. 사진은 장쑤성 루가오에서 '위안부' 제도의 피해자가 되었던 생존자 저우편잉이다. 〔2007년 쑤즈량 촬영〕

2 1938년 장쑤성 루가오현 바이푸진(白蒲鎭) 관할의 양쟈위안촌(楊家園村)에 살던 젊은 여성 저우편잉은 바이푸의 일본군'위안소'로 잡혀갔다. 그녀의 기억에 따르면 안에 갇혀있던 중국인 여성은 40여 명 정도였다. 여성들에게는 번호가 있었으며 그녀의 번호는 1번이었다. '위안소'의 경비는 매우 삼엄하여 밤낮으로 일본 병사들이 돌아가면서 지켰고, 심지어 그녀들이 화장실 갈 때에도 누군가 따라왔다. 사진은 두 눈을 실명한 저우편잉이다. 〔2007년 쑤즈량 촬영〕

3

3 일본군의 유린은 저우편잉에게 평생의 고통을 가져다주었는데, 그녀의 남편은 복수를 위해 입대하여 항일전쟁에 참가하다가 일본군에게 죽임을 당하였다. 그녀는 계속 울다가 점점 두 눈을 실명하였으며 부인병 등의 후유증이 남았다. 만년에 그녀는 매일 거의 8시간은 화장실에서 보냈으며 배뇨가 극히 힘들었는데, 그 후 '골반강 종양 만기'로 판정되었다. 그 후 병세가 악화되어 2008년 7월 6일 92세로 저우편잉은 세상을 떠났다. 사진은 쑤즈량과 천리페이가 저우편잉의 집을 찾아가 방문조사 할 당시의 모습이다. 〔2007년 천커타오(陳克濤) 촬영〕

革命烈士证明书

倪金成 同志 在抗日战争中 壮烈牺牲，经批准为革命烈士，特发此证，以资褒扬。

中华人民共和国民政部

一九八三年 五 月 日

4

4 1983년 중국 민정부(民政府)에서 저우편잉의 남편 니진청(倪金成)에게 부여한 열사(烈士) 증서이다. 〔2006년 쑤즈량 촬영〕

1

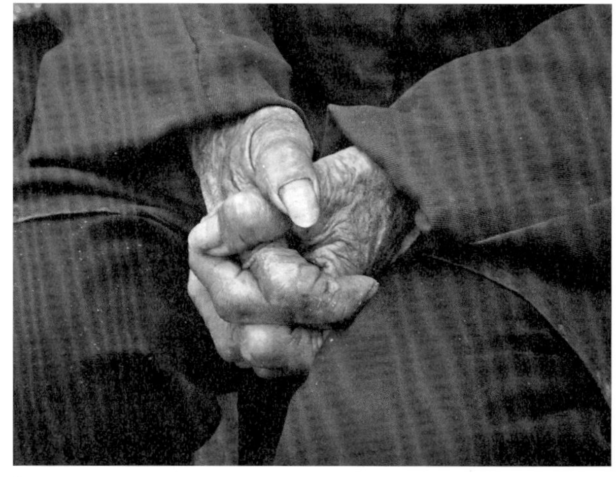

2

3

1 허위전(何玉珍)은 광시성 리푸현 신핑진(新坪鎭) 광푸촌(廣福村) 포상툰(坡上屯)에서 살고 있다. 전시에 그녀는 일본군에 의해 '위안소'로 잡혀갔다. 〔2008년 천리페이 촬영〕

2 여든 살이 넘은 허위전은 온갖 고생을 겪어 두 손은 거칠고 주름살로 가득하였다. 〔2008년 천리페이 촬영〕

3 겨울이 되면 허위전은 매일 올방개를 깎아 팔아 생활비를 벌었다. 2014년 11월 허위전이 세상을 떠났다. 〔2008년 천리페이 촬영〕

1

1 일본군 '위안부'제도의 피해를 입었던 생존자 저우볜샹(周變香)이다. [2006년 야오페이 촬영]

2

2 1943년 6월 3,500명의 일본군이 팔로군[96] 지역인 이현(易縣) 랑야산(狼牙山)지역을 침입해 대대적 소탕을 벌였다. "차이위안거우(菜園溝)의 다른 산골에서 일본군은 백여 명의 여성을 둘러싸고 전원 옷을 벗기고 그 옷을 불로 태워버렸다. 이 여성들은 아무것도 입지 못한 채 일본군을 위해 물을 긷고 야채와 닭을 짊어지고 총탄을 메고 수십 리를 걸었는데 일본군은 옆에서 지켜보며 웃어댔다. 일본군은 산길 등 아무 곳이나 끌고 가 강간하였다. 밤이 되면 이 여성들은 병사들에게 배급되어 윤간을 당하였다. 이처럼 극악무도하고 잔혹한 범죄 행위는 일본군이 이르는 곳마다 이어졌다". [『晉察冀日報』, 1943년 6월 6일] 사진은 산시성에서 일본군 '위안부' 제도의 피해를 당한 생존자 저우시샹(周喜香)이다. [2006년 야오페이 촬영]

3

3 바오딩에 있던 일본군 제110사단의 통제 지역에도 여러 '위안소'가 있었으며, '위안부'들은 국적에 따라 나뉘어 있었다. 조선인 '위안소'에는 보통 20~30명이 있었고 대부분 젊은 여성들이었으며 통역이 있었다. '위안소'는 야전병원에서 관리하였으며 일부는 농촌에 있었기 때문에 환경이 열악하고 전기와 물도 없었다. [慰安婦情報電話報告集編集委員会編集, 『性と侵略: 軍隊慰安所84か所元日本兵らの証言』, 東京株式会社社会評論社, 1993, p81-84] 사진은 산시성에서 일본군 '위안부'제도의 피해를 입은 생존자 상춘옌이다. [2006년 야오페이 촬영]

---

[96] 1937년~1945년에 일본군과 싸운 중국공산당의 주력부대 가운데 하나이다. 정식명칭은 '국민혁명군 제8로군'이며, 1927년 난창(南昌) 폭동 때는 홍군(紅軍)으로 불렸다. 제2차 국공합작(國共合作) 후에 국민혁명군 제팔로군으로 개칭하고 신사군(新四軍)과 함께 항일전의 최전선을 담당한 부대이다. 1947년에 인민해방군으로 다시 명칭을 바꾸었다. (역주)

1

2

3

1 조선에서 온 이봉운(李鳳雲)은 1940년에 사기를 당해 헤이룽장성 둥닝시로 가게 되었고 이시자와로(石澤郎) '위안소'의 성노예가 되었으며 온갖 유린을 당했다. 그곳에서 그녀의 일본 이름은 '시도미'였다. 이봉운은 전후 둥닝에서 계속 생활하였다. 사진은 2001년 둥닝에서 만난 이봉운과 쑤즈량이다. 〔양로원 직원 촬영〕

2 1943년부터 1945년 사이에 상등병으로 만주 무단강 북쪽 둥안과 둥닝(현재 무단장시)에서 주둔했던 교토출신 참전군인(70세)은 다음과 같이 증언하였다. 둥안에는 '위안소'가 있어 군대와 함께 움직였으며 중국인, 조선인, 일본인 '위안부'들이 있었다. 일본인 '위안부'는 장교만 접촉할 수 있었다. 일반 병사들은 중국인과 조선인을 찾을 수밖에 없었다. 병사들과 접촉한 '위안부'들은 보통 22, 23세였다. '위안소'에는 15명에서 20명 정도의 여성들이 있었다. 〔慰安婦情報電話報告集編集委員会編集, 『性と侵略: 軍隊慰安所84か所元日本兵らの証言』, 東京株式会社社会評論社, 1993, p40-41〕 '위안부'들의 이름은 게이코(けいこ, 啓子), 노부코(のぶこ, 喜子), 준코(じゅんこ, 純子), 아야코(あやこ, 綾子) 같은 이름이 많았다. 둥닝에서 학대를 당했던 이봉운 노인이 옛날 일을 회상하자 눈물이 멈추지 않았다. 〔2001년 쑤즈량 촬영〕.

3 난민 지역에서 생활한 경험이 있는 한 시민은 당시 완장 찬 매국노가 '아름다운 여성'을 뽑아 중정교(中正橋, 당시 리쟝〈漓江〉 위의 부교〈浮橋〉)를 건너 보초를 지나 그 여성을 일본 장교들에게 건네주는 것을 보았다고 말하였다. 강탈 당해 일본군에게 폭행을 당한 많은 여성들은 친척과 고향 사람들을 볼 면목이 없어서 스스로 목숨을 끊는 경우가 흔했다. 〔『桂林日報』, 2007년 5월 18일〕 사진은 일본군의 밤낮 없는 유린을 당한 후 정신 질환을 앓게 된 피해자 양시전(楊時珍)이다. 〔2000년 쑤즈량 촬영〕

2. 일본군의 중국인 성노예 강제 징집 방법

일본군은 중국 점령지와 전쟁터에서 주로 아래의 다섯 가지 방법으로 중국 여성을 강제로 성노예 즉 '위안부'로 만들었다. 첫째, 폭력으로 현지 여성을 강탈하였다. 둘째, 노동자를 모집한다는 명목을 내세워 취업사기에 걸리도록 하였다. 셋째, 일본군이 한 지역을 점령한 후 형세가 어느 정도 안정되면 바로 괴뢰 단체의 협조를 얻어 여성을 강제 모집해 '위안부'로 충당시켰다. 넷째, 중국 군대의 여성 포로를 강제로 성노예로 만들었다. 다섯째, 창기를 징용하였다. 대도시에서 일본군은 흔히 기존의 창기를 강제로 징집하여 '위안부'를 확보하였다. 상하이와 난징, 우한, 광저우, 톈진 등지에서 많은 수의 창기가 강제로 '위안부'가 되었다. 여기서 반드시 지적해야 할 점은 잔혹한 일본군에 의해서 전선으로 가야만 하는 운명에 직면한 그녀들 역시도 '위안부'가 되는 것을 원치 않았다. 일본군 혹은 괴뢰정권에 의해 강제로 모집된 많은 창기 여성들은 도망치거나 심지어 자학하는 방식으로 저항하였다.

일본 참전군인의 증언에 따르면 일본군은 소탕 작전 중에 간첩이라는 이름으로 중국 여성들 그리고 팔로군 정규군과 유격대의 여전사를 포로로 잡아 바로 후방의 대대 본부로 보냈다. 대대 본부에 도착한 후 만약 부상을 입었으면 먼저 의무실에서 치료를 해주고, 부상이 없으면 정보 장교들이 그녀들에게 고문을 자행하는 것이 관례였다. 이후 이 여성들의 행방이 묘연해진다. 비록 병사들 사이에서 장교놈들이 또 무슨 짓을 했다는 이야기가 무성했지만 그 누구도 이 여성들의 행방을 찾을 수는 없었다. 그녀들은 모두 일본군의 성노예가 되었다.

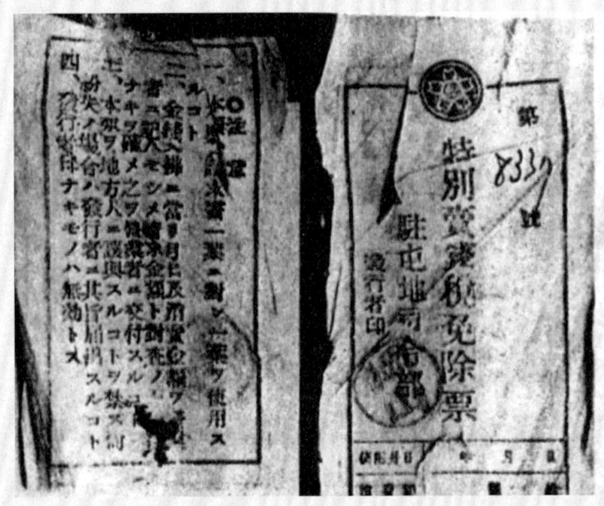

일본군이 산둥성 취푸를 점령한 후 바로 매국노에게 유지회를 만들도록 하였으며, 매일 반드시 여성 100명을 제공해 '위안부'로 만들어 날마다 교대하도록 했다. 일본군은 일본인 등이 만든 '위안소'에 세수혜택을 주었으며 이는 당시 '특별매전세면제표(特別賣錢稅免除票)'라고 불렀다. [중국'위안부'자료관 소장]

1

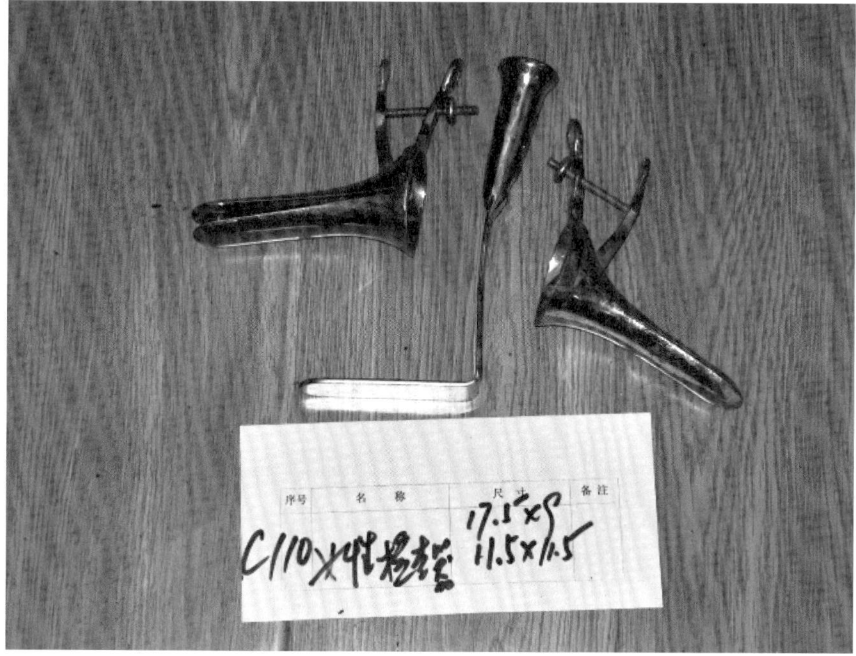

2

1 산시성의 피해자 리시메이(李喜梅)는 "당시 나의 셋째 삼촌은 항일에 참여한 공산당원이었다. 매국노 탄옌쥐(譚巖軍), 왕린(王林), 지허쯔(季禾子)가 일본군 3명을 데리고 우리 집으로 찾아와 누가 공산당원인지 말할 것과 삼촌의 행방을 캐묻기 위해 나를 고문했다. 나는 당연히 말하지 않았다. 일본군은 나를 진구이서촌(進圭社村)으로 데려갔다. 비록 나는 가지 않으려고 했지만 매국노들에게 계속 구타를 당해 어쩔 수 없이 포루로 들어가게 되었다"라고 말하였다. 이렇게 해서 리시메이는 일본군의 성노예가 되었다. 〔1998년 쑤즈량 촬영〕

2 일본군이 난창(南昌)을 점령한 후, 제106연대의 한 중대가 안이현(安義縣)을 침입한 후 바로 현지 촌장들을 집합시켜 "각 마을마다 여성을 한 명씩 내 놓으라!"고 협박하였다. 결국 일본군은 중국 여성 8명을 강제로 데려가 임시 '위안소'를 만들었다. 40세의 중대장은 그 중 가장 예쁜 여자를 골라 자신의 전용으로 삼았다. 〔前106聯隊一等兵 熊本, 小田亞紀夫 語り, 『朝日藝能』, 1971.5.27.〕 사진은 당시 일본군이 여성의 신체검사를 위해 사용한 오리 주둥이 모양의 도구이다. 〔사료 사진〕

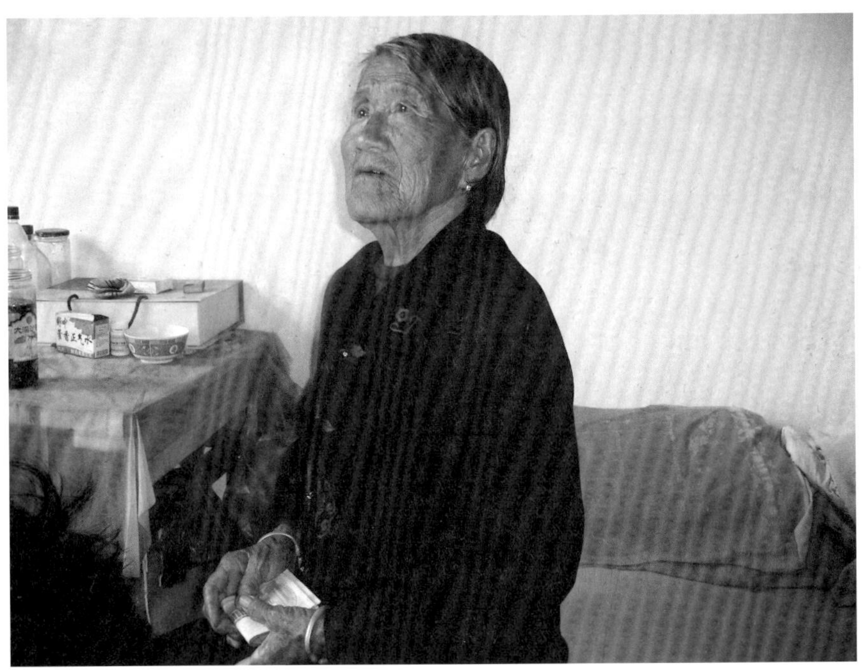

1

2

1 일본군이 산시성 쟈오청(交城)을 소탕할 당시 부근 마을의 13살부터 17살까지의 어린 소녀 총 15명을 강제로 모아 두 팀으로 나눠어 돌아가면서 그들의 야만적 욕망을 채웠다.〔著者 無, 左銘三 序, 『抗戰第一期之日寇暴行錄』 中央陸軍軍官學校第二分校, 1940, p19〕 2006년 중국'위안부'문제연구센터 자원봉사자 야오페이와 천커타오가 산시성 위현의 피해자 저우볜샹을 방문하여 생활 지원금을 전달하였다.〔2006년 천커타오 촬영〕

2 당시 신문 기사를 보면 일본군은 허난성 동쪽을 점령한 후 각 마을의 촌장에게 청년 여성 20명을 선발하여 보내라고 강요하였다. 한 명이라도 부족할 경우 바로 현금으로 환산해 벌금 120위안을 내놓으라고 하였다. 주민 여성들은 도망갈 수 없었으며 낮에는 머리에 꽃을 꽂고 나체 상태로 집에 있어 일본군이 마음대로 희롱할 수 있도록 하고 밤에는 문을 닫지 못하도록 하여 수시로 그들의 야만적 욕구를 채울 수 있도록 하라고 명령하였다. 마을에 있는 나무에서 유린을 당해 자살한 여성의 시체를 자주 볼 수 있었다.〔「敵在豫東尉氏烹食兒童輪姦婦女」, 『新華日報』, 1938.7.18〕 2006년 중국'위안부'문제연구센터의 자원봉사자들이 산시성 위현에 가서 조사하였다. 사진은 피해자 왕가이허(王改荷)이다.〔2006년 야오페이 촬영〕

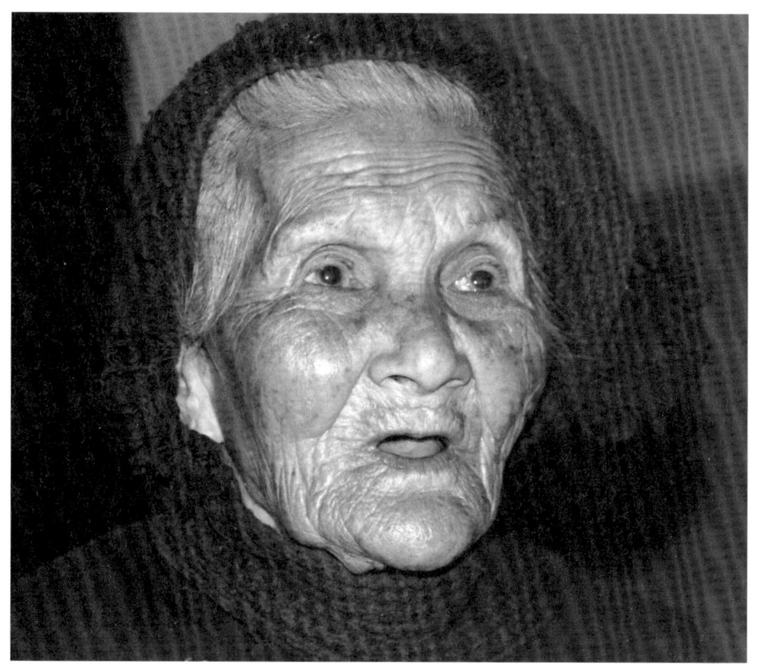
1

2

3

1 일본군은 하이난의 '위안소'를 확장하기 위해 회사 직원으로 가장한 사람을 상하이와 광저우, 홍콩 등지로 보내 다음과 같은 감언이설로 사람들을 속였다. "하이난다오에 큰 병원을 많이 세우기 때문에 다수의 여성을 모집해 간호사와 간병인 교육을 받도록 하고자 한다. 보수가 높고 그곳에 가서 일하면 먹을 것도 입을 것도 있으며 큰 돈을 벌어서 집으로 보낼 수 있다"라고 말하였다. 현장에서 응시자에게는 6개월 치 보수를 전근수당으로 지급하였다. 그러므로 기아로 인해 고생하고 있던 여성들은 식구를 부양하기 위해 사기를 당하였으며 그로 인해 '위안소'에 갇혀 암담한 인간 '지옥'에 빠지게 되었다. 〔符和積主編, 『鐵蹄下的腥風血雨——日軍侵瓊暴行實錄』, (海口)海南出版社, 1995.5〕 사진은 하이난성 린가오현의 생존자 린아이란이다. 세상 풍파를 겪고 린가오는 양로원에서 생활하고 있다. 〔2014년 쑤성졔 촬영〕

2 농가 소녀 싱산니(邢三妮)는 일본군에게 포루로 잡혀가 일본군 성노예가 되었다. 〔2007년 천커타오 촬영〕

3 77세의 왕수즈(王樹芝)는 『꾸이린일보(桂林日報)』와 통화를 통해 그가 직접 봤던 일본군 폭행에 대해 이야기하였다. "1945년 일본군 소대에는 10명에서 20명 정도의 종군 '위안부'가 있었다. 매국노들이 그녀들을 감시했으며, 수시로 꾸이린 지역의 여성을 잡아갔다. 밤이 되면 일본인들은 그녀들을 유린하였다." 〔『桂林日報』, 2007년 4월 30일〕 사진은 한 어머니가 딸의 죽음으로 통곡하고 있는 모습이다. 〔荒井信一 解說, 『20世紀的戰爭: 日中戰爭』(第2冊), 草根出版會, 2001.4, p81〕

1 팔로군 여성 포로들은 대부분 화북과 화중의 최전선 지역에 있는 2,3천 개의 파견대 거점으로 보내졌다. 거점 밖의 흙으로 지은 창고 한 구석을 '위안실'로 개조하였으며 소탕할 때 빼앗은 옷과 이불 같은 것을 대충 깔고 이 여성들을 밤낮으로 유린하였다. 〔何吉, 「日軍强逼中國婦女爲'慰安婦'資料摘編」, 『抗日戰爭硏究』, 1993, 第4期〕 궈시추이(郭喜翠)의 형부는 항일 촌장이었는데 이 때문에 그녀는 일본군에게 잡혀가 포루에서 온갖 유린을 당했다. 2013년 7월 23일 궈시추이는 산시성 위현에서 세상을 떠났다. 〔2012년 쑤즈량 촬영〕

1

2

1941년 봄 일본군은 위현 난서향(南社鄕) 난서촌(南社村)을 침략해 장우자오(張五召)와 가오인어(高銀娥) 등을 잡아갔다. 그녀들은 매일 일본군의 능욕을 당하는 노예 상태에 처하였다. 사진은 장우자오의 마지막 시기의 모습이다. 〔2000년 쑤즈량 촬영〕

2

3

3 전시 신문이 보도한 바에 따르면 저쟝성 지역에서 포악한 매국노들이 상하이의 공장에서 온 사람으로 사칭해 여성 노동자를 모집하는 수법이 있었다. 시골의 가난한 여성들은 생활고로 인해 이러한 모집에 응하였다. 일본군은 매국노에게 자색이 있는 여자를 뽑으라고 지시하였으며 그다음에 배에 태워 상하이 홍커우로 운송해 일본인과 조선인 부랑자들이 만든 '위안소'로 팔아넘겼다. 이후 피해 여성들은 비참한 생활에 빠져 일본군의 욕망을 채우는 도구가 되었다. 해당 지역 여성들의 가족들은 이들이 떠난 후 아무 소식이 없자 상황을 알아보기 시작하였으며 이 때문에 자살하는 가족들도 있었다. 이와 같은 여성 약탈 방식은 먼저 상하이 조계지와 쑤저우, 우시 일대에서 보이며 이어서 쟈싱(嘉興)과 항저우, 우싱(吳興) 일대의 각 향과 진에서 지속적으로 발견된다. 그들이 우리나라의 무지한 여성을 기만한 수법이 얼마나 악독했는지 잊을 수가 없다. 〔『勝利』第7號, 1938년 12월 24일〕

저우시샹은 부녀구국회(婦女救國會)의 주임이자 공산당원이었는데 일본군에게 잡혀가 거점에서 20여일이나 넘게 일본군의 폭행을 당하였으며 결국 임신 7개월에 유산되어 평생 아이를 가질 수 없게 되었다. 쑤즈량이 방문하였을 당시 그녀는 오른쪽 다리 골절이었는데 나뭇가지만으로 묶은 채 구들 위에 앉아 있었다. 그녀는 2012년 12월 21일 사망했다. 〔2012년 쑤즈량 촬영〕

3. 생존자의 고발

'위안부'제도의 피해자들은 비인간적이고 노예와 같은 고난 속에 처해 있었으며 몸과 마음에 심대한 상처를 입었다. '위안소'에 들어가 얼마 지나지 않아 피해자들은 모두 여러 가지 신체적 이상이 생겨났다. 우리가 인터뷰했던 피해자 집단 중 거의 한 명도 예외 없이 병에 걸린 시기, 생리 기간, 학대자의 기분이 안 좋을 때 학대를 당한 경험이 있었으며, 그녀들의 온몸은 찔리고 맞고 물리고 데인 상처들을 가지고 있었다. 특히 생식 기관은 엄청난 손상을 입어 비참한 정도를 말로 다 할 수가 없다. 시간이 길어지면 대부분의 피해자들은 생식 능력을 잃게 되었다. 한편 임신의 두려움도 계속적으로 피해자들을 따라 다녔다. '위안소'에 있던 중국인 혹은 조선인 여성들 대부분은 일본군 혹은 일본군이 괴뢰정권에게 교사해 기만하거나 강제로 끌고 온 양가의 여성들이었기 때문에 일본군(특히 장교들)은 콘돔을 쓰지 않았으며, 이런 경우에 대한 증언이 우리가 조사한 피해 생존자의 증언에서 상당 부분을 차지한다. 때문에 중국 각지의 '위안소'에서 많은 무고한 아이들이 태어났다. 피해 생존자와 당시 '위안소' 근처에 살았던 사람들은 불쌍한 어머니와 아이가 밖으로 옮겨져 죽거나 매장되고 어머니는 살아남았지만 아이는 행방을 모르게 된 경우 등에 대한 이야기를 들려주었다. 광시성 리푸현의 피해자 웨이사오란(韋紹蘭)의 아들 뤄산쉐(羅善學)는 바로 '위안소'에서 임신하여 낳은 중국인과 일본인의 혼혈이다.

1926년에 태어난 만메이(滿妹)라는 타이완 소녀는 사기를 당해 1943년 다른 타이완 여성 30여 명과 함께 하이난성 위린(榆林) 치난좡(啓南莊) '위안소'로 갔다. 이 '위안소'의 업주는 야마모토라는 일본인이었다. 만메이는 거의 매일 20여 명의 군인을 대응해야 하였으며 구사일생으로 목숨을 건졌다. [2008년 촬영]

1 주챠오메이(朱巧妹)는 남편의 성이 저우(周)라 저우챠오메이(周巧妹) 혹은 저우아챠오(周阿巧)라고 불리기도 한다. 1910년 11월 7일에 상하이시 숭쟝현(松江縣) 샤오쿤산진(小昆山鎮) 시먼(西門)에서 태어났으며 이후 상하이시 충밍현 먀오전진(廟鎮鎮) 먀오중촌(廟中村) 598호(쥐창루-劇場路 22롱 5호)에 살았고, 먀오중촌 제5소대에 속하였다. [1998년 쑤즈량 촬영]

2 주챠오메이는 상하이의 상무인서관(商務印書館)에서 제본공으로 일하였으며 1928년에 저우서우원(周守文)과 결혼하여 상하이 도심에서 살았다. 1932년 2월 상무인서관이 일본군에 의해 폭파되면서 주챠오메이도 일자리를 잃게 되었다. 어쩔 수 없이 그녀는 남편의 고향인 충밍현으로 돌아갔다가 얼마 후 먀오전진으로 옮겼으며 그 후로 충밍현을 떠난 적이 없다. 부부는 '융싱관(永興館)'이라는 작은 식당을 운영해 생계를 유지하였다. 사진은 주챠오메이가 자신의 오래된 집 앞에서 선 모습이다. [1998년 쑤즈량 촬영]

3 주챠오메이의 증언에 따르면 일본군 부대에는 약 60~70명의 병사들이 있었으며, 아마도 '마쓰이(松井)중대'라고 했던 것 같으며 2,3층짜리 건물(건물은 이미 철거되었고, 주소는 지금의 먀오전진 정부가 있는 곳)에서 살았다. 주챠오메이는 중대장이 'sengge', 소대장이 'heilian'(이후 전사)이고 또한 황춘성(黄春生, 이 사람은 현지인들이 모두 알고 있었다. 이후 진성성〈金盛生〉으로 바뀌었다. 진씨는 조선인 같지만 일부 현지인들은 그를 화교로 생각하였다.)이라는 일본군 전용 통역관이 한 명 있었다고 기억하고 있다. 그들은 각지에서 자색있는 여성을 구해 일본군 장교들을 위해 '위안'하도록 하였다. 사진은 투병 중에 있는 주챠오메이이다. [1998년 쑤즈량 촬영]

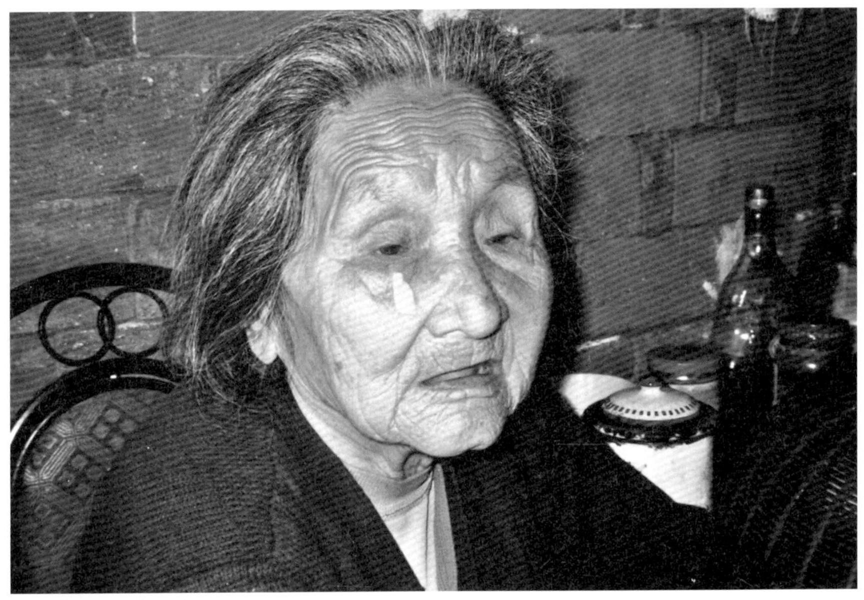

1

2

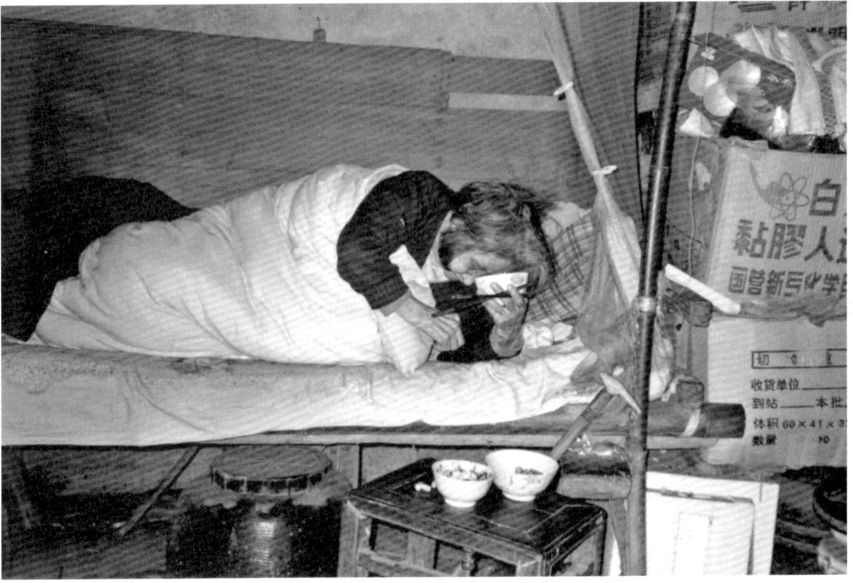

3

1

2

3

1 1938년 봄 일본군은 충밍현을 점령하였다. 충밍현 먀오전진에 포루를 만들고 주둔한 일본군들은 마을 주민들을 자주 괴롭혔다. 여성들은 도망갈 곳이 없었다. 주챠오메이는 식당에 있던 어느 날 노란 군복을 입은 일본 병사 몇 명이 총을 들고 들어와 손님들을 모두 내쫓고 주챠오메이를 방안에 가두고 강간하였다. 당시 그녀는 임신 초기였다. [2001년 쑤즈량 촬영]

2 주챠오메이는 아이를 낳은 지 두 달 후 일본군의 포루로 잡혀갔다. 당시 주챠오메이는 젖이 많았는데, 후안무치한 'sengge'와 'heilian'는 매번 그녀의 젖을 깨끗하게 빨아낸 다음 강간하였다. 일본군 포루의 방은 크지 않았고 욕조 하나와 침대 하나가 있었다. 주챠오메이가 들어가자 먼저 목욕을 하라는 명령을 받았다. "일본군이 위생 조치를 취한 적은 없었다. 나도 약을 먹거나 신체검사를 받은 기억은 없다. 목숨이 걸려 있었고 안가면 우리 집을 다 태워버리겠다고 했는데 무슨 보수가 있었겠어?"라고 주챠오메이가 말하였다. 사진은 천리페이가 연말에 충밍다오(崇明島)에 가서 주챠오메이를 찾아갔을 때이다. [2002년 쑨아이민(孫愛民) 촬영]

3 먀오전진에는 '일곱 누이'라는 말이 있었다. '일곱 누이'는 모두 일본군에게 잡혀 포루에 가게 된 피해자들이다. 그 중에는 동서간도 있었으며, 사람들은 그녀들을 아명으로 불렀다. 저우하이메이(周海梅, 메이누이〈梅姐〉)와 루펑랑(陸鳳郎, 펑누이〈鳳姐〉), 양치제(楊七姐, 치누이〈七姐〉), 저우다랑(周大郎, 큰누이〈大姐〉), 진위(金玉, 위누이〈玉姐〉), 궈야잉(郭亞英, 잉누이〈英姐〉), 주챠오메이(챠오누이〈巧姐〉) 등이었다. 주챠오메이의 증언에 따르면 그녀들은 기본적으로 'sengge'와 'heilian' 등 장교들이 독점하고 있었으며, "일반 병사들은 보통 들어오지 못하게 하였다. 일반 병사들은 향진으로 가서 멋대로 여자를 유린하였다. 정말 나빴다. 정말 나빴다"라고 말하였다. 부뚜막 위에 있는 관세음보살은 주챠오메이의 정신적 의지처이다. [2002년 쑤즈량 촬영]

1 주챠오메이의 남편 저우서우원은 아내가 일본군에게 유린을 당하자 분기하여 항일 유격대에 참가하였는데 이후 불행히도 일본군에게 잡혀 맞아 죽었다. "해방 후 증인 한 명은 찾았지만 두 명 이상의 증인이 있어야 한다는 규정에 부합하지 못해" '열사'로 인정받지 못했다. 이 점에 대해 주챠오메이는 반복해서 이야기하였으며 가장 가슴 아프게 생각하고 있었다. [2001년 쑤즈량 촬영]

2 이런 상황은 1939년 말까지 이어졌다. 매주 몇 번이나 강제로 포루로 끌려가 때로 꼬박 하루를 가둔 후 풀어주었다. 주챠오메이가 슬며시 알려주었는데, 일곱 누이 중 메이누이는 그녀의 시어머니로 당시 이미 50살이었다. 일본군은 정말 나쁘다! 펑누이는 시어머니의 여동생으로 그녀도 40살에 가까웠다. 큰 누이 저우다랑은 그녀의 먼 친척언니다. 주챠오메이 집안의 4명의 여성이 같은 고통을 겪었다. 주챠오메이는 만년에 이 초라한 집에서 살았다. [2001년 천리페이 촬영]

3 1939년 일본군들이 먀오전진에서 사라져 주챠오메이도 구출되었으나 이미 심한 부인병에 걸려 있었다. 그녀는 오랫동안 부인병과 신장병으로 고통 받았으며 정신적으로도 깊은 상처가 남았다. 사진은 병중에 있는 주챠오메이가 침대에 누워 있었던 모습이다. [1998년 쑤즈량 촬영]

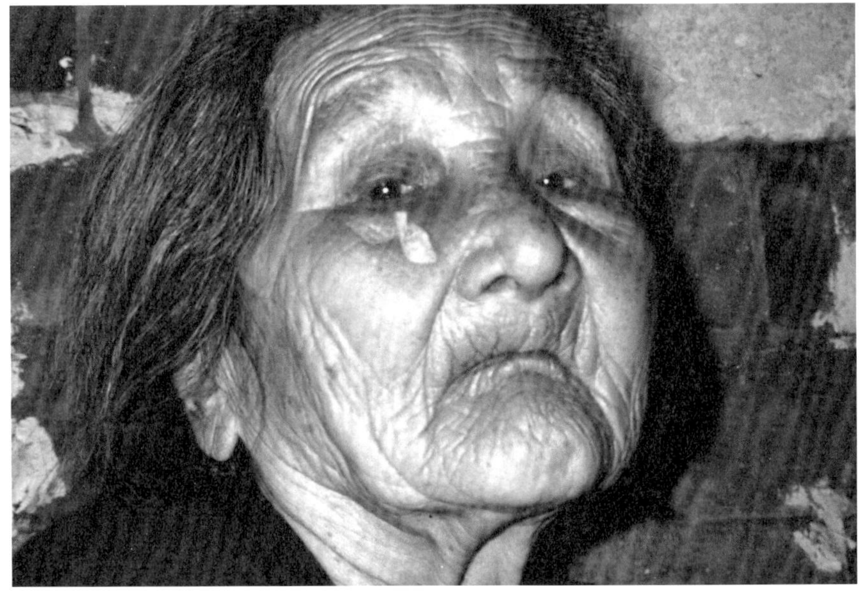

1

2

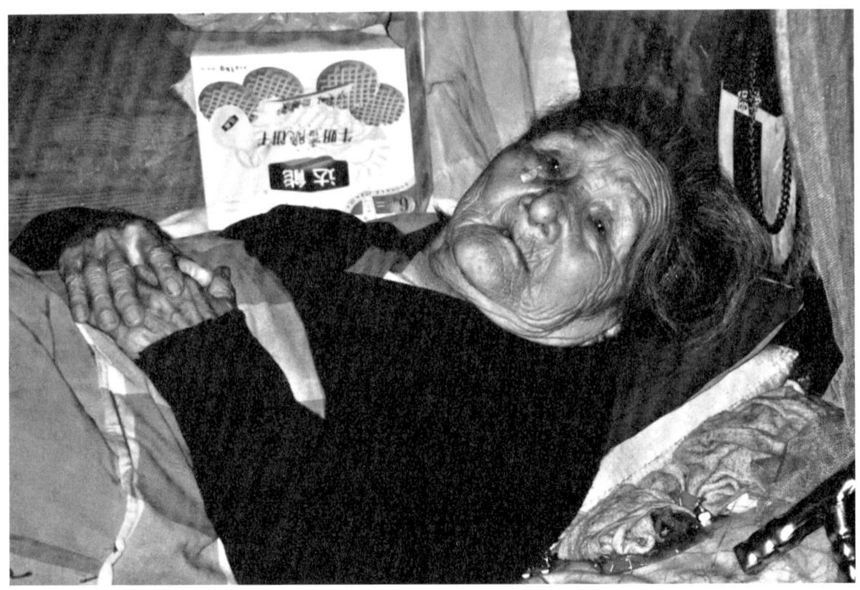

3

1

2

3

1 2005년 2월 20일 오전 10시 15분 주챠오메이는 충밍 자택에서 운명했으며 향년 95세였다. 한 달 후 중국 '위안부' 문제연구센터에서 주챠오메이를 위해 현지 석공에게 부탁해 묘비를 세웠다. [2002년 야오페이 촬영]

2 완아이화의 본명은 류춘롄(劉春蓮)이고 1929년 음력 12월 12일 네이멍구 허린거얼현(和林格爾縣) 쥬차이거우촌(韭菜溝村)에서 태어났다. 아편을 피우는 아버지가 그녀를 산시성 위현으로 팔아 리우샤오(李五小) 집의 민며느리가 되었다. 사진은 완아이화 노인이 2000년 상하이의 중국 '위안부' 연구센터가 주관한 국제회의에서 강연을 하는 모습이다. [2000년 쑤즈량 촬영]

3 팔로군 제120사단 제359여단이 위현에 온 후 한을 품은 완아이화는 적극적으로 항일에 투신하였으며 중국 공산당에 가입하였다. 사진은 완아이화 노인이 2007년 상하이에 와서 중국'위안부' 자료관 개관식에 참가하는 모습이다. [야오페이 2007년 촬영]

1 1943년 봄 정원에 댑싸리의 새싹이 날 때 진구이서촌에 주둔한 일본군은 양취안촌을 소탕하였다. 완아이화는 아픈 시아버지를 시중들고 있었기 때문에 미처 숨지 못해 일본군에게 잡혀갔다. 일본군은 그녀와 다른 여성 4명을 전리품으로 진구이 거점으로 데리고 갔다. 사진은 당시 그녀가 갇혔던 동굴집이다. 〔1998년 쑤즈량 촬영〕

2 일본군은 완아이화를 동굴집 밖에 있는 회화나무에 매달아 고문하였으며 그녀에게 마을의 다른 공산당원의 명단을 캐물었다. 밤에는 그녀를 동굴집에 가두고 야만적으로 돌아가면서 강간하였다. 갇혀 강간을 당한 지 20일이 넘은 어느 날 밤 그녀는 감시를 하고 있던 매국노가 소홀한 틈을 타서 몰래 동굴집 창문위에 정(井)자 모양의 나무 난간을 부러뜨리고 나와 양취안촌으로 냅다 뛰어갔다. 그녀는 도망치면서 그녀가 깔고 있던, 일본군이 같은 마을 주민 허우다투(侯大兎)에게 빼앗아온 이불을 허우(侯)씨 집에 가져다주었다. 2001년 우리가 허우다투의 집을 방문하여 이를 확인하였다. 사진은 허우다투 노인이다. 〔2001년 쑤즈량 촬영〕

3 불행하게도 완아이화는 곧 다시 일본군에게 잡혔다. 1943년 8월 수박을 먹는 계절이었으며 연못가에서 빨래를 하고 있었다. 그 때 시옌(西煙)과 진구이에 주둔하고 있는 일본군이 두 팀으로 나누어 남북 두 방향에서 양취안촌을 포위하였고 완아이화는 다시 일본군에 잡혀서 진구이 거점으로 끌려가 유린을 당하였다. 어느 날 그녀는 거점의 군인들이 소탕 나간 틈을 타서 또 다시 도망쳐 양취안촌으로 돌아왔다. 사진은 완아이화 노인이다. 〔2003년 촬영〕

1

2

3

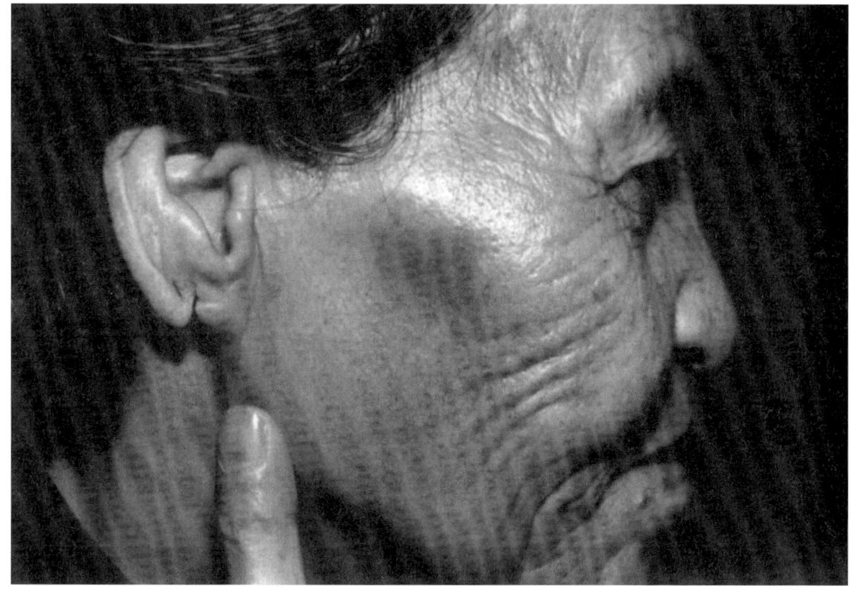

1

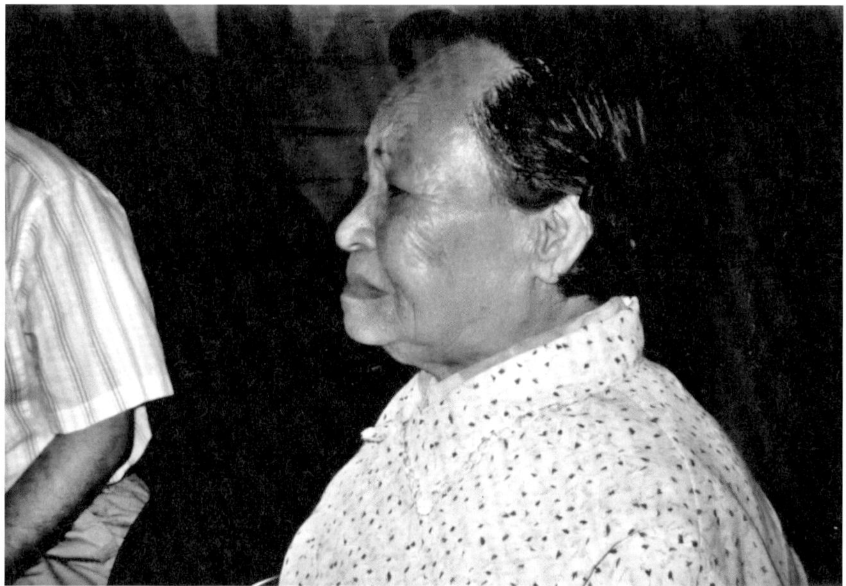

2

3

1 1943년 섣달 납팔죽(臘八粥)[97]을 먹은 지 얼마 지나지 않아 일본군은 또 다시 양취안촌을 포위하였고 완아이화는 세 번째로 일본군에게 잡혔다. 그녀의 탈출행위를 엄중 처벌하기 위해 일본군은 성폭행과 동시에 그녀를 야만적으로 학대하였다. 교대로 자행된 일본군의 고문에 완아이화는 이를 악물고 아무 말도 하지 않았다. 구타 중 일본군이 그녀의 귀걸이를 당겨서 살도 함께 뜯겨졌다. 사진은 당시 완아이화의 귀에 남은 상처이다. [2001년 쑤즈량 촬영]

2 완아이화는 유린을 당한 후 여러 번 기절하였다. 1944년 섣달 그믐날 일본군은 그녀가 기절하여 깨어나지 않자 죽은 줄 알고 마을 옆 우허(烏河)에 버렸다. 같은 마을 주민 장멍허(張孟和)의 아버지 장메이하이(張妹孩, 음역)가 그녀를 발견해 몰래 그녀 남편의 동생 왕시구이(王喜貴) 집으로 보냈다. 완아이화의 병세는 상당히 위중했지만 강인한 그녀는 2년간 투병 끝에 목숨을 건졌다. 과거를 회상할 때마다 완아이화의 눈에서는 눈물이 흘렀다. [2000년 쑤즈량 촬영]

3 완아이화는 다시 결혼하지 않았으며 여자 아이 한 명을 입양해서 서로 의지하며 살았다. 1992년 완아이화는 용감하게 자신이 직접 겪은 경험을 고발함으로써 2차 세계대전 시기 일본군이 행한 성노예제도 범죄를 폭로하였다. 그녀는 도쿄에서 열린 국제회의에 참가하였으며 이는 중국 피해자가 중국 밖에서 진행한 최초 고발이었다. 강단에 올라간 그녀는 일본군에게 유린당했던 과거의 비참한 삶을 떠올리자 기절하였다. 사진은 일본에서 증언하던 당시의 완아이화의 모습이다. [1998년 일본 친구 촬영]

---

[97] 납월(12월) 8일에 먹는 죽의 이름이다. 납월 팔일은 부처님이 성도하신 날이다. (역주)

1

1 2000년 12월 쑤즈량을 단장으로 34명의 검찰관, 피해자와 가족, 조사원 등으로 구성된 대표단이 도쿄에서 열린 일본군 성노예전범 국제법정 (이하 2000년 법정)에 참가하였다. 완아이화는 중국 원고 중 한 명이었으며 9일 오전 첫 번째로 법정에 섰다. 그녀는 솜저고리의 단추를 풀어서 일본군이 그녀의 몸에 남긴 상처를 전 세계에 보여주고자 하였으나 감정이 격해져 또 한 번 정신을 잃었다. 법정은 한 시간 동안 휴정할 수밖에 없었다. 사진은 완아이화가 피해 상황을 이야기하고 있는 모습이다. [2000년 쑤즈량 촬영]

2

2 완아이화는 1990년대 중반에 당적을 회복하였다. 2005년 국가에서 수여하는 '항쟁노전사' 훈장을 받았다. 2007년 그녀는 훈장을 차고 상하이로 와서 텐센트(騰訊, Tencent)[98]와 인터뷰했다. [2007년 쑤즈량 촬영]

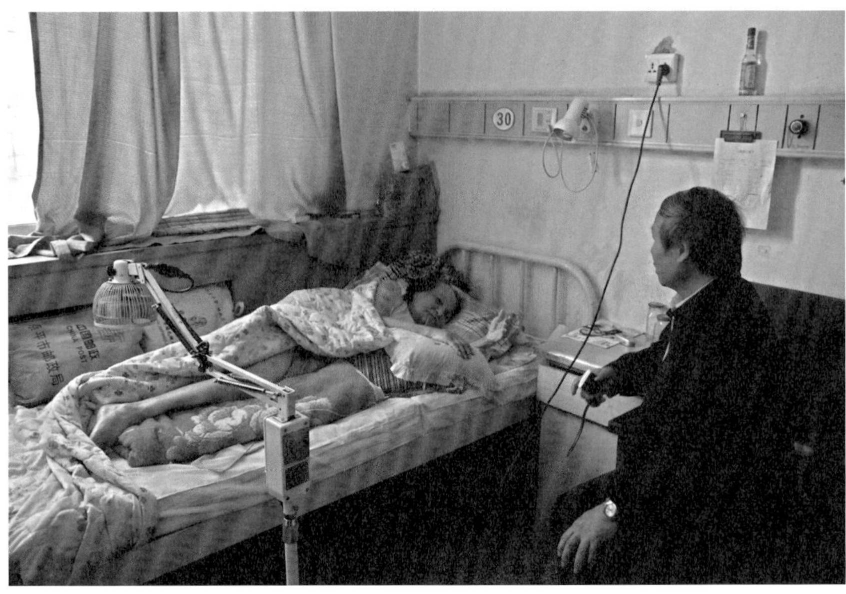

3

3 만년의 완아이화는 날로 쇠약해갔다. 사진은 2012년 5월 쑤즈량이 타이위안시의 병원에 입원해 있던 그녀를 방문한 모습이다. [2012년 둥톈이(董天藝) 촬영]

---

[98] 중국 최대 규모의 IT기업으로 포털 사이트, 메신저, 게임 등을 서비스함 (역주)

1 2013년 7월 중국'위안부'문제 연구센터의 리진링(李金玲) 조사원이 완아이화를 방문하였을 당시 그녀의 몸은 더욱 쇠약해졌다. 〔리진링 제공〕

2 2013년 9월 4일 완아이화가 세상을 떠났다. 8일 장례식이 그녀의 고향인 위현 양취안촌에서 진행되었으며 천리페이와 자오베이훙(趙蓓紅)이 참가하였다. 장례식에는 촌장이 참여했으며 산시성과 위현의 언론매체가 그녀의 장례식 전과정을 보도하였으며, 중국 중앙방송국이 제작팀 두 개를 파견해 고별의 시간을 기록하였다. 〔천리페이 2013년 촬영〕

3 천야볜(陳亞扁)은 하이난성 링수이현 번하오진(本號鎮) 주샤오촌(祖孝村)의 주민으로 1927년에 태어났다. 17살에 일본인과 매국노에 의해 일을 돕는다는 명목으로 잡혀가 2층 건물의 목조 방에서 3년간 성노예 생활을 하였다. 〔2000년 쑤즈량 촬영〕

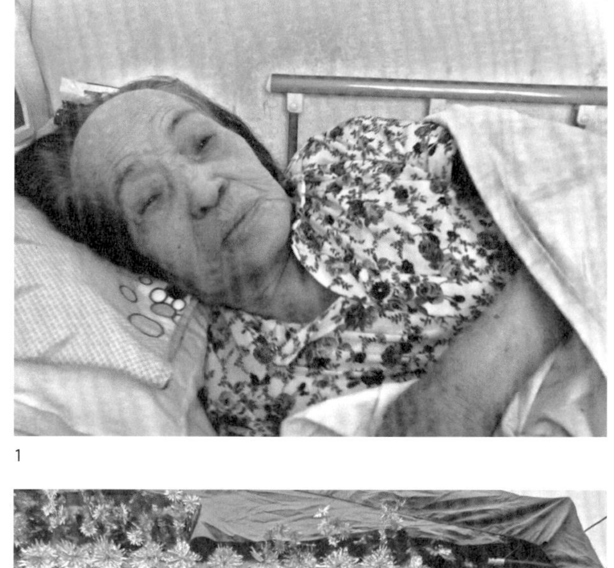

1

2

3

1 천야벤의 기억에 따르면 매일 오후 5시부터 일본군이 차례로 들어왔다. "반년 넘게 일본군의 유린을 당하자 나의 음부는 붉게 부어올라 너무도 아팠다. 대소변을 보는 것도 힘들었다. 나는 무서워서 울었다. 원망스러운 일본인들은 내가 우는 것을 보면 호되게 때려 울지 못하게 하였다. 손으로 뺨을 때리기도 하였으며 발로 차거나 신발로 때렸으며 손으로 목을 조르기도 하였다. 그러나 나는 울음을 참지 못했으며 그들이 가고 나서도 울고 있었다. 이렇게 울어서 내 눈이 망가졌다." 그녀는 "일본군 때문에 나는 아들을 못 낳았다"면서 이 점을 가장 원망스럽게 생각하였다. 사진은 천야벤 집의 중일 연합 조사팀이다. [2000년 상하이방송국 스탭 촬영]

2 천야벤이 일본군의 유린을 당한 후에도 그녀의 남편 줘카이춘(卓開春)은 그녀를 떠나지 않았다. 약혼 후 혈기 넘치는 이 남자는 입대해서 가족과 나라를 지켰다. 이후 그는 해방군에 참가하였으며 부상으로 제대하였다. 사진은 이 존경스러운 여족 남자의 제대증이다. [2003년 쑤즈량 촬영]

3 쑤즈량은 10여 년 동안 여러 번 천야벤을 방문하였다. 깊은 산속 여족 마을에 있는 그녀의 집을 처음 방문했을 때 큰 솥 두 개에 검은색 야채를 삶고 있는 것을 보았다. 물어보고 나서야 이것이 산나물이라는 것을 알았다. 산나물은 천야벤의 주식으로 항상 한 그릇은 자신이 먹고 나머지는 돼지에게 주었다. 사진은 천야벤의 집이다. [2001년 쑤즈량 촬영]

1

复员军人证明书

(73)粤换复字第009306号

卓开春 同志系广东 省/市/区 陵水 县/市

人，于1948年参加中国人民解放军，现为加强国家社会主义建设，特准予复员。

此证

中华人民共和国国防部

1952年11月20日

2

3

1

2

3

1 2014년 1월 말 쑤즈량과 천리페이는 세 번째 링수이현을 방문하여 병원 옆 양로원에 있는 천야벤을 만났다. 천야벤은 두 차례 상하이에 가서 국내외 언론 매체와 이야기를 나누었다. [2014년 쑤성제 촬영]

2 여족 노인 천야벤은 비록 온몸이 병들었지만 매우 강인하고 사리에 밝았다. [2009년 쑤즈량 촬영]

3 1944년 겨울 일본군은 광시성 리푸현을 침략하였다. 어느 날 아침 일본군은 리푸현 신핑진 구이둥촌(桂東村)을 소탕하였다. 이후 촌부 웨이사오란의 생활은 180도 변했다. 사진은 웨이사오란(韋紹蘭)이 살고 있는 마을 리푸현 신핑진 샤오구가오촌(小古告村)이다. [2006년 쑤즈량 촬영]

1 일본군의 소탕 당시 웨이사오란의 남편은 집에 없었으며 당시 22살의 웨이사오란은 혼자 한 살 된 아이를 업고 마을 주민들을 따라 집에서 1킬로 정도 떨어진 마을 북쪽의 두이먼촌(對門村)에 있는 뉴웨충산(牛尾衝山)으로 도망갔다. 웨이사오란은 마을 주민들과 함께 산속 종유동으로 들어갔다. 그러다 마침내 웨이사오란과 그녀의 아이가 잡혀 병영으로 운송되었고 3개월 동안의 악몽과 같은 생활이 시작되었다. 사진은 웨이사오란이 피난 갔던 뉴웨충산이다. [2006년 쑤즈량 촬영]

2 당시 웨이사오란은 자신이 마링(馬岭) '위안소'에 잡혀간 것을 몰랐다. 둘째 날에 "흰옷을 입은 사람이 옷을 벗으라고 하여 귀에 걸린 것(청진기)을 우리 몸에 대고 들었으며, 긴 관을 음부에 넣었다." 노인은 손짓으로 이야기하였다. 사진은 웨이사오란 노인의 집이다. [2004년 쑤즈량 촬영]

3 '위안소'에는 다른 중국 여성들도 있었다. 일본군은 때로 그녀와 다른 여성을 차에 태워 일본군 주둔지로 데려가 유린하였다. 사진은 웨이사오란이 자신의 집 앞에 서있는 모습이다. [2008년 쑤즈량 촬영]

1

2

3

1 '위안소'에서 웨이사오란은 아이의 울음소리를 들으며 일본군에게 강간을 당하였다. 이후 한 일본 장교는 자주 사탕을 가져와서 아이를 달랜 후 웨이사오란을 데려갔고, 불쌍한 아이는 항상 반나절 혹은 하루 종일 엄마를 보지 못하였다. 아이는 온종일 놀라고 굶주렸기 때문에 웨이사오란이 아이를 업고 탈출해 집에 도착한 지 얼마 되지 않아 바로 죽었다. 사진은 웨이사오란이 캐온 약초를 정리하는 모습이다. 〔2009년 쑤즈량 촬영〕

2 처음 일본군은 웨이사오란을 엄격히 감시하였고 화장실에 갈 때도 누군가 따라 왔다. 웨이사오란이 평소 비교적 말을 잘 듣는 편이라 일본군은 슬슬 경계심을 늦추었다. 똑똑한 웨이사오란은 몰래 지형을 관찰해 놓았다. 3개월 후 어느 날 밤 그녀는 아이를 데리고 화장실 옆 작은 문으로 사진 속 통로를 따라 도망갔다. 〔2008년 쑤즈량 촬영〕

3 웨이사오란은 어스름 새벽빛을 빌려 목숨을 걸고 일출 방향으로 달려 이틀 뒤 드디어 집으로 돌아왔다. 사진은 웨이사오란이 고향을 바라보고 있는 모습이다. 〔궈커(郭柯) 일행 제공〕

1

2

3

1 웨이사오란은 생리가 없는 것을 걱정하였다. 그녀의 남편도 그녀가 임신한 아이가 자신의 아이가 아닌 것을 알고 있었다. 아이가 태어났지만 남편은 '일본종자'를 버리려고 했으나 그녀의 시어머니가 이것도 하나의 목숨이라면서 아들을 막았다. 그리하여 이 불쌍한 아이는 이 집에서 태어났다. 그 아이가 바로 '르번자이(日本仔, 일본 새끼)'라고 불린 뤄산쉐이다. 그의 중국인 아버지가 돌아가셨을 때 그는 전력을 다해 관을 준비해 장례를 치렀다. 사진은 웨이사오란이 남편 무덤 앞에서 통곡하는 모습이다. 〔2007년 쑤즈량 촬영〕

2 뤄산쉐의 사촌 형은 마을 주민들이 모두 뤄산쉐가 '샤오르번(小日本, 쪽발이)'라는 사실을 알고 있었다고 증언하였다. 그의 아버지는 그를 좋아하지 않았으며 그는 초등학교 3학년까지 다니다가 학업을 그만두었다. 〔2007년 쑤즈량 촬영〕

3 웨이사오란의 집은 흙으로 만들었으며 가장 그럴듯한 재산은 토지개혁 당시 받은 나무 옷장 정도이다. 일본군 '위안부'제도의 중국인 피해자 중 가장 가난한 집 중 하나이다. 〔2007년 쑤즈량 촬영〕

1

SHANGHAI TIANHONG LAW FIRM

证人证言

时间，2008年2月13日

2

3

1

2

3

1 현재 90살의 웨이사오란은 60여 살의 아들 뤄산쉐와 광시성의 리푸현에서 생활하고 있다. 아들은 평생 차별과 실의 속에서 온갖 고생을 하였으며 꺼져 가는 촛불처럼 얼마 남지 않은 생 속의 어머니가 남과 다른 아들을 위로하였다. [2013년 궈커 촬영]

2 90살의 웨이사오란은 매일 밭에서 일을 한다. 사진은 그녀가 채소밭을 살펴보는 모습이다. [2008년 쑤즈량 촬영]

3 뤄산쉐는 자신도 전쟁의 피해자라고 생각한다. 자신의 처지로 인해 차별 당해 아직도 결혼하지 못했다. 중국인 아버지의 무덤 앞에서 만감이 교차하는 듯 눈물을 흘렸다. [2008년 쑤즈량 촬영]

1 뤄산쉐는 농업에 대해 잘 몰라 농작물 가꾸는 것보다 닭과 오리 키우기를 더 잘한다. 매일 그는 상당한 양의 담배를 말아 핀다. [2008년 쑤즈량 촬영]

2 노동은 웨이사오란의 주요 활동으로 항상 내일의 날씨와 농작물의 수확에 관심을 갖고 있다. 사진은 그녀가 물통을 메고 밭에서 돌아오는 모습이다. [2008년 쑤즈량 촬영]

3 비록 생활이 매우 어렵지만 웨이사오란은 모든 일에 통달한 듯 낙관적이다. 사진은 그녀가 웃고 있는 모습이다. 2014년 넘어져 다치면서 생활이 더욱 곤란해졌다. [2008년 쑤즈량 촬영]

1

2

3

1 1923년 아타오(阿桃)는 타이완 타오위안현(桃園縣)의 객가(客家)[99]가정에서 태어났다. 1943년 간호사 모집에 응해 18명의 다른 여자들과 함께 보루네오에 도착했는데, 송즈우(松之屋, 마츠노야) '위안소'로 보내져 강제로 '위안부'가 되었다. 사진은 젊은 시절의 아타오이다. 〔朱德蘭, 『臺灣慰安婦』, 社科文獻出版社, 2012, p352〕

2 리롄춘(李連春)의 고향은 윈난성 룽링현 라멍향 바이니탕촌(白泥塘村)이다. 일본군이 산으로 소탕을 나왔다. 일본군을 위해 일을 하던 창칭(長箐)의 양산(楊山)이라는 보갑장(保甲長)은 리롄춘의 아버지에게 일본 병사들을 위해 '빨래'하는 일을 시킨다며 두 딸을 내놓으라고 협박하였다. 그녀의 아버지는 이 요구를 따르지 않다가 일본군에게 구타를 당해 죽었다. 사진은 바이니탕촌이다. 〔2001년 천리페이 촬영〕

1

2

[99] 하카(Hakka)라고 하며 서진(西晉) 말년부터 원(元)대까지 황하 유역에서 점차 남방으로 이주한 종족으로 지금은 광둥(广东)·광시(广西)·푸젠(福建)·장시(江西)·후난(湖南)·쓰촨(四川)·하이난(海南)·타이완(台湾) 등지에 분포하여 살고 있다. (역주)

1 두려움에 처해 있던 리롄춘은 도망갈 방법을 찾았으나 일본군에게 발견되어 창칭에 있는 리(李)씨 사당으로 압송되어 일본군에게 폭행을 당하였다. 리씨 사당은 일본군의 '위안소'가 되었다. 사진은 창칭에 있는 리씨 사당이다. [2001년 쑤즈량 촬영]

2 이후 리롄춘은 다야커우(大埡口) '위안소'로 이송되어 그곳에서 온갖 유린을 당했다. 숭산은 일본군 윈난성 방위 시스템의 핵심 진지였다. 다야커우 '위안소'는 숭산에 있었는데 그곳은 일본군 제113연대가 점령하고 있었다. 사진은 다야커우의 현재 모습이다. [2013년 쑤즈량 촬영]

3 다치수촌(大七樹村)에 사는 소를 키우는 노인이 있었는데, 리롄춘의 고모가 다치수촌으로 시집을 왔기 때문에 그는 리롄춘을 알고 있었다. 리롄춘이 괴로움을 호소하자 그가 위험을 무릅쓰고 자신의 옷으로 갈아입혀주어 숭산을 탈출할 수 있었으며 루쟝바(潞江壩) 샹수촌(香樹村)으로 와서 뗏목을 타고 강을 건넜다. 사진은 지세가 험한 누쟝(怒江) 강가이다. [2013년 쑤즈량 촬영]

1

2

3

1

2

3

1 일련의 변고를 겪은 리롄춘은 빙사이다산(秉塞大山)으로 도망가 룽둥포(龍洞坡)의 산속 동굴에서 한동안 '백모녀(白毛女)[100]'로 살았다. 동굴이라기보다 큰 돌 아래 비바람을 피할 수 있을 정도의 공간이라고 할 수 있다. 비탈면에서 밖으로 내뻗어져 있는 돌은 바닥에서 반 장(丈)정도 높이에 떠있고, 비탈면에 송악이 자라고 있는데, 이것이 돌을 따라 바닥까지 휘늘어져 돌의 정면을 가리고 있다. 돌의 경사면과 빽빽한 송악이 삼각형의 굴을 이루어 몸을 숨길 수 있는 공간이 만들어졌다. 이곳에서 그녀는 산속 주민 가오시셴(高習賢)을 만나 그와 결혼하였다. 사진은 당시 리롄춘이 피난했던 산속 동굴이다. [2001년 쑤즈량 촬영]

2 리롄춘과 가오시셴은 10년간 분투하여 산속에 2층짜리 집을 짓고 1남 2녀를 낳았다. 불행하게도 가오시셴은 1960년대에 암으로 세상을 떠났다. 사진은 그들의 집이다. [1998년 쑤즈량 촬영]

3 어려움을 여러 번 겪은 리롄춘은 아주 명랑하고 활달하며 어떤 일에도 사리분별이 명확하여 자식과 손자들의 기둥이다. 사진은 천리페이와 리롄춘이 담소를 나누는 모습이다. [1998년 쑤즈량 촬영]

---

[100] '백모녀'는 1951년 만들어진 영화의 제목이다. 주인공 여성이 지주의 폭력을 피해 산속 생활을 하면서 머리가 하얗게 흰 데서 백모녀라고 불리었다. (역주)

1 리롄춘은 자존감이 높은 여성이다. 그녀는 후손들에게 아무리 어렵고 힘들어도 열심히 책을 읽고 공부해야 한다고 교육하였다. 그녀의 자식들은 모두 훌륭한 교양이 있고 손자와 손녀들은 대학교에 입학하였다. [1998년 쑤즈량 촬영]

2 2004년 1월 10일 리롄춘이 뇌출혈로 세상을 떠났다. 2007년 쑤즈량과 천리페이는 빙사이다산으로 가서 리롄춘 노인의 가족들을 방문하고 그녀의 무덤 앞에서 사진을 찍었다.

3 현재 리롄춘의 이야기는 둥자거우 '위안소' 진열관의 주요내용 중 하나이다. 이곳을 참관하는 사람들은 그림과 글을 통해 리롄춘의 곡절 많은 인생을 이해할 수 있다. [2013년 쑤즈량 촬영]

1

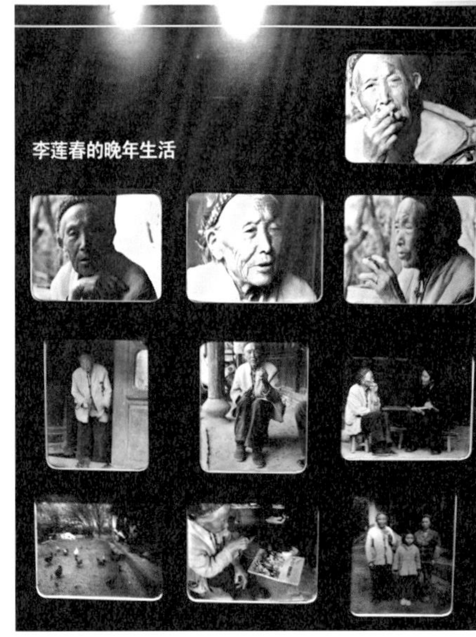

2

3

1

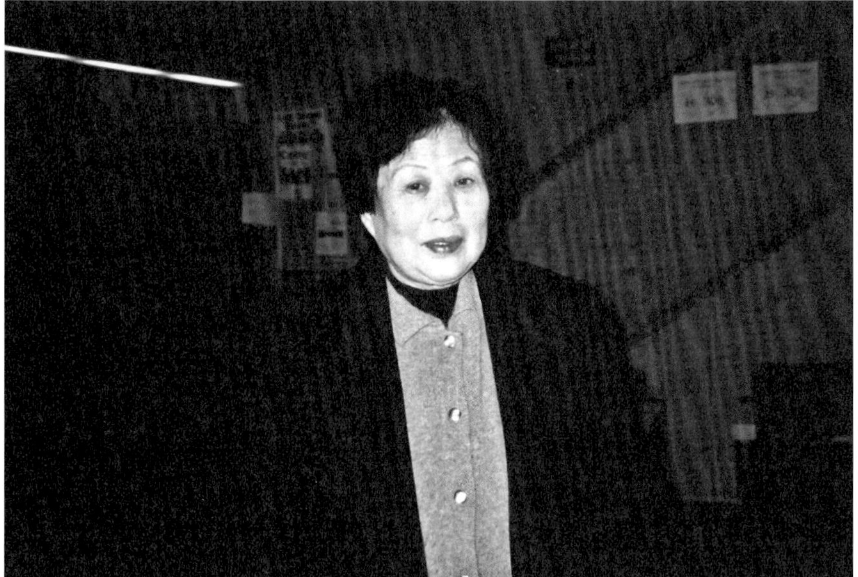
2

3

1 위안주린(袁竹林)의 고향은 후베이성 우한시이며 1922년 음력 5월 16일 우한에서 태어나 15세에 결혼하였다. 남편은 왕궈둥(汪國棟)이며, 운전기사였다. 그들의 생활은 좋은 편은 아니지만 검소한 생활을 하였기 때문에 지낼 만하였으며 특히 부부 사이가 아주 좋았다. 사진은 1998년 위안주린이 처음으로 해외로 출국한 토론토에서 자신의 피해에 대해서 이야기하는 모습이다. [1998년 쑤즈량 촬영]

2 안정적인 생활에 막 들어섰을 무렵 일본 침략으로 인한 재앙이 우한까지 이르렀다. 위안주린의 남편은 징용되어 충칭으로 보내졌다. 시어머니가 빈곤 때문에 강제로 그녀를 다른 집으로 시집보내 위안주린은 류왕하이(劉望海)와 결혼하였다. 17살에 딸을 하나 낳고 룽셴(蓉仙)이라고 불렀다. 사진은 캐나다 토론토에 갔을 때의 위안주린이다. [1998년 쑤즈량 촬영]

3 1940년 봄 장슈잉(張秀英)이라는 여자가 도처에서 노동자를 모집하고 있었는데, 후베이성의 어느 지역에 있는 여관에서 청소부로 일한다고 말하였다. 빨래로 간신히 생계를 유지하면서 아이가 배고파 우는 상황에 있던 위안주린도 신청하였다. 신청 당시 젊은 여성 몇 명이 있었다. 위안주린은 당시 18살이었다. 사진은 위안주린이 홍콩에서 일본군의 폭행에 대해 증언하는 모습이다. [2001년 쑤즈량 촬영]

1

1 장슈잉의 남편은 일본사람으로 중국말을 약간 할 수 있었다. 위안주린을 포함한 여성들은 배를 타고 어저우(鄂州)에 도착한 후 묘(廟)로 보내졌으며 묘 입구에는 일본군이 보초를 서고 있었다. 다들 어쩔 줄 몰라 하였으며 위안주린은 울면서 도망가려고 하다가 잡혔다. 장슈잉과 남편이 그녀들에게 '죽고 싶으냐?'고 위협하였다. 이곳은 일본군 '위안소'였다. 조사한 바에 따르면 이 '위안소' 유적은 어저우의 관우(關羽)를 모시는 묘였다. [2001년 천리페이 촬영]

2

2 '위안소'에 들어가자 업주가 모두 옷을 벗도록 하고 검사를 하였다. 여성들의 울음소리가 더욱 심해지자 장슈잉의 남편이 사람을 데리고 와 가죽 채찍으로 그녀들을 때렸다. 장슈잉이 위안주린을 손가락질하면서 "너는 유격대원의 아내이다(위안주린의 남편이 쓰촨〈四川〉의 충칭으로 갔기 때문). 가만히 있어라." 신체검사는 금방 끝났는데, 다들 양가 여성들이라 성병이 전혀 없었기 때문이었다. 검사가 끝난 후 업주가 그녀들에게 모두 일본 이름을 지어주었다. 위안주린은 'mashagu'라고 했다(음역으로 아마도 '마사코'인 듯). 여성들은 각각 방을 하나씩 배분 받았으며, 크기가 약 7, 8평방미터로 침대 하나와 가래통이 있었다. 사진은 위안주린이 기념행사에 참가한 모습이다. [2003년 쑤즈량 촬영]

3

3 이튿날 아침 방 입구에 길이 20센티, 넓이 7센티 정도의 목판이 걸렸으며 그 위에 그녀들의 일본이름이 적혀 있었다. '위안소'의 입구에도 이러한 명패가 걸려 있었다. 이날 오전 대량의 일본군이 찾아왔으며 방마다 줄을 서게 되었다. 하루가 지난 후 위안주린은 제대로 앉지도 못하였으며 하체가 칼로 에이는 것처럼 아팠다. 사진은 위안주린이 상하이사범대학교 중국'위안부'문제연구센터의 직원과 함께 당시 피해를 당한 장소를 방문하였을 때의 모습이다. [2002년 천리페이 촬영]

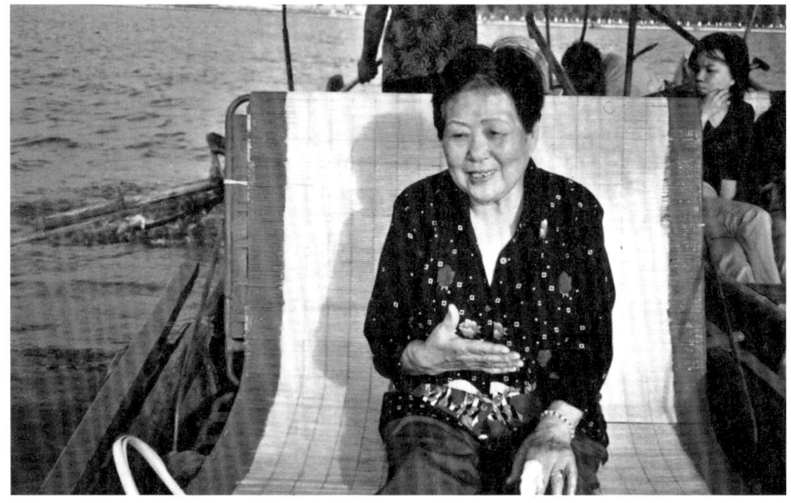
1

2

3

1 이후 그녀들은 매일 강제로 일본군의 성노예가 되어야 했다. 일반적으로 일본군은 표를 사서 들어가야 하지만 위안주린은 얼마를 받는지 본 적도 없었으며 1위안도 받은 일이 없다. 업주가 고용 한 중국 남자가 매일 세끼를 해주었다. 목욕해야 한다는 규정이 있어 주방의 나무통에서 돌아가면서 목욕하였다. 위안주린의 기억에 따르면 이 '위안소'에는 중국인 '위안부'가 수십 명 있었기 때문에 목욕물이 마지막에는 매우 더러웠다. 천리페이가 우한으로 가서 위안주린과 함께 둥후(東湖)를 유람하였는데, 위안주린은 자신이 우한 사람이지만 둥후 유람은 처음이라고 말하였다. 사진은 위안주린이 유람선에서 당시의 일본노래를 부르는 모습이다. [2002년 천리페이 촬영]

2 업주가 그녀들에게 피임약을 먹도록 강제하였다. 처음에 위안주린은 흰색 약이 무서워 버리곤 하였다. 그 뒤 업주가 다들 먹지 않는다는 사실을 알고 그녀들이 먹는 것을 지켜보았다. 군인들은 반드시 콘돔을 사용해야 한다고 규정하였으나 양가 여성임을 알기 때문에 많은 군인들은 일부러 콘돔을 사용하지 않았다. 얼마 후 위안주린은 임신하게 되었다. 위안주린은 2000년 도쿄민간법정에 증인으로 서 일본 정부에게 사죄와 잘못을 인정할 것을 단호하게 요구하였다. [2000년 쑤즈량 촬영]

3 임신 후 삶이 더욱 곤란해졌다. 위안주린은 이러다 언젠가 일본인 때문에 죽을 것이라고 생각했다. 그러나 자신은 부모님과 아이가 있기 때문에 죽을 수 없다고 생각했다. 그러므로 그녀는 일본인이 'lumigu'('루미코〈留美子〉'로 추측)라고 부른 후베이성 여성과 탈출하기로 하였다. 그러나 도망 후 바로 일본인에게 다시 잡혀와 일본인은 위안주린의 머리를 힘껏 벽에 박았다. 선혈이 낭자하고 이후 그녀에게 만성 두통이 남겨졌다. 그녀는 훗날 딸 룽셴이 어머니의 보살핌을 잃고 이미 굶어죽었다는 것을 알게 되었다. 그 후 위안주린은 생식 능력을 잃었다. 홍콩의 리비화(李碧華) 작가가 위안주린을 위해 『춘삼월(煙花三月)』이라는 책을 썼다.

1 위안주린의 기억에 따르면 일본군은 '위안부'가 군인을 대응할 때는 일본 유카타를 입도록 하고 평소에는 원피스를 입어야 한다고 규정하였다. 일본의 중요 기념일 혹은 행사에 참가할 때 '위안부'는 기모노를 입고 탈(유희 행사)을 쓰도록 하였다. 기모노와 화장품 등은 '위안소'에서 '위안부'에게 나누어 주었다. 2005년 7월 쑤즈량이 우한의 위안주린 노인을 방문하였다. [2005년 천헝(陳恒) 촬영]

2 일본이 항복한 후 위안주린은 어머니의 고향인 우한 근처의 한 산간 마을로 돌아와 빨래와 임시 노동자를 하며 어머니와 함께 생활하였다. 1946년 그녀는 친구한테서 태어난 지 70일 된 여자아이를 얻어 양녀로 삼았다. 이후 그녀는 랴오빈(廖斌)과 결혼하였다. 사진은 당시 위안주린이 피해를 당한 어저우 성황묘(城隍廟) '위안소'의 실내 모습이다. [2002년 천리페이 촬영]

3 1950년대가 되면서 위안주린과 어머니의 생활은 안정되었지만 그녀는 항상 치욕적인 경험이 떠올라 잠을 이루지 못하였다. 그러나 선량하고 단순한 어머니가 골목에서 열리는 고통스러운 과거를 돌아보면서 오늘의 행복을 생각하는 대회에서 딸이 일본인에게 강간을 당한 비참한 경력을 이야기하였다. 이것이 그들의 생활에 큰 화를 입혔다. 어린 아이들은 위안주린 뒤에서 '일본 창녀'라고 욕하였다. 사진은 위안주린이 살았던 한커우 포양제(鄱陽街)이다. [2003년 쑤즈량 촬영]

1

2

3

1

1 1958년 위안주린의 호적이 조정되어 헤이룽장 베이다황(北大荒)으로 가서 남편 랴오빈에게 몸을 의탁하였다. 호적부와 식량 구매증이 모두 취소되었고 집도 몰수되었다. 위안주린은 미산건설병단(米山建設兵團)에서 꼬박 17년을 보냈으며 무척 추운 날씨에 옥수수를 심고 콩을 수확하였다. 그녀의 남편은 굶주림과 추위를 견디지 못하고 가출하였다. 1975년 위안주린은 양녀를 데리고 우한으로 돌아왔다. 사진은 위안주린이 증언회에 참가한 모습이다. [2001년 쑤즈량 촬영]

2

2 만년의 위안주린은 젊은 시절 겪은 삶으로 남겨진 고통 속에서 생활하였다. 거의 매일 두통으로 잠을 이루지 못해 줄곧 수면제를 복용하였으나 두 시간도 잠들지 못하고 뜬 눈으로 날이 밝기를 기다렸다. 그녀는 "나의 딸은 굶어 죽었고 나는 평생 아이를 낳지 못하였다. 나는 남들에 의해 이리저리 쫓겨 다녔으며 내 양녀는 나를 따라 온갖 고통을 겪었다. 나의 고통은 일본인이 돈으로 배상할 수 있는 것이 아니다. 나는 그들에게 나의 결백과 사과를 요구하는 바이다. 우리 중국인은 기개가 있는 사람이고, 굶어 죽더라도 우리 입을 막기 위한 돈은 받지 않겠다!"라고 말하였다. [2003년 쑤즈량 촬영]

3

3 2006년 초 위안주린은 양녀가 있는 광둥성 잔장시(湛江市)로 가서 생활하다가 3월 29일 세상을 떠났다. 노인은 만년에 기독교에 귀의하였으며 사진은 추모회 장면이다. [2007년 천리페이 촬영]

1 위안주린의 유골은 우한의 기독교 묘지에 안치되었다. 베이징, 홍콩, 상하이 등에서 많은 사람들이 와서 추모회에 참가하였다. 사진은 추모회 장면이다. 〔2007년 천리페이 촬영〕

2 2007년 7월 5일 중국 '위안부' 자료관이 만들어져 위안주린의 양녀 청페이(程菲)가 낙성식에 초청되어 참여 하였다. 청페이는 위안주린 노인의 여권과 신분증 등 대량의 유품을 자료관에 기증하였다.

3 린야진(林亞金)은 1924년 하이난성 바오팅현 난린향(南林鄉) 판윈타오(番云淘는 여어〈黎語〉, 헤이더우촌〈黑豆村〉)에서 태어났다. 1939년 일본군이 하이난다오 남쪽의 중요한 향진인 산야를 점령하였다. 바오팅은 산야와 인접 지역이다. 1940년에 산야에 주둔하고 있는 일본군파견대가 바오팅현에 침입해 병영을 세웠다. 동남아시아 진출을 위한 전략 기지인 하이난다오를 장악하기 위해 일본군은 산야와 텅챠오, 야현에 막강한 병력을 주둔시켰다. 사진은 만년의 린야진 노인이다. 〔2009년 쑤즈량 촬영〕

1

2

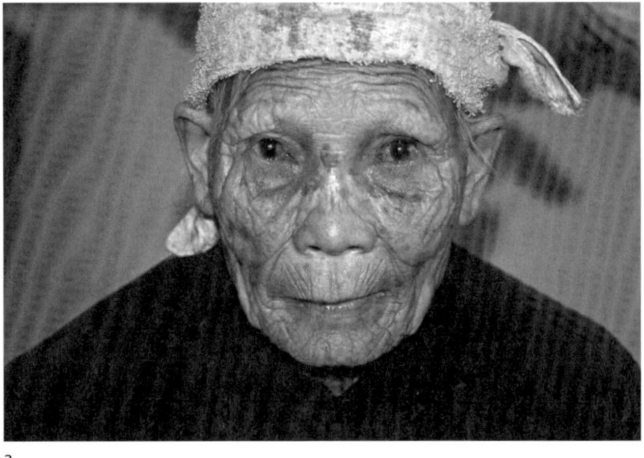

3

1

2

3

1 1943년 10월경 린야진은 이웃 마을 다난퉁촌(打南通村)의 탄야롼(譚亞鸞), 탄야유(譚亞優) 그리고 판칭촌(番淸村)의 리야룽(李亞龍) 등과 함께 벼를 베고 있었는데 일본군이 총성을 울리면서 나타났다. 밭둑에 엎드려 숨어있던 여성 4명이 꽁꽁 묶여 난린향 칭쉰촌(慶訓村) 거점으로 이송되어 갇혔다. 사진은 산수가 아름다운 린야진의 고향이다. [2009년 천허우즈 촬영]

2 다음날 일본군 몇 명이 린야진 등 여성 4명을 압송해 'dagunmai'(영어로 '한인의 길')를 거쳐 야현의 다랑(打朗)거점으로 갔다. 그녀들은 '이상한 건물'에 갇혔다. 대문으로 들어가 그녀들은 각각 작은 방에 갇혔다. 린야진이 갇힌 방은 캄캄하고 창문이 없이 문 두 개가 있었는데 철제 난간 모양의 문 밖에 또 나무문이 있었다. 나무문이 닫히자 방이 캄캄해졌다. 사진은 다랑거점 유적이다. 천허우즈 조사원은 당시 일본군 공장의 지반을 볼 수 있다고 말하였다. [2009년 쑤즈량 촬영]

3 그곳에서 린야진은 하루 두 끼를 먹었으며, 한 끼는 점심으로 대략 10시 이후였으며 또 한 끼는 저녁으로 대략 오후 5시부터 6시 사이에 먹었다. 점심 식사 후 린야진이 무서워하는 시간이 시작되었다. 방문이 열리고 매번 한두 명 혹은 두세 명의 일본 병사들이 들어와 옷을 모두 벗고, 누가 먼저 린야진을 잡았는지를 두고 서로 싸웠고, 린야진은 여기저기 피하며 두려움에 떨면서 식은땀을 흘렸다. 그들은 돌아가면서 린야진을 유린하였고 가끔씩 그녀에게 두 차례 폭행을 하였다. 저녁 식사 이후 일본 병사가 두세 명씩 와서 야수처럼 차례로 폭행을 하였다. 사진은 린야진 집의 주방이다. [2009년 쑤즈량 촬영]

1 만약 린야진이 싫다는 표정이나 동작을 하면 구타를 당하였다. 일본군이 기분이 안 좋은 날이면 린야진에게 더한 액운이 따라왔다. 한 번은 한 일본 병사가 담배를 피우면서 들어왔는데 그녀를 잡고 아직 타고 있는 담배꽁초를 린야진의 얼굴에 짓눌러 그녀가 아파 소리를 질렀다. 당일 그녀의 얼굴 반쪽이 크게 부어올랐으며 이후 코 뿌리 왼쪽에 콩 정도 크기의 흉터를 남겼다. 사진은 린야진 노인이다. (2007년 쑤즈량 촬영)

2 린야진과 다른 여성 3명은 함부로 나가서는 안 되었다. 밥은 다른 사람이 가져다주었으며 부족한 양의 밥 한 그릇을 주었기 때문에 항상 배가 고팠다. 목욕하는 물도 사람이 가져와서 미리 준비해놓았으며 매번 유린을 당한 후 규정에 따라 반드시 하반신을 씻어야 했다. 일본인은 그녀들에게 약을 먹도록 강요하였으며 흰색과 빨간색으로 납작하고 새끼손가락 손톱만한 크기였다. 매일 오전 소변통은 그녀들이 옆 들판에 버렸다. 평소 건물 대문은 항상 일본군이 보초를 서고 있었다. 사진은 린야진이 채집한 약초이다. (2009년 쑤즈량 촬영)

3 매일 밤 그녀들은 벽에 기대어 통곡하였다. 매일 울면서 얇은 벽을 사이에 두고 서로 하소연하면서 약간의 위로를 받았다. 그녀들은 부모님이 보고 싶고 집에 가고 싶다는 이야기들을 자주 나누었으며 일본군이 언제 그녀들을 풀어 줄 것인지 자신이 집에 가는 날까지 살아있을 수 있을지 등등의 이야기를 하였다. 린야진은 온몸이 아프고 부어올랐으며 음부가 짓물러서 소변 볼 때에 피가 나 "붉은 설탕물과 같았다". 그녀는 자신이 죽을 줄 알았으며 다시 살아서 부모님을 보지 못할 것이라고 생각했다. 사진은 린야진 집 주방의 문이다. (2009년 쑤즈량 촬영)

1

2

3

1

2

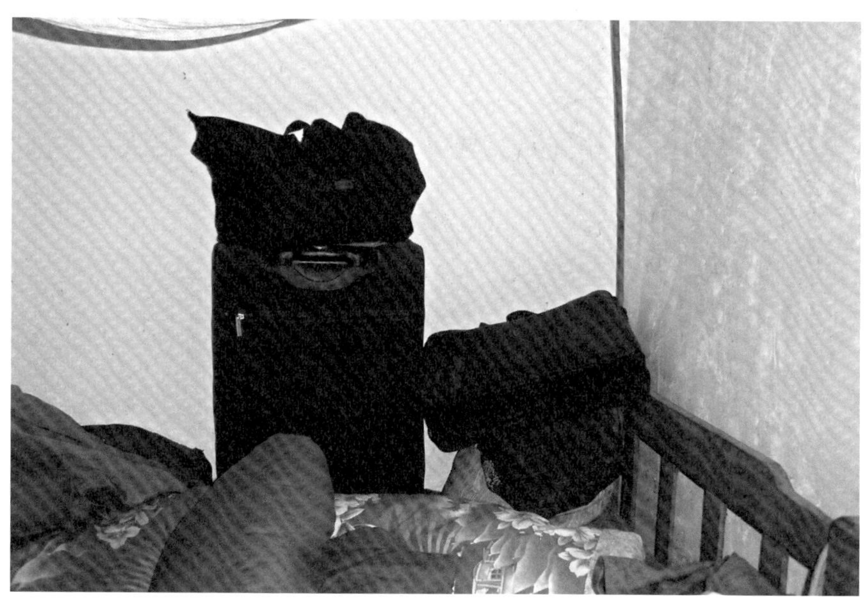
3

1 린야진의 부모님은 줄곧 딸의 행방을 수소문했다. 수소문 후 방법을 찾아 도처의 사람들을 찾아 부탁하였다. 다행이 먼 친척 중 한 명이 '다벙(打泵)'이라는 마을의 보장(保長)이었는데 아주 착한 사람이었다. 그가 잡혀간 여성 4명의 보모님들의 부탁을 듣고 네 집에서 준비한 닭과 쌀 등을 가지고 일본군에게 가서 여자들을 돌려달라고 부탁하였다. 이리하여 아파서 목숨이 위태로웠던 린야진 등 4명은 풀려날 수 있었다. 사진은 린야진 노인의 집이다. [2009년 쑤즈량 촬영]

2 돌아올 당시 린야진은 아파서 걸을 수 없어 가족들이 그녀를 업고 돌아왔다. 옷과 치마가 모두 일본군에 의해 찢겨져 있었으며 옷의 소매도 없이 누추하여 추위에 떨었다. 린야진 등이 심하게 아파서 보장은 자신의 마을로 데려가 의술을 아는 사람에게 그녀들을 치료하도록 하였다. 린야진은 80세가 넘었지만 여전히 매일 노동한다. [2009년 쑤즈량 촬영]

3 당시 린야진과 함께 돌아온 다른 여자 3명은 치료를 받았지만 살아남지 못하였다. 그녀들은 온몸이 점점 더 부어올라서 세상을 떠났다. 가장 먼저 세상을 떠난 사람은 탄야유로 1년이 안 되어 죽었다. 이어서 탄야롼과 리야룽이 일 년쯤 지나 죽었다. 린야진은 4명 중 유일하게 살아남은 사람이다. 그해 린야진은 19살이었다. 린야진이 일본으로 증언을 갔을 당시 사용했던 캐리어와 가방이 침대 위에 있었는데 마치 언제든지 먼 길을 떠날 준비를 하고 있는 듯 보였다. [2009년 쑤즈량 촬영]

1 2007년 7월 상하이사범대학교 '위안부' 문제연구센터의 '위안부' 자료관이 개관하였다. 린야진과 그녀를 돌봐준 연구센터의 천허우즈 특약 조사원이 함께 개관식에 참석하였으며 해외 유학생들을 대상으로 강연을 하였다. 그녀는 자신의 정수리와 얼굴, 왼쪽 가슴, 그리고 손등을 가리키면서 당시 일본군이 그녀를 유린하면서 남긴 상처들에 대해 이야기하였다. 이야기가 마음의 상처에 이르면 목이 잠기도록 통곡하였다. 사진은 린야진이 자료관에 왔을 당시 모습이다. 〔2007년 쑤즈량 촬영〕

2 린야진이 잡혀간 후 아버지는 린야진을 무사히 되찾기 위해서 일본인을 위한 인부로 일을 하면서 울분을 억누르고 온갖 고생을 하여 몸이 점점 약해졌다. 린야진이 돌아온 지 얼마 안 되어 아버지의 병세가 날로 심해져 사망하였다. 어머니는 끊임없이 아이를 낳았는데 가장 어린 동생들은 연초와 연말에 각각 하나씩 낳았다. 쉴 틈도 없고 영양도 제대로 공급되지 않았다. 막내 동생 아예(阿椰)가 5~6개월이 되었을 때 아버지가 돌아가셨기 때문에 어머니의 부담이 더욱 무거워졌다. 어머니는 밤낮으로 일을 하면서 아이들 6명을 부양하다가 온몸이 부어올라 어느 날 아침 조용히 세상을 떠났다. 사진은 상하이 방송국 출연 후의 린야진이다. 〔2007년 쑤즈량 촬영〕

1

2

3

3 린야진은 이후 남편 지원슈(吉文秀)를 알게 되었다. 지원슈는 린야진에게 아주 잘해주었으며 그는 린야진의 과거 일을 알고 있었지만 많이 묻지 않아서 린야진은 매우 감격하였다. 그러나 액운이 또 다시 그녀에게 찾아왔다. 결혼 2년 후 린야진이 임신하였는데, 3개월이 지나지 않아 아무 징조 없이 유산되었다. 그 후 린야진은 영원히 생식 능력을 잃었다. 사진은 린야진 집의 오래되고 낡은 찬장이다. 〔쑤즈량 2009년 촬영〕

1

2

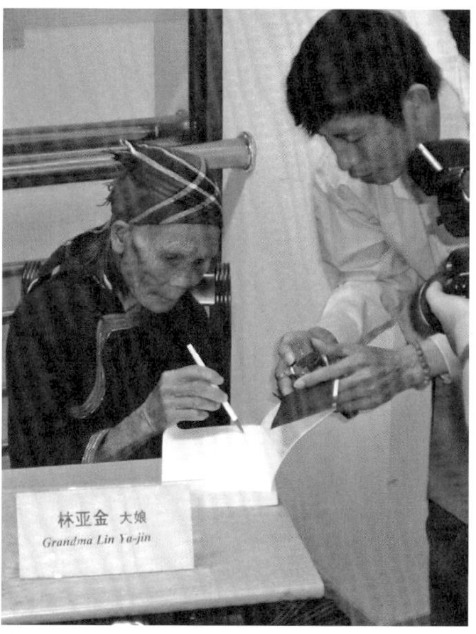

3

1 1950년대 말 지원쓔는 외지로 파견되어 세무관련 일을 하였는데 '영문을 모른 채' 잡혀갔으며 감옥에서 부종에 걸려 사망하였다. 린야진은 '반혁명(反革命)' 가족으로 외롭고 처량한 과부가 되었다. 사진은 2007년 중국인 '위안부' 피해자 완아이화와 웨이사오란, 린야진이 직접 중국'위안부'자료관에 찾아온 모습이다. [2007년 쑤즈량 촬영]

2 계급투쟁의 시대에 린야진은 많은 차별을 받았다. 식당에서 밥을 먹었을 때 그녀에게 주는 밥과 반찬은 다른 사람보다 적고 나쁜 일이 흔했다. '문화대혁명'이 시작되면서 린야진은 '일본 창녀'로 간주되어, 그녀를 비판하려는 사람이 있었지만 고향사람들이 그녀를 구해주었다. 사진은 일본 '위안부'제도 피해 생존자 린야진과 각국 참관자들이 중국 '위안부' 자료관을 둘러보는 모습이다. [2007년 야오페이 촬영]

3 1980년대 초 린야진의 건강이 점점 나빠지면서 더욱 외로워졌다. 그녀의 친정집이 있는 판윈타오에 사는 친척 언니가 그녀를 위해 남자아이와 여자 아이를 양자와 양녀로 삼게 했다. 그러나 양녀는 정신질환이 생겼으며 양자는 결혼 후 따로 지내고 있다. 린야진이 천천히 마을 사람들의 눈앞에서 사라졌다. 사진은 글을 모르는 린야진이 외국인의 요청에 따라 책에 기호를 그려주는 모습이다. [2007년 쑤즈량 촬영]

1 2001년 린야진 등 하이난성의 여족과 묘족 피해 여성 8명이 일본군 성노예(즉 '위안부') 피해에 관해 도쿄지방법원에 소송을 제기하였다. 그러나 일본 법원은 '국가 책임은 없다'고 반박하였으며 이에 패소하였다. 사진은 린야진의 고발 증언을 들은 미국인이 그녀를 안아주는 모습이다. (2007년 쑤즈량 촬영)

2 이야기할 때 깊이 들어간 린야진의 두 눈은 망연히 앞을 바라본다. 그녀는 천리페이에게 "나는 일본인을 증오한다. 꼭 일본인이 사죄하고 배상하도록 하겠다. 지금 나는 늙어 일도 못하고 있다. 아직도 이 모욕을 당하고 있다."라고 반복적으로 작은 소리로 말했다. 사진은 미국의 항일전쟁역사사실유지회(抗日戰爭史實維護會) 리페이더(李培德) 회장, 쑤즈량, 천허우즈 그리고 린야진 노인이다. (2007년 야오페이 촬영)

3 2009년 1월 천허우즈 조사원과 쑤즈량이 다시 린야진을 방문하였다. 80여 세가 된 린야진은 봉양해 주는 사람이 없어서 거의 매일 밭일을 하였다. 울타리를 한 시간 가량 찾은 뒤에야 돼지풀 즉 알로카시아 잎을 안은 그녀가 길 위에 나타났다. 마른 그녀가 허리를 구부리고 맨발로 걷고 있었고 왼쪽 발가락을 다쳐 잎으로 감싸고 있었다.

1

2

3

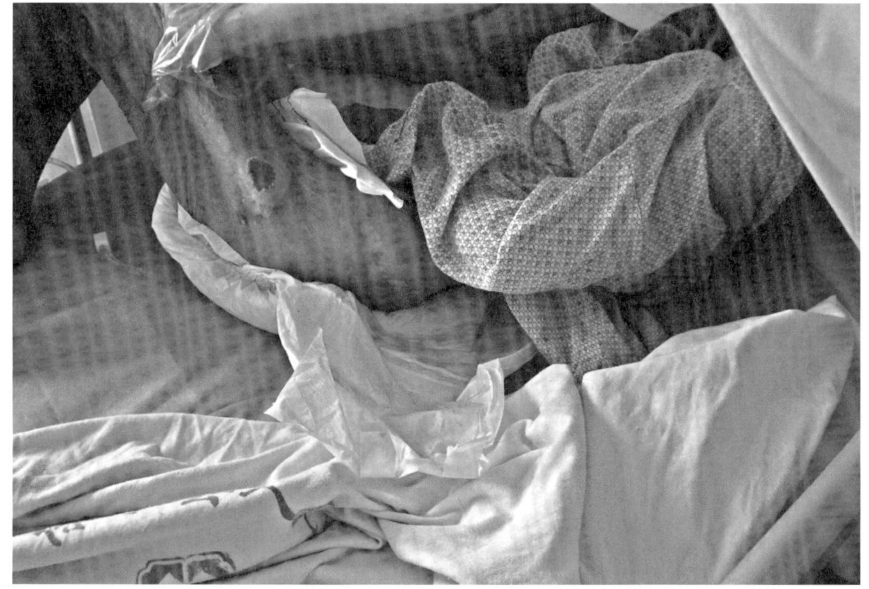
1

2

3

1 린야진은 2013년 7월 치매와 퇴행성 질환으로 거의 말을 못하고 멍해 있었다. 그러나 온갖 고생을 했던 시간에 대해서는 여전히 잘 기억하고 있었으며 잊지 못한다고 말하였다. 그러나 고통은 여기서 멈추지 않았다. 린야진의 일생은 오로지 고통만 남았다. 그 고생이 그녀의 머릿속에 깊이 박혀 퇴행성 질환이 생겼을 것이다. 욕창을 앓고 있는 모습의 사진을 통해서 그녀의 마지막 시간의 고통을 엿 볼 수 있다. 〔천허우즈 제공〕

2 2013년 10월 17일 린야진은 고향 하이난성 바오팅현에서 세상을 떠났으며 향년 89세였다. 우리의 기억 속 린야진은 웃는 모습이 드물었다. 특히 하이난성에 있을 때 그녀는 항상 눈을 크게 뜨고 놀란 눈으로 이 세상을 바라보았다. 이 사진은 2007년 중국 '위안부'자료관의 개관식에서 노인이 드물게 웃는 모습을 보여주고 있는 장면이다. 〔2007년 천리페이 촬영〕

3 중국인 '위안부'가 만약 임신을 하면 결말이 아주 비참하였다. 하이난성 바오팅현의 여족 소녀 리야첸(李亞茜)은 일본군에 의해 난린거점으로 잡혀가 성노예가 되었다. 그 후 임신을 하였는데 일본군은 중국인이 어찌 일본의 '씨앗'을 임신할 수 있느냐는 죄명으로 그녀를 칭쉰촌의 비탈에 묶고 배를 갈라 죽였다. 80여 세의 하이난성 생존자 천진위(陳金玉)는 매일 노동을 한다. 사진은 그녀가 대자리를 짜는 모습이다. 〔2007년 자오칭칭(趙青青) 촬영〕

1 일본 여성 아마우 미치코(天羽美智子)는 1971년 회고록을 발표하여 그녀가 타이완에서 '위안부'가 되었다고 고발하였다. 그녀는 "명실상부한 노예가 되었다"라고 말하였다. 〔「日軍高層看慰安婦:不得建號編檔的軍需品」, 『長江日報』, 2010.2.19〕

2 "토요일, 일요일이 되면 (찾아온 일본 병사들이) 긴 줄을 서서 앞 다투어 들어오려고 했다. 육체를 파는 시장과 같았고 아무런 감정이 없었다. 여성 한명이 (하루에) 10명에서 15명의 남자를 대응해야 했다." 아마우 미치코는 유일하게 회고록을 쓴 일본인 '위안부'로 전후 그녀는 관동에 있는 한 보호시설에서 지냈으며 1993년 돌아가실 때까지 그곳에 있었다. 사진은 2007년 5월 24일 도쿄의 천주교 신자가 온갖 유린을 당한 일본인 '위안부' 아마우 미치코를 추모하는 모습이다. 〔新華社, 『日慰安婦回憶錄講述悲慘經歷公開控訴戰爭罪行』, 2007.7.7.〕

1

2

제4장

일본군의 중국 여성에 대한 강간 폭행

일본군의 중국 여성에 대한 폭력은 그들이 중국 인민들에게 저지른 심각한 범죄 중 하나이다. 만주사변을 일으켜 동북 지역을 점령한 일본군은 중국 여성에 대한 폭력을 지속적으로 자행하였다. 일본군이 가는 곳마다 강간 사건이 일어났으며 피해 여성의 수는 헤아리기조차 어렵다.

중국을 침략한 야만적이고 잔인한 일본군은 중국 여성에 대한 폭력을 그들의 정복 욕망을 자극하여 사기를 진작시키고 풀죽은 정서를 위로하는 중요 수단으로 삼았다. 따라서 일본군 고위층은 일본군의 성폭행을 그대로 두고 보았다. 1937년 11월 일본군이 쑤저우를 점령한 후 중국 여성 1,320명을 강간하였고 또한 230명의 여성들을 건물 안으로 몰아넣고 일본군들이 집단 강간하도록 하였다. 12월 일본군이 난징을 점령한 후 중국 여성에 대한 강간이 최고조에 달했다. 극동군사법정에서 심판한 일본군의 강간 조사 보고 및 공문이 1만 건 이상이었다. 제1123호 공소문건은 1937년 12월 16일 밤부터 17일까지 난징에서 최소 1,000여 명의 여성이 일본군에게 강간을 당하였다고 밝히고 있다. 그중 한 여성은 일본군에게 37차례나 윤간을 당하였다. 1937년 9월 27일 만여 명의 일본군은 두 팀으로 나뉘어서 산시성 쉬현(朔縣) 도심을 공격했는데 이곳에서 '928 쉬현 참안(九二八朔縣慘案)'을 일으켰다. 일본군 병사들은 젖비린내가 채 가시지 않은 어린 여자 아이와 이빨 빠진 백발의 할머니, 임산부 등 닥치지는 대로 어디서든 강간하고 죽였다. 난제(南街)에 사는 결혼한 지 얼마 되지 않은 뤼야오셴(呂耀先)의 사촌 형수가 일본군에게 강간을 당하였는데 일본군은 총검으로 그녀의 음부부터 복부까지 갈랐다. 그녀의 남편은 아내의 살해 장면을 보고 노여움을 참지 못해 맨주먹으로 일본군과 싸우다 마찬가지로 살해당하였다. 일본군은 야만성이 발작을 하면 심심풀이 즐거움을 위해 많은 사람들 앞에서 잡아온 남녀들의 옷을 벗기고 제멋대로 희롱하였다. 많은 여성들이 이 굴욕을 참지 못해 목을 매거나 우물에 뛰어들어서 자살하였다. 쉬바오(徐寶)의 조카는 자신의 한 살 반 된 딸을 안고 우물에 뛰어들어 자살하였다.[101] 푸젠성 정부의 조사에 따르면 푸저우시 다건구(大根區)가 처음 함락되었을 때 일본군의 강간으로 죽음에 이른 자가 30명에 달하였다. 야채를 팔기 위해 현도로 들어가던 여성이 일본 군인들과 우연히 마주쳤다가 거리에서 강간유린을 당하였다. 따라서 거리를 나다니는 여성들이 모두 사라지게 되었다. 일본군은 항상 무리를 지어 거리와 골목을 다니면서 문 앞에 여자 옷이 걸려 있으면 바로 문을 부수고 들어가 집안을 뒤져 여성을 찾아 발견하면 바로 강간하였다. 만약 찾지 못하면 문 앞에 기호를 남겨두고 밤이 되면 다시 쳐들어가 폭행 하였다. 70세의 노인도 11살 어린 여자 아이도 화를 면치 못하였다. 창러현 "양위(洋嶼)의 왕(王)이라는 사람의 아내는 출산한지 수일이 지나지 않아 몸을 피할 수 없어 일본군에게 윤간을 당하여 생명의 위험에 빠졌다." "양서의 정(鄭)이라는 사람의 아내는 도망가지 못해 7명의 왜놈들에게 윤간을 당해 죽었다".[102] 관동 헌병대의 자료 중에는 많은 일본 군인들이 규율을 어기고 외출하여 여성을 강간 폭행하였다는 기록이 보인다. 1943년 6월 일본군이 팔로군 이현 랑야산지역을 침입해 차이위안거우에서 백여 명의 여성들을 에워싸고 그녀들의 옷을 벗기고 물을 긷고 노동을 시킨 후 강간하였다. 일본군의 일부 장교와 군인들의 자백으로 일

---

[101] 禹碩基, 楊玉芝, 邢安臣 主編,『日本帝國主義在華暴行』, (瀋陽)遼寧大學出版社, 1989.12, p250.

[102] 禹碩基, 楊玉芝, 邢安臣 主編, 앞의 책, p526-527.

본군의 여성에 대한 폭행방식을 알 수 있다. 일본군 제16사단 기병 제20연대 시모야마 유이치로(下山雄一郎)는 난징을 점령한 후의 상황을 회상하면서 여자를 징발하러 간 사람도 있었다고 하였다. "아마도 부인이 있는 사람일수록 참을 수가 없었고 그들은 항상 여자를 강간하였다. 기병 중에는 여자를 잡으면 바로 그 집에서 폭행하였고 심지어 길에서 폭행하는 것도 직접 봤으며, 그 병사는 바로 우리 중대 사람이었다"라고 말하였다. "'강간은 안 된다'는 사단의 명령이 있었지만 헌병이 시내로 들어왔다는 소리는 들렸지만 결국 나타나지는 않았다. 그들은 강간한 다음 그녀들을 죽였다."[103] 관동군 제59사단의 분대장이었던 아라이 소타로(新井宗太郎)의 기억에 따르면 1944년 11월 22일 그들은 산둥성 빈현(濱縣)(현재 빈저우시(濱州市))에서 팔로군 여전사 한 명을 잡았는데 모진 고문을 한 후에 수확이 없자 총검으로 그녀의 유방과 복부 그리고 가슴을 찔렀다. "나쁜 놈, 죽이려면 빨리 죽여라! 나를 죽일 수 있을지는 몰라도 중국인을 다 죽이지는 못할 것이다!" 여전사는 말을 마치자 "그녀의 아름다운 눈이 조용히 감겼다."[104] 중앙기록관에서 공개한 전범 45명의 자백서 중에도 중국 여성에 대한 폭력에 관한 내용이 많다. 예를 들어 관동군 제3방면군 제39사단 중장 사단장인 삿사 신노스케가 자백한 바에 따르면 1945년 3월 후베이성 샹판(襄樊) 작전 기간에 "강간한 중국 여성이 약 50명이었다"라고 하였다. 동북지역 장교였던 사가라 케이지(相樂圭二)는 34명의 중국 여성을 강간하였다고 인정하였다. 기쿠치 슈이치(菊地修一)는 강간 폭행을 여러 건 저질렀다. 1939년 3월 하순 그는 산시성 다이현(代縣) 어커우진(峨口鎮)에서 밥 지을 도구를 빌려주지 않자 두 명의 여성을 구타하였고 "방에서 30살 정도의 여성과 그녀의 아이들 두 명을 찔러 죽였으며 이어서 민가의 주민 3명을 죽였다." 1939년 12월 중순 그는 "타이위안시의 한 민가에서 중국 여성 한 명을 강간하였다." 1940년 5월 중순 그는 "파견대장이라는 권력을 믿고 16세 중국 여성을 강간하였다." 1940년 9월 상순 "우자이현(五寨縣) 우자이청(五寨城) 내에서 20세 정도의 여성을 강간했으며 이후 2차례의 강간이 더 있었다." 1941년 9월 상순 "펜관현(偏關縣) 헌병대 특무기관이 여자 3명을 데리고 와서 그녀들을 술자리에서 술을 따르게 하고, 23시에 나는 헌병대에서 22살 정도의 여자를 강간했으며 부하 장교 두 명이 다른 여자 두 명을 강간하는 것을 방임했다." 1942년 5월 상순에 "통역을 시켜서 다퉁시(大同市)에서 선츠청(神池城)으로 온 19살의 한 중국 여성을 선츠청에 있는 통역의 집으로 끌고 가 강간하였고 이후 이 여성을 세 번 강간하였다"[105]. 합계 "60명을 강간하였다. 개인으로 39명을 강간하였다." 정말 범죄가 너무 많아서 일일이 기록할 수조차 없다.

---

[103] 松岡環 編著(新內如, 全美英, 李建雲 譯), 『南京戰·尋找被封閉的記憶—侵華日軍原士兵102人的證言』, 上海辭書出版社, 2002.12, p351-352.

[104] 袁秋白, 楊瓌珍 編譯, 『罪惡的自供狀: 新中國對日本戰犯的歷史審判』, (北京)解放軍出版社, 2001.1, p242.

[105] 袁秋白, 楊瓌珍 編譯, 앞의 책, 2001.1, p55-64.

1. 점령지에서 일본군의 강간 폭행

일본군의 점령지 폭행은 아주 보편적이었으며 심각한 전쟁 범죄 중 하나라고 할 수 있다. 광활한 농촌이나 인구가 조밀한 도시를 막론하고 일본군의 폭행은 현지 중국인에게 가장 인상적인 기억으로 남았다. 1937년 12월 1일 일본군은 남문과 서문으로 쟝인현(江陰縣)을 침입하였다. 당시 피난하지 못하고 쟝인현에 남아있던 여성들은 50~60대의 노인 혹은 10대의 어린 여자 아이일지라도 유린을 피한 사람은 많지 않았다. 더욱 잔혹한 것은 일본군이 여성을 강간한 후에 그녀들을 살해했다는 것이다. 교외 다우쟈촌(大吳家村)에 사는 우(吳)씨의 아내는 일본군에게 윤간을 당한 후 강에 뛰어내려 자살하려고 하였다. 이성을 잃은 일본군이 달갑지 않게 여겨 그녀를 강에서 건진 후 계속적으로 강간하여 죽음에 이르게 하였다. 석탄 운반 노동자 류다빙(劉大炳)의 아내는 일본군에게 강간을 당한 후 대나무 장대가 음부에 꽂혀 죽었다. 일본군은 젊은 여성을 보면 '예쁜 여자'라고 하였고, 중년과 청년 여성이 그들과 마주치면 반드시 바로 폭행을 당했기 때문에 피난갈 때 모두 얼굴에 재를 발랐다. 그러나 일본군에게 들키거나 매국노에게 배신을 당해 일본군의 유린을 피하지 못했다[106]. 1938년 허베이성 잔황현(贊皇縣) 베이칭허촌(北清河村)에 사는 장먼씨(張門氏)는 당시 20살이었다. 그해 3월 25일 일본군 3명이 집으로 쳐들어와 임신한 그녀를 강간하여 유산하게 하였다고 한다[107]. 룽탕위안촌(龍堂院村)의 상(商)씨 소녀는 어느 날 강가에서 빨래하다가 일본군에게 발견되어 포루로 잡혀가서 온갖 유린을 당하였는데 며칠 뒤 촌민들은 포루로 가서 시체를 찾아가라는 통지를 받았다[108]. 하이난다오 청마이현에서 일본군에게 강간당한 여성들은 879명에 달하였다[109]. 1938년 6월 8일 펑톈(현재 선양) 구도부대에 소속된 기무라 시즈오(木村鎮雄)가 이시카와 현 가나자와 시에 있는 아내 기무라 미요코(木村美代子)에게 보낸 편지에 다음과 같은 내용을 적고 있다. "지리와 언어로 판단하건데 동료들이 강간한 대상은 만주 여성들이며 밤낮으로 그녀들을 강간하였다. 많은 여성들은 수백 명의 남자들에게 강간을 당하였다."[110] 2차 대전 시기 일본군의 강간 행위는 아주 일상적이었으며 야만적이었다. 이는 중국 인민의 용맹한 반격을 불러일으켰을 뿐만 아니라 전 세계 양심적 외국 인사들로부터 엄중한 비난을 받고 있다.

---

[106] 禹碩基, 楊玉芝, 邢安臣 主編, 『日本帝國主義在華暴行』, (瀋陽)遼寧大學出版社, 1989.12, p213.
[107] 王之鑒, 『日軍暴行目睹實錄』, Li Kung Shaw Publisher出版, 2002.3, p45.
[108] 王之鑒, 『日軍暴行目睹實錄』, Li Kung Shaw Publisher出版, 2002.3, p60.
[109] 中共澄邁縣委黨史研究室, 澄邁縣地方志辦公室編, 『抗日戰爭時期澄邁縣人口傷亡和財產損失資料』, 2008, p13.
[110] 關東憲兵隊, 『郵檢月報』, 吉林省檔案館藏.

1 일본군이 텅충 망방촌(芒棒村)에 침입하였는데 마을과 멀리 떨어져 있어서 경보음을 듣지 못한 집이 있었다. 일본군은 그 집으로 들어가 60대 어머니를 윤간한 다음에 죽였으며 아들도 죽였다. 또한 어머니의 유방을 베어 아들의 가슴에 놓아 희롱하였다. 사진은 윈난에서 일본군 폭행을 조사하는 쑤즈량이다.

2 타니야마 기치조(谷山吉藏)는 1916년 7월에 태어났다. 그는 일본군의 난징 점령 당시 제16사단 보병 제33연대 제1기관총 중대에 소속되어 있었다. 1999년 4월 그는 마츠오카 타마키(松岡環)와의 인터뷰에서 "난징 전 정류장인 우시 일대에서 5, 6명의 병사들이 한 여성을 잡아와 숙소에서 강간했던 일을 나는 알고 있다"고 말하였다. 〔松岡環 編著, 『南京戰 · 尋找被封閉的記憶——侵華日軍原士兵102人的證言』, 上海辭書出版社, 2002.12, p110-111〕 이 사진의 일본어 설명은 병사들이 운송 도중 위안소로 가는 모습을 찍은 것이라고 되어있다.

1

2

1

2

3

1 전쟁은 여성들을 궁지에 빠뜨렸다. 사진은 피난 과정에서 집과 가족을 모두 잃은 어머니가 통곡하며 눈물을 흘리고 있는 모습이다.〔荒井信一 解說, 『20世紀的戰爭: 日中戰爭』, 草の根出版会, 2001, p80, 사진자료〕

2 일본군은 윤간 후 배를 가르고 사지를 잘라 불에 던져 태웠다. 사진은 불에 그을린 시체이다.〔張承鈞 主編, 『强盜自白: 來自日本隨軍記者的秘密照片』, (北京)台海出版社, 2000.8, p258〕

3 사진은 일본군의 강간에 저항하다가 30여 군데를 칼로 찔려 유산한 리슈잉(李秀英)이 난징 구러우병원에서 치료를 받고 있는 모습이다. 사진은 미국인 선교사 존 마지(John Magee)가 난징대학살을 촬영한 동영상 기록의 한 장면이다.〔張憲文 主編, 『南京大屠殺全史』, 南京大學出版社, 2012.12, p350〕

1

2

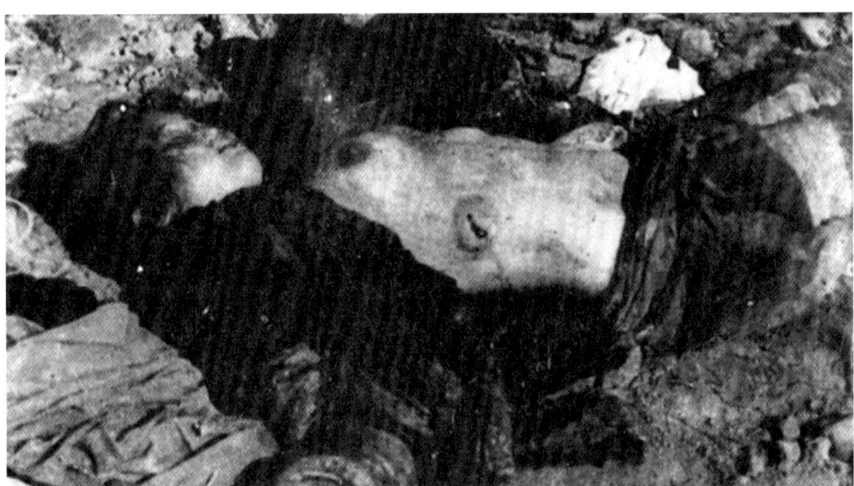

3

1 항저우에서 일본군은 도처에서 여성을 수색하였으며 거리 곳곳에서 여성들이 윤간을 당하였으며 울음소리와 비명 그리고 미친 듯한 웃음소리가 이 죽은 도시의 고요함을 깨뜨려 중국 민중들이 전율하며 분노하게 만들었다. 많은 여성들의 시신이 알몸으로 거리에 나뒹굴었으며, 유방이 잘리고 복부가 찔려있었으며 움푹 들어간 부분으로 갈색이 드러났다. 장이 밖으로 나와 있어 몸 옆에 쌓였으며 음부가 담배나 나무로 막혀 있었다. 사진은 고난 속에서 절망한 중국 여성이다.〔荒井信一 解說,『20世紀的戰爭: 日中戰爭』, 草の根出版会, 2001, p80〕

2 일본군이 여성을 강간한 후 그녀의 음부를 노출시키고 함께 사진을 찍었다. 이 사진은 일본군 포로의 몸 수색에서 나온 것이다.〔張承鈞 主編,『强盜自白: 來自日本隨軍記者的秘密照片』, 臺海出版社, 2000, p260〕

3 일본군은 중국 여성을 강간한 후 항상 죽여서 입을 다물도록 하였다. 사진은 일본군에게 유린을 당한 후 비참하게 죽임을 당한 중국 소녀이다.〔李秉新 等編,『侵華日軍暴行總錄』, 河北人民出版社, 1995, 사진자료〕

1

2

3

1 사진은 일본군에게 윤간을 당한 후 성병에 걸려서 진링대학교에서 치료를 받고 있는 18살 소녀이다. 〔張憲文 主編, 『南京大屠殺全史』, 南京大學出版社, 2012, p334〕

2 아들딸을 데리고 있는 어머니가 절망적 눈빛을 드러내고 있다. 〔荒井信一 解說, 『20世紀的戰爭: 日中戰爭』, 草の根出版会, 2001, p84〕

3 1938년 4월 9일 『신화일보(新華日報)』의 보도: 지난달 적군이 산시성 위안취현(垣曲縣) 정부를 점거하였는데 그들이 물러난 후 우리군대가 현 정부에서 여성 동포들의 옷 60여 벌을 압수하였는데 모두 피가 묻어 있어 끔찍하여 차마 볼 수 없었다. 1942년 5월 1일 일본군은 지중(冀中, 허베이성 중부)지역에서 광란의 소탕을 하였다. 사진은 허베이성 바오딩 랑야산에 대한 소탕에서 일본군이 강간 후 죽인 농촌 여성이다. 〔李秉新 等編, 『侵華日軍暴行總錄』, 河北人民出版社, 1995, 사진자료〕

1 『지루위지구[111]의 산둥지역 8년 항쟁 손실 통계표(冀魯豫區 山東部分 八年抗戰損失 統計表)』의 기록에 따르면 산둥 근거지에 일본군에게 강간을 당해 성병에 걸린 여성이 10,766명이 있었다. 『진지루위변구[112] 8년 항쟁 중 인민의 피해 손실 조사 통계표(晉冀魯豫邊區 八年抗戰中人民遭受損失調查統計表)』에 따르면 강간을 당한 여성이 36만 3천 명에 달하였고 그중 12만 2천 명이 성병에 걸려 몹시 고통스러웠다. 사진은 1943년 대소탕 중 일본군에게 살해를 당한 푸핑현(阜平縣) 뤄위촌(羅峪村) 부녀구국회의 류야오메이(劉耀梅) 주임이다. 일본군은 잔인하게 그녀 다리 살을 도려내 교자를 만들어서 먹었다. 〔楊克林, 曹紅 編著, 『中國抗日戰爭圖志』, (廣州)廣東旅遊出版社, 1995.1, p857〕

2 관동군 제18사단의 하야카와(早川)부대는 1932년 겨울 랴오닝성 베이퍄오시(北票市)를 점령한 후 서양의 물건과 귀한 물자를 미끼삼아 예쁜 여성을 일본군 병영으로 데려가 강간 혹은 윤간 하였다. 이후 일본군 무리가 밤낮을 가리지 않고 민가에 들이닥쳐 함부로 여성을 유린하고 강간하였다. 1943년 가을 일본군 아라이(荒井)부대가 허베이성 푸핑현을 소탕하면서 핑양촌(平陽村)에서 수천 명을 학살하였다. 사진은 학살 현장으로 많은 여성들이 죽었다. 〔楊克林, 曹紅 編著, 앞의 책, p733〕

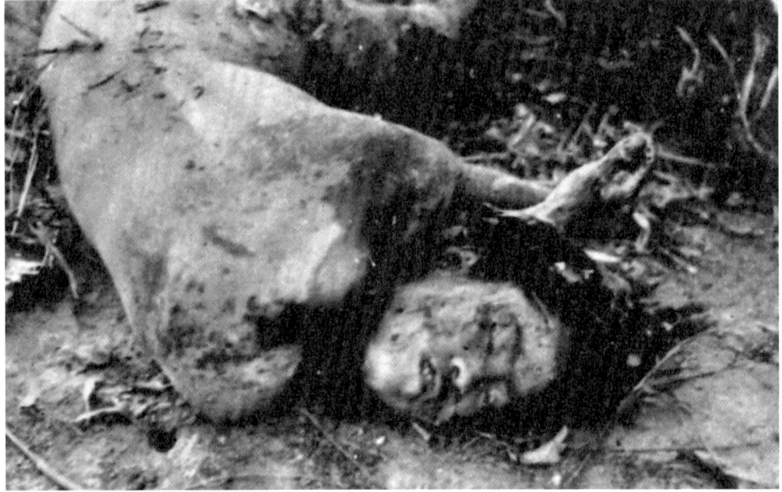
1

2

3

3
1938년 7월 14일 한 일본 병사가 대낮에 산둥성 허쩌시(荷澤市) 완쟈촌(萬家村)에서 완징(萬靜)이라는 여성을 강간하여 촌민들에게 살해되었다. 이에 일본군이 마을을 소탕하고 촌민들을 죽였으며 280여 곳의 가옥을 불태웠다. 사진은 일본군 소탕과 폭격이 끝난 후의 끔찍한 모습이다. 〔楊克林, 曹紅 編著, 앞의 책, p731〕

---

[111] 허베이성, 산둥성, 허난성 (역주)
[112] 산시, 허베이, 산둥, 허난성 (역주)

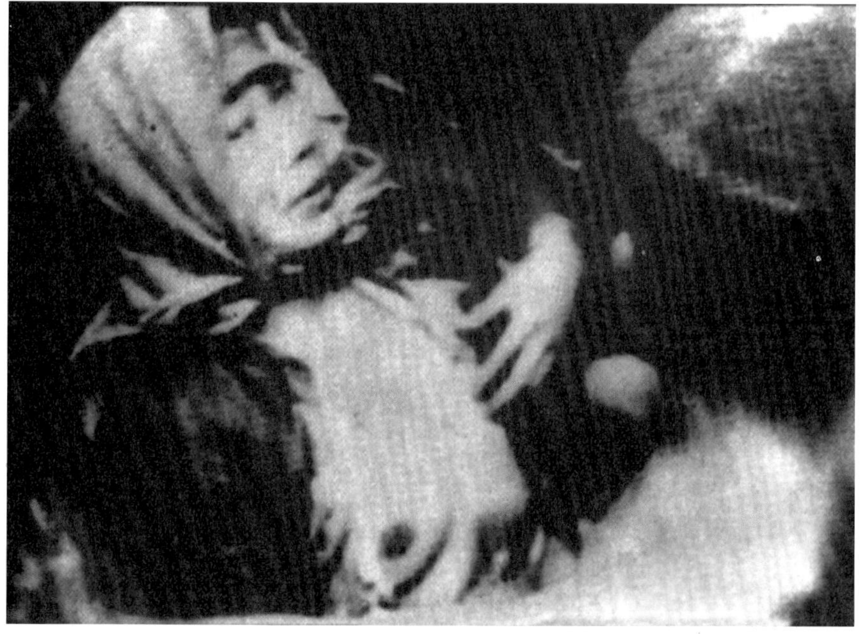
1

2

3

1 1937년 12월 9일 일본군 제18사단이 안후이성 우후를 침략하였는데 여성을 보면 바로 폭행하였으며, 일부 여성들은 강간을 당한 후 살해되었다. 샤오쟈샹(蕭家巷)의 한(韓)씨 집에 60여 명이 숨어 있었는데 발견되어 일본군에게 모두 살해되었다. 그중 쑨(孫)씨, 적(翟)씨와 장(張)씨 세 여성은 윤간을 당해 죽었다. 또한 여성들을 알몸으로 불에서 춤추게 하거나 나무에 묶어놓고 유린하였다. 우후시내의 시체가 2,500구에 달하였다. 일본군은 중국 여성을 강간한 후 그녀들을 알몸으로 두었다. 〔楊克林, 曹紅 編著, 앞의 책, p393〕

2 1938년 일본군 제14사단이 허난성 쥔현(浚縣) 페이좡(裵莊)을 침략하였다. 창리(常李)씨와 창장(常張)씨 두 노인이 잡혔는데 태평차(太平車)에 갇혀서 불에 타 죽었다. 일본군은 여성을 보면 강간하였으며 노인부터 어린 아이까지 피해자가 20여 명에 달하였다. 일본군은 중국 여성을 강간한 후 그녀들을 알몸 상태로 두고 제멋대로 유린하였다. 〔楊克林, 曹紅 編著, 앞의 책, p393〕

3 일본군이 샹청(襄城) 양거우(楊溝)을 침략하여 양례와(楊列娃)의 집 마당으로 사람들을 잡아왔다. 학생과 농민, 상인, 포로로 잡힌 병사 그리고 여성 등 60~70명 정도가 있었다. 총 3팀으로 나눠서 묶여 있었다. 이때 날이 어두워지고 서북풍이 불고 있었는데, 일본군은 잡아온 여성들을 방안으로 끌고 들어가 유린하였으며 일부는 마당에서 사람들이 지켜보는 가운데 폭행하였다. 불쌍한 여성들이 울며 소리치며 몸부림치면서 저항하였지만 아무 소용이 없었다. 사진은 피해자 덩위민으로 2014년 6월 20일에 병사하셨다. 〔2014년 쑤성제 촬영〕

1 1945년 일본군 제11군의 한 연대가 후난성 구이양현(桂陽縣) 장시향(樟市鄉)을 소탕하면서 장수촌(樟樹村)의 천푸이(陳福義)의 아내를 강간하였다. 강간을 당한 여성이 35명으로 그 중에는 70대 할머니가 두 명, 12세의 여자 아이가 한 명 있었다. 1차 상하이사변 중 일본군은 상하이에서 중국 여성들을 강간 유린 하였다. 사진은 일본군에게 두 팔을 잘린 여성이다. 〔楊克林, 曹紅 編著, 앞의 책, p850〕

2 사진은 난징대학살 시기 일본군에게 강간당한 난징 여성의 처절한 모습이다. 〔侵華日軍南京大屠殺遇難同胞紀念館 編, 『南京大屠殺圖錄』, (北京)五洲傳播出版社, 2005.7〕

1

2

2. 여성 피해자의 개별 사례

여성들이 생득적으로 가지고 있는 자신의 몸과 마음의 순결을 지키고자 하는 의식은 중국 여성들 마음속에 깊이 뿌리내려 있다. 2차 세계대전 시기 중국을 침략한 일본군의 성폭행은 중국 여성들에게 말로 표현할 수 없는 고통을 가져왔으며 이 고통은 심지어 가해자 일본군 개인의 마음도 뒤흔들었다. 어떤 일본군 의관은 1940년 8월 11일 일기에 다음과 같이 적고 있다. 화중지역 모처에서 "(처음 성병 검사할 때) 국부 내진을 하면 그녀(중국 여성)는 몹시 부끄러하면서 어떻게 해도 바지를 벗지 않았다. 통역과 (치안)유지회장이 화가 나서 욕을 하면 겨우 바지를 풀었다. 그녀를 침대에 눕혀 촉진을 하고자 하면 또 힘껏 의사의 손을 잡고 울었다. 방을 떠나서도 한참 울었던 것 같다. 그 다음 여자도 이와 같았다. …… 보장과 유지회장이 '마을의 치안을 위한 일인데 어떻게 울 수 있느냐?' 고 계속해서 설득하였다." 이 군의관은 이어서 "이 일은 정말 원치 않는 일이었다. 인간성을 유린했다는 생각이 머릿속에서 떠나지 않았다."[113] 제2차 세계대전 시기 성폭력 피해를 입은 여성들의 수는 헤아릴 수가 없다. 예를 들어 후난성 창자오(長窖)에서 20대 여성이 일본 병사 5명의 윤간을 당하였으며 그 후 그녀는 며칠 동안 움직이지도 못하였다. 양(楊)모모라는 사람의 며느리 세 명이 9명의 일본 병사들에게 윤간을 당하였다. 생리 중인 여성들도 피할 수 없었다. 더욱 잔인하고 무도한 것은 일본군이 남자들에게 여성의 월경을 마시도록 하였으며 거절하면 바로 살해했다. 펑수산(彭叔山)의 아버지가 저항하다가 일본군의 총검에 가슴을 찔려 사망했다. 일본군이 그의 가슴을 밟고 힘을 써야 칼을 뽑을 수 있었다. 저항한 자들은 모두 살해당하였다. 일본군이 양모모의 둘째 며느리를 강간하자 그의 둘째 아들이 참지 못하고 긴 나무 걸상을 들어 강간한 그 일본 병사를 때려 기절시켰다. 일본군은 바로 둘째와 셋째 아들을 마구 칼로 찔러 죽였다. 이에 앞서 양모모와 그의 큰아들은 이미 살해를 당하였다. 흉악하고 잔인한 일본군은 온 집안사람을 다 죽이고도 분이 풀리지 않아 그들의 집을 불로 태워 아무것도 남기지 않았다[114]. 1942년 일본군이 윈난성 텅충 둥핑진(東平鎮)을 점령해 뤄샹자이(羅香寨)의 11살 어린 여자 아이를 잡아 강간하여 과다출혈로 죽음에 이르게 하였다[115]. 룽링 숭산 융싱의 장펑잉(張鳳英)은 반신불수였는데 흉폭한 일본군이 몇 번이나 마을로 들어와 그녀를 강간하였다. 일본군은 셰퍼드를 보내 그녀를 유린하며 즐겼으며 결국 죽음에 이르게 되었다[116]. 폭력을 당한 여성들은 대부분 무고한 사람들이었으며, 항일 여전사들도 있었다. 2차 세계대전 시기 중국을 침략한 일본군의 여성에 대한 모욕 심지어 시체에 대한 유린은 끔찍하고 잔인무도한 파시즘적 행위이다.

---

[113] 矢野玲子(大海譯),『慰安婦問題研究』, (瀋陽)遼寧古籍出版社, 1997.2, p226.

[114] 王長生,「鐵蹄踐踏風車拐」, 南縣檔史辦,『廠窖慘案』, 中國文史出版社, 1991, p151-152.

[115] 沙必璐 主編,『血肉豐碑——侵華日軍滇西暴行與滇西抗日戰爭紀實』, 上海社會科學院出版社, 2003, p109.

[116] 沙必璐 主編, 앞의 책, p111.

•日軍暴行備忘錄• —5—

日軍虐待狂

鞭撻英國婦女的裸體 陳列櫥窗中充模特兒

一位高級的英國軍官，在搜集了許多日本軍的獸行的記錄之後，寫信給倫敦的聯合處置戰爭罪犯委員會，他如此陳述：「日本的戰犯應該處以絞刑；若僅判決槍斃，那是太優待他們了。」

這位軍官曾與數百名曾受日人虐待的不幸者會談過。他的報告中：

在馬來亞，日本兵士常常褫去英國婦女的衣服，甚至于內衣，然後用鞭抽打她們全裸着的肉體，鞭打過後，還要逼令她們站在大街上百貨店的櫥窗裏，令行人駐足而觀，她們竟被如此「陳列」着達一星期之久，眞可算極盡蹧蹋女人的能事了。

有十九個看護少女，因抗拒此種侮辱的待遇，立刻被日兵當着許多婦女的面前用刺刀戳斃。還有一個可憐的女人，她的乳房被日兵削去，用燃燒着的香烟插入她的鼻空中。還用種種猥褻得不堪形于筆墨的獸行來蹂躪她。

新加坡的主教和其他十七名英人同時被執，他們被幽禁了八個月之久，始終囚在一所寬僅八方尺的暗室裏，這裏還要放一隻尿糞桶，以供排洩。他們不論日夜，只好屈膝團坐在水門汀地上。沒有半張毯子或蓆子。這位主教某次曾觸怒一個日兵，他便被縛在庭柱子上，被皮鞭抽打了二百餘下，直到他暈厥過去。他們每天只有吃一些腐化變味的食物。在八個月之後，他們活着的統統只剩幾根皮包骨頭了。

有一個被俘虜的軍曹，因爲反抗日軍種種慘酷的待遇，便被縛手縛脚丟在曠地上，日兵以巨大石滾筒推過他的身上，作爲一種遊戲，這個不幸的士兵就此骨折斷腿而死。

一婦人被敵輪姦後，小肚上給刺刀戳破，肚腸拖出，厥狀至慘！

1

2

1 1938년 2월 22일 산시성 리스현(離石縣) 쥬리완(九里灣) 참사 중 수십 명의 일본군이 민가에 들어가 양(楊)씨 할머니를 윤간하여 죽음에 이르게 하였다. 뿐만 아니라 일본군은 여성을 강간한 후 여성들을 박해, 유린한 후 살해하였다. (禹碩基等 主編, 『日本帝國主義在華暴行』, 遼寧大學出版社, 1989) 1939년 8월 22일 다퉁시 다왕촌(大王村) 참사 중 일본군은 한 젊은 여성을 강간한 후 그녀의 유방을 자르고 사지를 묶어 토굴에 던져 불태워 죽였다. 또한 1941년 9월 말 핑루현(平魯縣) 바이자좡(白家莊)(싱좡幸莊) 참사 중에 일본군은 부상한 여성을 강간한 다음에 그녀의 음부에 나무 막대기와 돌덩어리를 쑤셔 넣어 죽였다. 사진은 한 여성이 강간을 당해 죽은 후 일본군에게 복부를 갈린 비참한 모습이다. 〔『日軍暴行備忘錄』, 上海聯美圖書公司, 1946, p5〕

2 1942년 10월 6일 국민당 중앙통신사의 간저우시(贛州市) 통신에 따르면 난창시 동남쪽으로 60리 떨어져 있는 강산(崗山)에 위화관(玉華觀)이 있는데, 그곳의 비구니 14명이 일본군에게 강간을 당하였으며 절 안의 식량도 모두 빼앗겼다고 전하고 있다. 비구니들은 성전을 모욕당한 사실에 분노하였으며 살아갈 방도를 잃어 모두 함께 분신자살하였다. 〔禹碩基等 主編, 『日本帝國主義在華暴行』, (瀋陽) 遼寧大學出版社, 1989.12〕 사진은 천리페이가 광시성에서 당시 사정을 아는 사람에게 여성들의 피해 상황을 조사하고 있는 모습이다. 〔2008년 쑤즈량 촬영〕

1

2

3

1 20살의 여전사 청번화(成本華)는 안후이성 화현(和縣)의 성문을 지키다 포로가 되었다. 사진 배경 속 일본군 4명이 긴 의자에 앉아 웃고 있으며 손에는 검을 들고 있다. 청번화는 미소를 짓고 있으며 생과 사에 초연한 모습이다. 〔大阪每日新聞社, 東京日日新聞社 編, 『支那事変画報』第28輯, 大阪每日新聞社, 1938.5.21, p17〕

2 하이난 창류(長流)에는 이미 일본군이 만든 '위안소'가 있었지만 때로 '위안부' 공급이 부족하여 일본군들은 도처에서 여성을 강간하였다. 이 때문에 근처 청장년 여성들은 일본군들의 유린을 피하기 위해 머리를 헤치고 얼굴에 검은 재를 바른 채 외출하였다. 사진은 하이난 바오팅의 일본 성노예 제도의 피해자 탄야둥(譚亞洞)이며 그녀는 2010년 9월 6일 사망했다. 병영으로 잡혀가 성노예가 된 피해 여성들은 성노예가 되기 전에 모두 비참하게 일본 병사들에게 강간을 당하였다. 〔2009년 쑤즈량 촬영〕

3 일본군의 강간 폭행에 대해 그들의 상관은 대부분 눈감아 주었으며 처벌하지도 않았다. 일본군 제39사단 삿사 신노스케 사단장은 1945년 5월 사단의 어느 병사가 중국 여성을 강간하였는데 "나는 이 병사를 우리 사단에서 새로 설립된 제132사단으로 편입시키라는 명령을 내리고 종결시켰다". 사진은 일본군이 난징에서 강간한 후 여성들을 찍은 것이다. 〔楊克林, 曹紅 編著, 『中國抗日戰爭圖志』, p394〕

1 저명한 기자이자 사회 활동가인 펑잉쯔(馮英子)의 아내와 제수가 일본군에게 윤간을 당한 적이 있었다. 1996년 6월 27일 펑잉쯔는 주일본총영사에게 일본 하시모토 류타로(橋本龍太郎) 총리에게 쓴 항의편지를 전달하였다. 7월 2일 홍콩 『싱다오일보(星島日報)』에 전문이 게재되었다. 사진은 2000년 3월 말 열린 중국 '위안부' 문제국제학술세미나에 참가한 펑잉쯔(가운데), 일본화교 대표 린보야오(林伯耀), 쑤즈량이다. [2000년 후하이잉 촬영]

2 장가이샹(張改香)은 1925년 산시성 위현 시판향(西潘鄉) 진구이촌(進圭村)에서 태어났으며 전시 일본군이 마을에 있는 포루로 끌고 갔다. [2012년 쑤즈량 촬영]

1

2

1

2

1 1941년 9월 20일 일본군 5명이 후난성 웨양시 진사향(金沙鄕) 상간충우(上甘冲屋)에서 한 소녀를 윤간한 후 그녀의 목숨이 경각에 달렸음에도 불구하고 그녀의 이웃인 68세의 우쿠이칭(吳葵淸)에게 그녀를 강간하라고 강요하였다. 우쿠이칭이 분노하여 일본군의 파렴치한 행위를 욕하다 일본군에게 구타를 당해 죽었다. 위현 진구이촌 포루는 산꼭대기에 있었다.

2 일본 군인의 기억에 따르면 "형양 하류에서 7, 8킬로미터 떨어져 있는 마을의 제2957부대에서 17, 18세의 젊은 여성 두 명을 잡아왔다. 두 여성 모두 매우 예쁘고 복장도 아름다웠다. 일본군이 두 여성을 묶어 병영으로 데리고 오자 한 일등병이 신이 나서 '오늘부터 "위안소"가 열린다! 가서 놀자!'라고 외쳤다. 여성들은 방공호에 갇혔으며 안에서 우는 소리가 전해왔다. 나는 자세히 보고자 가보았더니 그 일등병이 이미 두 여자의 손가락을 부러뜨려 두 여자는 불쌍하게 가방끈으로 손을 싸매고 있었다." 사진은 피해자 장가이샹 노인의 요동이다. 〔2007년 야오페이 촬영〕

1

2

1 장가이샹은 2014년 1월 28일 8시 위현에서 사망하였다. 사진은 장례식 모습이다. [2014년 자오원제(趙文杰) 촬영]

2 1942년 9월 4일 윈난성 숭산에서 출산을 앞둔 리자오환(李早煥)이 불러 온 배를 감싸고 근육을 풀기 위해 집밖으로 나갔다. 마침 다야커우에서 외출한 일본군 한 무리가 마황수이자이쯔(螞蟥水寨子)에서 '예쁜 여자'를 찾고 있다가 그녀를 보자 흉악한 이리떼처럼 몰려들었다. 독수리가 병아리를 덮치듯 일본군은 그녀를 끌고 가 옷을 찢어 알몸을 만들어 윤간해서 죽였다. 그녀의 남편 양춘(楊春)이 외출하여 돌아와서 아내가 일본군에게 윤간을 당해 죽은 것을 보고 슬픔과 분개를 느꼈다. 그가 피난하러 온 사람 몇 명을 찾아서 후사 처리를 부탁하였으며 아내의 배를 갈라 쌍둥이인 것을 확인하고 더욱 슬퍼져 목이 메도록 통곡하였다. 식칼을 들고 왜놈들에게 따지려고 하는 것을 주위 사람들이 만류했다. 사진은 윈난성에서 고통스러운 생활을 했던 박영심 노인이 윈난 룽링을 방문하는 모습이다. [2003년 주홍 촬영]

1

•日軍暴行備忘錄•　—4—

暴敵 ★ 惡魔

怎樣發洩獸慾蹂躪婦女？

最早聽說在上海的虹口地區，日兵把中國少女捉來强姦姦後加以殺害，並把乳房割下來，這樣一隻隻的乳房積成幾十隻之多，別無用處，祇能割了玩，以人肉作兒戲而已，此事雖出傳聞，但觀於日本人連人肉亦要吃，野蠻如此，割乳房區區小事，亦絕不足奇了。這是日兵的淫虐成性！

日兵進駐南翔，大索民女，最後索到安老院裏，有一鷄皮老婦，竟亦不免，被數兵按至廚房裏，一一加以輪姦，這是日軍的獸性暴露。在浦東下沙地方，一個六歲的女孩子被日兵强姦後，復以刺刀刺入該女孩肛門，以致慘叫一聲而死，日兵將屍抛棄地上，大笑而去。再有在嘉定，一家姓徐的家裏，某夜突然來了幾個日兵，先是找到了主婦，叫他脫光衣服，赤裸裸地躺在牀上，然後再找一個青年男子與她交合，同時復命其本夫在旁觀看，日兵引爲笑樂。那個青年男子，與主婦爲叔嫂關係，但在日兵刺刀下，雖經說明，不能邀其諒解，於是不能不做這件亂倫的事情出來，日本人自號文明，原來是不知羞恥的動物，與獸無異。

筆者曾見到一張照相，照相上拍的是許多赤身裸體的婦女，手足部份都用繩連繫起來，爬在山上，宛如一羣羔羊，旁有日兵押守，用意不詳，但總之不脫日兵的荒淫故事。

敵寇以搜查爲名，剝褫婦女衣服，趁機姦淫。
圖示：一老婦人正遭遇日軍侮辱，欲哭無淚！

2

1 윈난성 텅충의 어느 마을에서 새색시 궈미친(郭咪芹)은 방앗간의 소음이 너무 커 일본군 소탕을 알리는 경보음을 듣지 못하였다. 10여 명의 일본군이 방앗간으로 들이닥쳐 "예쁜 여자"를 발견하자 매우 흥분하였다. 궈미친은 놀라서 기둥을 붙잡고 있었다. 일본군이 총검으로 그녀의 옷을 벗기고 나무로 그녀를 '대(大)'자 모양으로 묶어서 윤간하였다. 마지막에 그들은 미약하게 살아있는 궈미친을 두 기둥 사이에 매달고 칼로 반으로 갈랐다. 사진은 텅충 시화제(西華街) 차이궈주(蔡國柱)의 집대문이며 전시 이곳은 일본군 '위안소'였다. [2001년 쑤즈량 촬영]

2 전시 신문들은 상하이에서 자행된 일본군의 폭행을 보도하였다. "일본군이 난샹(南翔)에 주둔하여 대대적으로 여성을 찾고 있었다. 마지막으로 양로원을 수색하였는데 한 노부인이 재난을 피하지 못하고 일본군에게 주방으로 끌려가 윤간을 당하였다. 이는 일본군의 야만성이 드러나는 행위이다. 푸둥 샤사(下沙)에서는 6살 어린 여자 아이를 강간한 후, 일본군은 총검으로 그녀의 항문을 찔렀다. 여자 아이는 비명을 지르면서 죽었다. 일본군은 그녀를 버린 채 웃으면서 돌아갔다." 사진은 당시 일본군의 노부인 강간폭행을 다룬 신문 기사이다. [『日軍暴行備忘錄』, 上海聯美圖書公司, p4]

1 하이난에서 길을 잃고 스루광산으로 잡혀온 대학생들이 있었는데 남자는 강제로 바오챠오(寶橋, 현재의 차허진〈叉河鎭〉)으로 보내 철도를 건설하게 하였고 여자는 '위안소'로 들어가게 되었다. 그녀가 죽어도 따르지 않자 일본군은 나무에 매달고 구타를 하여 온몸이 상처투성이가 되어 몹시 고통스럽게 만들었다. 결국 일본군의 잔혹하고 무도한 유린을 견디지 못해 얼마 후 '위안소'에서 죽었다. 또한 아칭(阿靑)이라는 소녀는 17살이었는데 '위안소'로 잡혀온 당일 일본군 몇 명에게 윤간을 당하여 목숨이 경각에 달렸는데 그 처참한 모습을 차마 글로 표현하기도 어렵다.
일본군은 하이난성 린가오현의 쟈라이와 린청, 신잉에 '위안소' 3개를 만들었으며 일본군에게 강제로 잡혀 와서 '위안부'가 된 여성이 수백 명이었다. 천린춘(陳林村)은 1926년에 태어났으며 바오팅현 쟈마오진(加茂鎭) 마오리촌(毛立村)에 살고 있었다. 1942년부터 그녀는 세 번이나 강제로 성노예가 되어 일본군의 온갖 유린을 겪었다. 쑤즈량과 천리페이가 하이난성 완닝(萬寧)의 천린춘을 방문한 모습이다. [2014년 쑤성제 촬영]

2 일본군이 홍콩을 점령한 후 강간 사건이 빈번히 일어났다. 10대의 어린 아이도 60대의 노인도 예외가 아니었다. 1941년 12월 29일 센트럴의 위환청(俞寰澄) 근처의 한 여성이 하루 동안 세 차례나 일본군에게 강간을 당하였다. 사진은 홍콩의 '위안소'가 집중되었던 완짜이다오(灣仔道)이다. [2009년 쑤즈량 촬영]

1

2

제5장

전후 일본의 '위안부' 제도 은폐와 부인

일본군 '위안부' 문제는 1990년대 이후 수면위로 떠오르기 시작하였는데 일본 정계의 요인들은 각양각색으로 이 전쟁 범죄를 부정하였다. 1990년 6월 6일 일본의 노동성 사무차장 시미즈 즈타오(清水傳雄)가 "군대 '위안부'의 임무와 국가 업무는 서로 관련이 없으며 민간업자가 군대를 따라간 것이기 때문에 조사는 불가능하다"라고 말하였다. 이후 법무대신 나가노 시게도(永野茂門) 또한 "'위안부'란 비록 정도의 차이는 있지만 미국과 영국에도 유사한 방식이 있었다. 당시 '위안부'는 공창이었으며 현재의 시각으로 볼 수는 없다. 그것은 여성 혹은 한국인에 대한 멸시라고 볼 수 있다"라고 발언하는 등의 잘못된 주장이 계속되고 있다.

중국과 한국의 관료, 전문가, 기자, 그리고 국민들은 일본 정부의 '위안부' 전쟁범죄에 대해 부인하는 발언들에 대해 단호하게 싸워왔다. 각국의 독촉 하에 1993년 8월 4일 당시의 일본 내각관방장관 고노 요헤이(河野洋平)가 『위안부관계조사결과발표에 관한 고노 내각관방장관 담화(慰安婦關係調査結果發表に関する河野内閣官房長官談話)』를 발표하였으며, 이를 '고노담화(河野談話)'라고 한다. 일본 정부를 대표하여 고노는 '위안부' 문제가 많은 여성의 명예와 존엄에 깊은 상처를 입혔다는 사실을 인정하고, 일본 정부가 진심으로 사과한다는 뜻을 전하였다. '고노담화'는 일본 정부의 '위안부' 문제에 대한 기본 입장이 되었다.

그러나 20여 년 이래 일본 정계의 일부 사람들은 '고노담화'를 준수하지 않았을 뿐만 아니라 오히려 되풀이 하여 인류 사회의 도리에 도전해왔다. 특히 최근 들어 일본 국내 우익 세력 사이에서는 "누가 더 우익적일까"를 두고 경쟁하고 있는 듯한 황당한 상황을 연출하여 일본 국민들의 이목을 집중시키고 각종 정치적 이익을 도모하고 있다. 오사카 시장이자 일본 유신회(維新會) 회장인 하시모토 도루(橋下徹)의 '위안부 필요론'이 그 대표적인 예이다. 2013년 5월 하시모토 도루는 전쟁 상황에서 '위안부 제도는 필요한 존재'라고 공개적으로 표명하였으며 심지어 일본에 주둔하고 있는 미군에게 일본의 환락가 이용이 얼마든지 가능하다고 건의하기까지 하였다.

하시모토 도루의 '위안부 필요론'이 알려지자 세계 여론이 들끓었다. 하시모토 도루의 일본군 폭행 변론은 대단히 우스꽝스러운 일이다. '위안부' 제도가 인권을 침해하였으며, 여성과 어린이의 권리를 보호해야 하는 인도 및 국제법을 위반하는 대규모의 전쟁 범죄라는 사실을 부인하기는 어렵다. 이 점에 대해 국제사회에서는 이미 결론이 나있다. 1996년 4월 유엔인권위원회에서 여성에 대한 폭력, 그 원인과 결과에 관한 특별보고관 라디카 쿠마라스와미는 〈전시군사성노예에 관한 보고서〉를 제출하였다. 쿠마라스와미는 이 보고서에서 전시 일본이 '위안부' 제도를 실시하였다는 사실을 명확히 하고 일본정부는 이에 대한 책임을 져야한다고 밝혔다.또한 보고서는 일본정부에게 관련 자료를 모두 공개하고 법적책임을 져야하며 모든 피해자에게 배상하고 사죄하라고 권고하였다. 그리고 일본정부는 교과서에 이 역사사실을 정확히 반영하고 전쟁범죄에 대해 처벌해야한다고 권고하였다.

일본 국내 백여 개의 단체들은 '종군 위안부가 필요하다'고 발언한 일본 유신회 공동당수인 하시모토 도루에게 발언을 철회하고 사과하라고 요구하였다. 그들은 "하시모토 도루에게는 인권 의식을 조금도 느낄 수 없다. 그는 역사에 무지하다", "그는 사과하고 공직에서 물러나야 한다"라고 지적하였다[117]. 최근 일관된 우경 움직임을 보이고 있는 일본 정계조차도 하시모토 도루의 망언에 대한 비호는 불가능하였으며 일본정부와 시민, 여야정당들도 비판하였다. 일본 정부는 이로 인해 역사 인식 문제가 심각해지는 것을 걱정하고 있다. 아베 신조(安倍晋三) 총리가 참의원 예산 위원회에서 "필설로 다할 수 없는 위안부들의 고통스러운 경력에 대해 마음으로부터 동정한다"라고 밝혔다. 미조데 겐세이(溝手顯正) 일본 자민당 참의원 간사장이 기자회견에서 하시모토 도루를 비판하면서 "그의 발언은 어리석고 경솔하다"고 하였다.

'위안부'제도는 인권을 침범하고 여성과 어린이의 권리를 보호해야 한다고 규정하고 있는 국제법을 위반한 명명백백한 전쟁 범죄이다. 일본은 '위안부' 문제를 직시하지 못하면 '역사의 짐을 내려놓고 완전히 새롭고 존경받는 나라'가 될 수 없다.

[117] 『日沖繩女性團體要求橋下徹收回慰安婦發言并道歉』, 『人民日報』, 2013.5.15.

1. 일본 정계의 '위안부' 제도 부인

'고노담화'가 발표된 후 일본 정부 안에서 강렬한 민족주의 입장을 가진 일부 인사들이 여러 곳에서 기괴한 주장을 하면서 '위안부' 등 역사 사실에 대해 부정하였다. 1998년 8월 당시 오부치 게이죠(小渊惠三) 내각의 나카가와 쇼이치(中川昭一) 농림수산부 장관은 "종군 위안부는 강제성이 없었다"라는 발언을 하였다. 2007년에 아베 신조의 첫 번째 내각 시기에 아베는 공개적으로 일본 정부가 '위안부'제도를 실시했다는 것을 부정하면서 그것은 상업적 행위라고 강조하였다. 2013년에 하시모토 도루 오사카시 시장은 '위안부'는 상업적 행위이며 오키나와 주둔 미군에게 '위안부'를 찾아갈 수 있다는 뻔뻔한 제안을 하였다. 2014년 1월에 새로 부임한 일본 NHK방송국의 모미이 가츠토(籾井勝人)회장이 '위안부'는 "어느 나라에도 존재하였다"[118]는 발언을 하여 각국 언론의 비판을 받고 어쩔 수 없이 철회하였다. 일본 정부 안의 일부 민족주의자들은 '위안부' 등 역사 문제에 대해 돌출발언을 하여 역사 사실을 왜곡하고 부정하기 때문에 '위안부'문제가 일본과 아시아 이웃나라들 사이에 심각한 역사 문제가 되었다.

1993년 8월 4일 일본 내각 관방 장관 고노 요헤이는 일본군이 2차 세계대전 기간에 '위안부'를 강제로 모집하였다는 것을 인정하였다. 그러나 20여 년이 지난 시점에서 일본의 고관들은 여전히 역사 사실을 부정하고 있다. 일본 고위층의 망언은 피해자와 피해국, 그리고 세계 언론의 강렬한 비판을 불러일으켰다. 사진은 필리핀 피해자들이 상하이에 와서 일본군의 폭행을 고발하는 장면이다. [2003년 쑤즈량 촬영]

[118] 『産經新聞』, 2014.1.27.

1 1996년 6월 5일 일본 자민당 의원 오쿠노 세이스케(奧野誠亮)가 "'위안부'는 상업행위로 강제 모집은 없었으며 모두 자발적으로 참가하였으며 국가(군대)와 상관없다"고 발언하였다. 사진은 일본군 제2군이 한커우를 점령한 후 '위안소'를 개설하였다는 사실을 보여주는 문서이다. 이 문서 『제2군 상황 개요(第二軍 狀況概要)』는 1938년 11월 3일 일본군이 이미 한커우에 '위안소'를 만들었다고 밝히고 있다. 〔『第二軍 狀況概要』, 일본 방위성연구소도서관 소장〕

2 1997년 2월 6일 일본 국회의원 시마무라 요시노부(島村宜伸)는 부끄러움 없이 "종군'위안부'는 일본군을 위해 복무했다는 것을 분명 자랑스럽게 생각할 것이다. 모집자는 일본군이 아니라 매춘업자들이었다. 모집자들은 대부분 한국인 혹은 중국인이었다"라는 담화를 발표하였다. 이에 대해 오미야(大宮)시의 고다이라 기이치(小平喜一)라는 참전군인은 당시 일본의 부대는 '위안부'를 데리고 함께 행동하였으며 '위안부'들의 식량도 부대에서 제공하였다고 지적하였다. 당시 해외로 나간 일본 군인들이 백여 만이었는데, 현재 이 사람들이 '위안부' 문제에 대해 입을 닫고 있는 것은 매우 이상하다고 말하였다. 특히 군의관들이 적극적으로 나와 이야기해야 한다고 말하였다. 사진은 한국 나눔의 집의 일본군'위안부'역사관으로 당시 일본군 '위안소'의 장면을 재현한 것이다. 〔2009년 천리페이 촬영〕

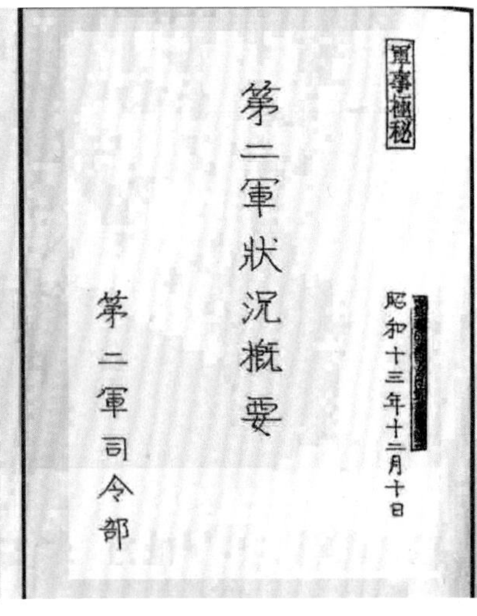

軍事極秘

第二軍狀況概要

昭和十三年十二月十日

第二軍司令部

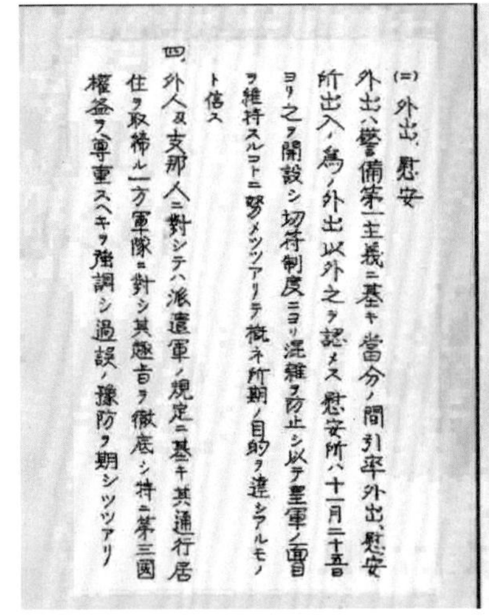

(三) 外出、慰安

外出ハ警備第一主義ニ基キ當分ノ間引率外出、慰安所出入ノ爲ノ外出以外之ヲ認メス慰安所ハ十一月二十五日ヨリ之ヲ開設シ切符制度ニヨリ混雜ヲ防止シ以テ皇軍ノ面目ヲ維持スルコトニ努メツツアリテ概ネ所期ノ目的ヲ達シアルモノト信ス

四、外人及支那人ニ對シテハ派遣軍ノ規定ニ基キ其通行居住ヲ取締ル一方軍隊ニ對シ其趣旨ヲ徹底シ特ニ第三國權益ヲ尊重スヘキヲ強調シ過誤ノ豫防ヲ期シツツアリ

1

2

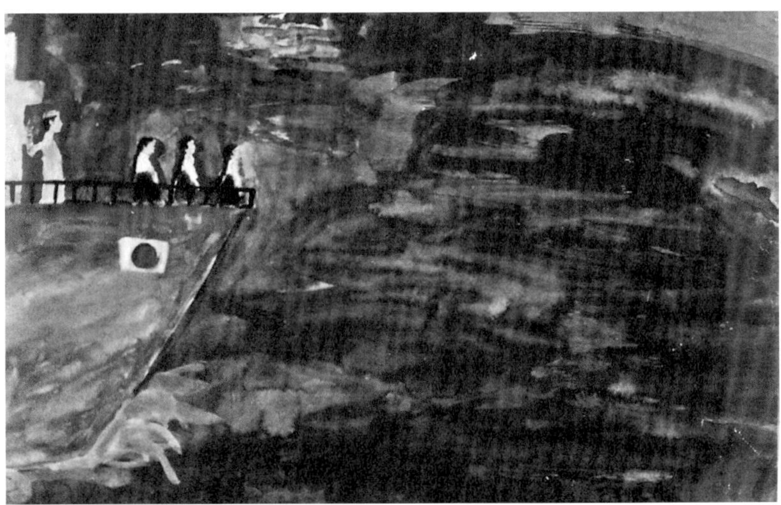

3

3 2004년 10월 27일 문부과학성 장관 나카야마 나리아키(中山成彬)가 "일본 교과서에 자학적인 서술이 여러 곳 있다. '종군 위안부' 혹은 '강제 징용'과 같은 어휘를 줄이는 것은 상당히 긍정적이다"라고 말하였다. 사진은 한국인 피해자 이용녀(李容女)가 그린 그림이다. 이 그림은 당시 그녀들이 일본군의 배를 타고 미지의 곳으로 이송되는 장면을 재현하고 있는데, 이는 당시 그녀들이 '위안부'가 된 것이 완전히 강요에 의한 것이었음을 보여준다. 〔1995년 작품〕

1

2

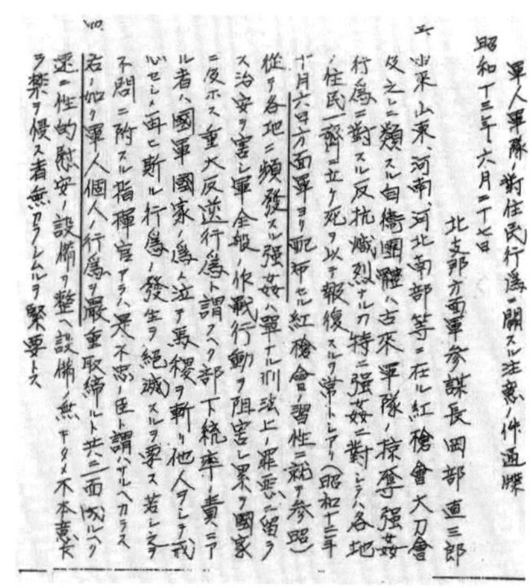

軍人軍隊ノ對住民行爲ニ關スル注意ノ件通牒
昭和十三年六月二十七日　北支那方面軍參謀長　岡部直三郎
一、山東、河南、河北南部等ニ在ル紅槍會大刀會及之ニ類スル自衛團體ハ古來軍隊ノ掠奪強姦行爲ニ對スル反抗熾烈ナルカ特ニ強姦ニ對シテハ各地ノ住民一齊ニ立チ死ヲ以テ報復スルヲ常トシアリ（昭和十二年十一月六日方面軍ヨリ配布セル紅槍會ノ習性ニ就テ參照）
從テ各地ニ頻發スル強姦ハ單ナル刑法上ノ罪惡ニ留ラス治安ヲ害シ軍全般ノ作戰行動ヲ阻害シ累ヲ國家ニ及ホス重大反逆行爲ト謂フヘク部下統率ノ責ニアル者ハ國軍國家ノ爲ニハ泣テ馬謖ヲ斬リ他人ヲシテ戒心セシメ再ヒ斯ル行爲ノ發生ヲ絶滅スルヲ要ス若シ之ヲ不問ニ附スル指揮官アラハ是不忠ノ臣ト謂ハサルヘカラス
右ノ如ク軍人個人ノ行爲ヲ嚴重取締ルト共ニ一面成ルヘク速ニ性的慰安ノ設備ヲ整ヘ設備ノ無キタメ不本意乍ラ禁ヲ侵ス者無カラシムルヲ緊要トス

4

3

1 2007년 2월 19일, 미국 국회는 일본 정부에게 '위안부' 범죄를 인정하라고 촉구하는 제안을 할 것인가를 둘러싸고 논의하였다. 이에 대해 일본의 아소 다로(麻生太郎) 외상은 "미국 국회의 결의안은 객관적인 사실에 근거하지 않았다. '고노담화' 등 일본 정부의 대응을 고려하지 않는 것은 매우 유감스럽다"라고 억지스러운 변명을 하였다. 사진은 피해자의 기억에 따라 복원한 일본군 '위안소' 내부 모습이다. [한국 나눔의 집의 일본군'위안부'역사관 촬영]

2 전쟁이 막바지에 이르자 일본군은 심지어 '위안부'들을 죽여 그들의 부장품으로 삼았다. 사진은 윈난 숭산전투의 최후에 자살한 일본군들이다. 여기에는 일본군의 시신과 함께 '위안부'시신 두 구가 있었다. [미국 국회도서관 소장]

3 일본의 '위안부' 자료관 안에 있는 게시판이다. 게시판은 '위안부' 제도 가해자들에 관한 내용으로 가장 중요한 전쟁책임자는 히로히토(裕仁) 천황임을 천명하고 있다.

4 비록 패전하면서 일본은 대량의 문헌을 소각하였지만 일본 정부 및 군대가 추진했던 성노예제도에 대해서는 여전히 많은 사람들의 증언과 물증이 남아있다. 1938년 6월 27일 일본 화북 방면군 오카베 나오자부로(岡部直三郎)참모장이 서명한 문서에는 일본 병사들의 강간 사건이 끊이지 않아 '위안소'를 설립하였다고 되어있다. 사진은 바로 그 문서이다. [일본 방위성연구소도서관 소장]

2. 일본 법조계의 '위안부' 제도 부인

전쟁 시기 자신들이 당한 피해에 대해 공정한 처리를 요구하며 세계 각국의 피해 여성들은 쉬지 않고 투쟁해왔다. 1991년 한국에서 67세의 김학순(金學順)이 처음으로 용감하게 "내가 바로 '위안부'였던 사람이다"라고 커밍아웃하면서 도쿄로 가서 일본 정부를 고소하였다. 일본 정부에게 자신들의 범죄를 인정하고 배상할 것을 요구하였으며, 일본이 강제로 '위안부'를 징용한 범죄에 대해 도쿄법원에서 증인을 선 세계 최초의 피해자이다. 그 후 중국인 피해자들도 일본 정부에게 소송을 제기하기 시작하였다. 1992년부터 산시성의 리슈메이와 완아이화를 비롯한 중국 피해자들은 6차례에 걸쳐 일본으로 가서 일본 정부에게 공식적인 사과와 배상을 요구하였다. 현재까지 중국인 '위안부' 피해자들이 일본정부를 대상으로 제기한 소송은 총 5건 있으며 그 중 대륙이 4건이고 타이완이 1건이다.

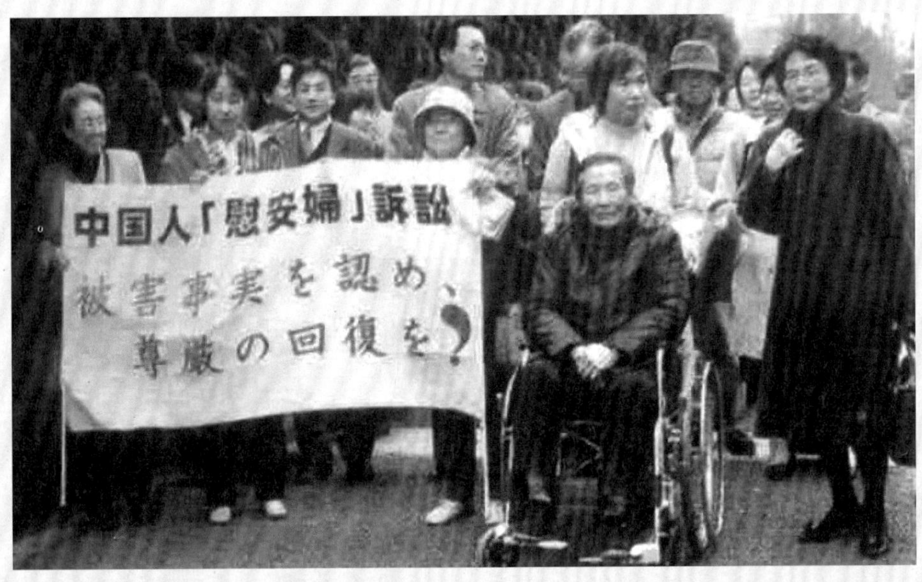

산시성 '위안부' 소송. 1995년 8월 7일 산시성 위현의 리슈메이와 류몐환, 저우시샹, 천린타오(陳林桃) 등 일본군 '위안부' 제도의 피해 생존자 4명이 일본 정부에게 사죄와 배상을 요구하는 소송을 도쿄 지방법원에 제기하였다. 〔女性的戰爭和和平資料館 編, 『女性國際戰犯法庭集』, p19〕

1 피해자 소송은 중국과 일본의 변호사 단체의 적극적인 지원을 받았다. 사진은 2000년 11월 일본 도쿄지방법원 앞의 중국 변호사 캉젠(康健)과 피해자 리슈메이이다. 〔캉젠 제공〕

2 2001년 5월 30일 도쿄 지방법원은 리슈메이 등의 원고 요구를 기각하였고, 같은 해 6월 피해자들은 도쿄 고등법원에 상소하였다. 사진은 피해자 천린타오이며 그녀는 2014년 1월 29일 16시 사망하였다. 〔2000년 쑤즈량 촬영〕

3 일본정부를 상대로 소송을 제기한 차오헤이마오(曹黑毛)는 산시성 위현에서 생활하고 있다. 그녀는 전시 일본군에 의해 진구이촌 거점으로 잡혀가 일본군의 유린을 당하였으며 감금 시기에 두 번 임신하였다. 〔2014년 쑤즈량 촬영〕

1

2

3

1

2

3

1 2004년 12월 15일 일본 도쿄고등법원은 '국가 책임은 없다', '소송 기간이 지났다'는 이유로 산시성 피해자들의 소송을 기각하여 원고 패소하였다. 2007년 3월 27일 일본최고법원이 소송을 기각하여 2심 판결을 유지한다는 최종 판결을 내렸다. 사진은 2000년 천리페이가 류멘환을 만나기 위해 산시성을 방문한 모습이다. (2000년 쑤즈량 촬영)

2 리슈메이는 여러 번 도쿄로 가서 '위안부' 피해의 산증인으로 역사를 부정하는 일본 우익과 투쟁하였다. 2013년 9월 8일 천리페이가 위현의 리슈메이를 방문하여 찍은 것이다. (2013년 자오베이훙 촬영)

3 2014년 4월 10일 리슈메이가 심근경색으로 사망하였다. 4월 18일 그녀의 장례식이 위현 시옌진(西煙鎭)에서 열렸다. 사진은 오른쪽부터 장쐉빙(張雙兵), 쑤즈량, 천리페이와 리슈메이의 가족들이다. (2014년 자오원제 촬영)

1

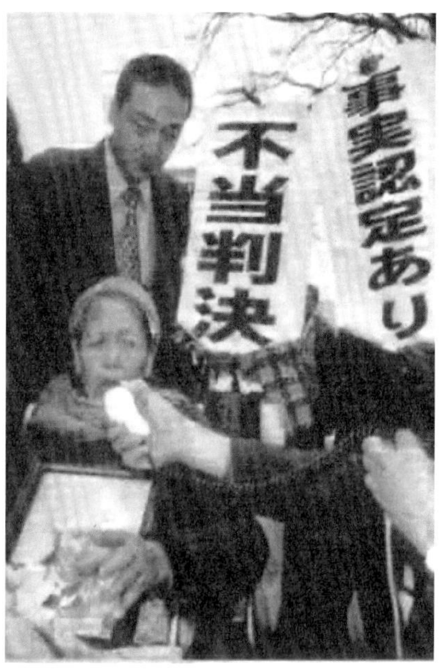

2

1 1996년 2월 22일 산시성 '위안부' 피해자 궈시추이(郭喜翠), 허우챠오롄(侯巧蓮)은 도쿄 지방법원에 일본 정부를 상대로 2차 소송을 제기하였다. 사진은 2000년 일본 도쿄에서 열린 여성국제전범법정 행사에 참여한 궈시추이이다. 〔쑤즈량 촬영〕

2 2001년 5월 30일 도쿄 지방법원은 원고의 요구를 기각하는 판결을 내렸고, 2001년 6월 원고는 도쿄 고등법원에 상소하였다. 허우챠오롄은 1999년 5월 병으로 타계했다. 사진은 궈시추이가 도쿄에서 일본 법원의 불공정한 판결에 대해 항의하는 장면이다. 〔女性的戰爭和和平資料館 編, 『女性國際戰犯法庭集』, p19〕

3

3 2005년 3월 18일 도쿄 고등법원은 다시 궈시추이 등 원고의 요구를 기각하는 판결을 내렸으며 처음으로 일본 정부가 제출한 '청구권 포기론'을 지지하였다. 판결문에서는 1952년 〈일화조약(日華條約)〉[119]이 체결될 때 이미 국가 배상권을 포기하였고, 중화민국정부는 '정통정부'이기 때문에 일본과 체결한 조약은 유효하다고 하였다. 전쟁 배상 문제는 국가 간 적용이며 일부 지역에만 적용되는 것이 아니기 때문에 중국 대륙을 포함한 중국 전역에 이 조약이 적용된다고 판단했다. 사진은 일본의 소송을 지지하는 시민모임에 참여한 중국의 캉졘 변호사와 궈시추이 피해자이다. 〔캉졘 제공〕

[119] 1949년 대륙에서 중화인민공화국이 성립되고 국민당의 중화민국은 타이완으로 넘어갔다. 평화조약의 체결대상국의 선택권을 미국이 일본에게 부여하자 일본과 전후 평화조약의 체결 대상국이 되고자 한 장개석 국민당 정권은 1952년 일본과 맺은 평화조약인 「일화조약·부속의정서(日華條約·附屬議定書)」 1항에서 "일본인민에 대하여 관대하고 우호적인 뜻을 표시하기 위하여 중화민국은 스스로 샌프란시스코 평화조약 제14조 갑항 제1항의 일본국이 제공해야하는 용역의 이익을 포기한다."고 하였다. 그리고 그로부터 20년 후인 1972년 9월 29일 중화인민공화국과 일본의 양국대표는 인민대회당에서 중일수교정상화 공동성명을 발표했다. 공동성명서 제7조는 전쟁배상 문제에 대해서 "중화인민공화국정부는 선언한다. 중일양국인민의 우호관계를 위하여 일본국에 대한 전쟁배상요구를 포기한다."고 규정하였다. (역주)

1

2

3

1 그 후 원고 궈시추이 등이 도쿄 최고법원에 상소하였다. 2007년 4월 27일 일본 최고법원은 원고 패소 판결을 내렸다. 다음날 중화전국변호사협회(中華全國律師協會), 중화전국부녀연합회(中華全國婦女聯合會), 중국인권발전기금회(中國人權發展基金會), 중국법률지원기금회(中國法律援助基金會), 중국항일전쟁사학회(中國抗日戰爭史學會)가 북경에서 연합성명(聯合聲明)을 발표하여 일본최고법원이 내린 최종 판결에 대해 강력하게 항의하였다. 일본 정부가 부정할 수 없는 법적 책임을 회피한 것으로 판결의 부당함을 주장했다. 사진은 2006년 궈시추이의 모습이며, 그녀는 끝까지 자신의 소송을 견지하였다. 〔2006년 야오페이 촬영〕

2 산시성의 일본군 성폭력 피해자들은 1998년 10월 30일 제3차 소송을 제기하였다. 완아이화와 자오룬메이(趙潤梅) 등 원고 10명(그중 한 명은 피해자 가족)이 도쿄지방법원에 일본정부를 상대로 소송을 제기하였다. 사진은 원고 중 한 명인 자오룬메이이다. 〔2006년 야오페이 촬영〕

3 2003년 4월 24일 도쿄 지방법원은 완아이화 등 원고의 요구를 기각한 1심 판결을 내렸지만 가해와 피해 사실은 인정하였다. 사진은 완아이화 등이 도쿄에서 일본 정부를 상대로 기소하는 모습이다. 〔女性的戰爭和和平資料館 編, 『女性國際戰犯法庭集』, p19〕

1

2

1 2005년 3월 31일 도쿄고등법원의 2심 판결에서 1심 판결을 유지하였다. 7월 완아이화 등 원고는 일본최고법원에 상소하였으며 다음 해 11월 일본최고법원은 원고 패소 판결을 내렸다. 사진은 2012년 5월 쑤즈량이 위현의 피해자 장가이샹(張改香)을 방문하는 모습이다. [2012년 둥톈이 촬영]

2 2014년 1월 28일 8시 장가이샹 노인은 위현에서 타계했다. 사진은 중국'위안부'문제연구센터가 보낸 화환이다. [2014년 자오원제 촬영]

1 하이난성 '위안부' 피해자 소송은 하이난성의 일본군 '위안부' 피해자 천야벤, 황유량(黃有良), 린야진 외 8명이 2001년 7월 16일 도쿄지방법원에 일본 정부를 상대로 소송을 제기한 것이다. 일본정부에게 중일 양국의 언론 매체에 공개적으로 사과하고 원고 1인당 2300만 엔을 배상하라고 요구하였다. 8명의 원고는 모두 여족 혹은 묘족으로 당시 가장 나이 어린 사람은 14살이었고 많아도 17살에 지나지 않았으며 모두 미혼이었다. 소송 원고 중 두 명은 이미 사망하였으며 유가족 7명이 소송에 참가하였기 때문에 당시 원고는 총 13명이었다. 배상금 청구액은 합계 1억 8천만 엔이 넘었다. 사진은 천진위(陳金玉)가 증인으로 법정에 서기 위해 도쿄로 갈 때 사용했던 여권 및 일본 비자이다. 〔2009년 쑤즈량 촬영〕

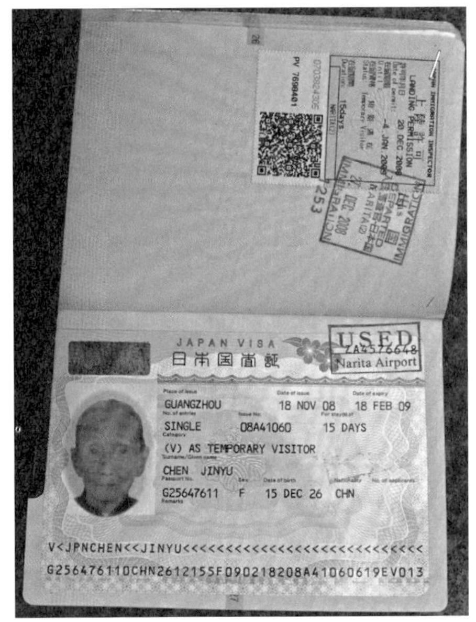

1

2 그 후 린야진과 천야벤 등이 원고 대표로 일본에 가서 증언했다. 1심 기간에 양어방(杨䰻榜) 등 원고 3명이 병으로 사망했다. 사진은 린야진 등이 도쿄에서 활동하는 모습이다. 〔女性的戰爭和和平資料館 編, 앞의 책, p19〕

2

3 2001년 11월 28일 오후 13시 10분 황유량(黃有良)은 중일변호사단의 일본 변호사와 통역 후웨링(胡月玲)이 동행하여 도쿄지방법원으로 갔다. 황유량은 중국 하이난성 여성 8명을 대표하여 일본의 중국 침략전쟁 중 받은 피해를 법정에 나가 증언했다. 2014년 1월 쑤즈량과 천리페이가 하이난성 링수이현의 황유량의 집을 방문하였다. 〔2014년 쑤성제 촬영〕

3

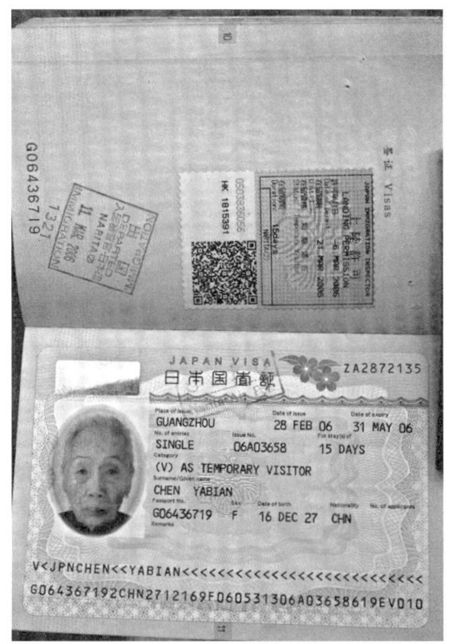

1

2

3

4

1 천야벤은 수차례 도쿄로 가서 일본 성노예 제도를 폭로하는 행사에 참여하였다. 사진은 그녀가 소송을 위해 일본으로 갈 때 사용했던 여권과 일본 비자이다. (2014년 쑤즈량 촬영)

2 2006년 8월 30일 일본 도쿄 지방법원은 원고 패소 1심 판결을 내렸다. 법원은 당시 피해 사실은 인정하였지만 '개인이 국가를 고소할 권리는 없다'는 이유로 원고 패소로 판결하였다. 천야벤은 직접 법원과 도쿄 거리에서 항의하였다. 2008년 12월 천진위는 도쿄 고등법원 법정에 나가 증인을 섰다. 사진은 천진위이다. (2009년 쑤즈량 촬영)

3 2009년 3월 26일 오후 일본 도쿄 고등법원은 중국 하이난다오 '위안부' 소송의 2심 판결을 통해 일본 정부의 사죄와 배상 요구를 기각하였다. 원고 천야벤은 다시 상소하였다. 사진은 천진위 등이 피해를 당한 일본군 '위안소' 유적이며 당시 건물은 이미 철거되었다. (2009년 쑤즈량 촬영)

4 2010년 3월 2일 일본 최고법원 제3법정은 원고의 소송을 기각하여 1심, 2심 판결을 유지하였다. 이로써 하이난성 피해자의 소송도 다른 소송과 마찬가지로 원고 패소하였다. 2009년 쑤즈량과 천허우즈가 링수이현으로 가서 천야벤 노인을 방문하였다. (2009년 천야벤 가족 촬영)

1

1 타이완 '위안부'제도의 피해 생존자들이 타이베이에서 열린 한국의 제600회 수요집회 행사에 참여하였다. 〔臺北市婦女救援基金會, 『沈默的傷痕——日軍慰安婦歷史影像書』, 臺北商周出版社, 2005, p115〕

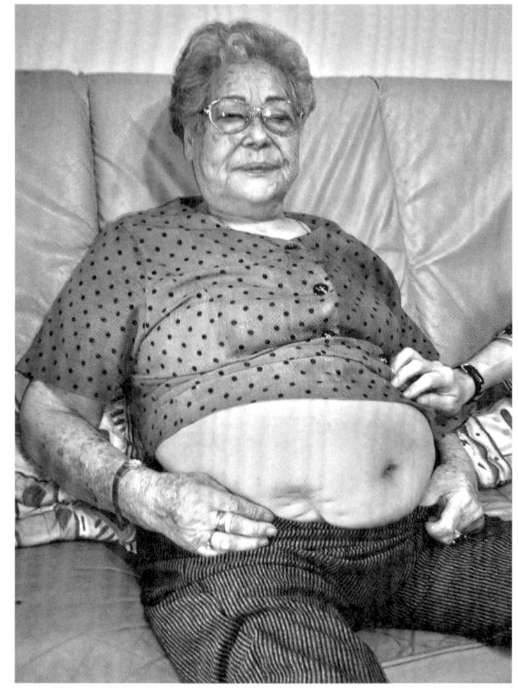
2

2 2002년 10월 15일 타이완 피해자들의 소송은 1심에서 패소하였다. 타이완의 피해자들은 바로 상소하였다. 피해자 아타오(阿桃)의 배에는 아직도 당시 일본군이 남긴 칼자국이 길게 나있다. 〔2002년 천리페이 촬영〕

3

3 2005년 2월 25일 일본최고법원은 상소를 기각하였다. 심리가 끝날 당시 두 분의 피해자는 이미 사망하였다. 사진은 아타오가 도쿄에서 일본의 배상을 요구하는 행사에 참가하고 있는 모습이다. 〔女性的戰爭和和平資料館 編, 『女性國際戰犯法庭集』, p19〕

3. 일본군 '위안부' 제도에 대한 국제사회의 비난

1990년대 초 일본군 '위안부'제도가 폭로된 이후 세계 각국 특히 아시아 각국에서는 이에 대한 치밀한 조사와 연구를 진행하였다. 1996년 유엔인권위원회의 보고서는 일본이 전시 성노예 제도를 실시하였다는 사실을 명백히 하였으며 깊이 반성할 것을 촉구하였다.

1993년 8월 4일 일본 내각 관방 장관 고노 요헤이는 일본군이 2차대전 기간에 강제로 '위안부'를 모집하였다는 것을 인정하는 '고노담화'를 발표하였다. 그러나 20년이 지난 현재까지도 여전히 일본 고위관료들의 역사 부정은 계속되고 있다.

2007년 3월 5일 미국 국회에서 전시 일본의 성노예 제도 시행을 규탄하는 결의안을 통과시킨 것에 대해 당시 일본 총리 아베 신조는 "미국국회의 결의안은 사실에 근거한 것이 아니다. 결의안이 통과되었지만 나는 사죄하지 않겠다. 좁은 의미에서 보면 강제성을 증명할 수 있는 증거는 없으며 그것을 증명할 수 있는 증언도 없다. 아마도 종군 '위안부'가 스스로 그 길을 가는 것을 원하지 않았지만 중간에서 업자가 강제 모집한 경우는 분명히 있었을 것이다. 그러나 관원들이 민가에 쳐들어가 사람을 데려간 그런 강제성은 없었다."라는 주장을 하였다.[120] 2012년 아베의 두 번째 내각은 역사 문제에 있어 우경화 경향이 더욱 심해졌다. 역사를 부정하고 양심이 전혀 없는 이러한 주장은 피해국과 피해자에게 다시 한 번 상처를 주었고 역사 정의와 인류 양심에 대한 공개적인 도전이었기 때문에 한국과 중국 등의 여론의 강한 비판을 받았다. 각국 여론은 일본 정부에게 '위안부' 범죄를 인정하고 공식적으로 사과하라고 촉구하고 있다.

최근 유엔 각 기구는 일본 정부가 '위안부' 범죄를 부정하는 행위에 대해 비난하였다. 2014년 7월 유엔인권이사회는 『일본 인권 심사 결론(日本人權審査結論)』이라는 보고서를 발표하여 일본이 2차 세계대전 시기 '위안부'문제에 대한 책임이 있다고 했다. 유엔인권이사회의 신문 공보는 인권이사회 회의에서 일본 인권에 대한 심사를 끝냈고 최종적으로 일본은 2차 세계대전 시기의 '위안부'문제에 대해 책임을 져야 한다고 결론을 내렸다고 말하였다. 공보는 또한 '위안부'문제에 대해 일본 정부는 "강제적으로 '위안부'를 모집한 적이 없다"라고 주장하였으나, "임용과 운송, 관리 등에서 여성의 개인 의지를 위반하였음"이 인정된다고 밝혔다. 인권이사회는 그 자체가 인권을 침해한 행위라고 보았다. 유엔인권이사회는 신문 공보에서 일본 정부가 신속하게 '위안부'문제의 인권 침해에 대해 계속적으로 조사하라고 촉구하였다. 만약 강제적으로 '위안부'를 징용한 것을 증명할 수 있는 자료가 발견되면 책임자에게 법률과 행정 처분 등의 조치를 취해야 하고 피해자 및 그 가족들에게 "정의를 돌려주고 그들을 위로해야 한다" 고 하였다. 8월 6일 유엔인권사무국 고등판무관 필레는 제네바에서 2차 세계대전이 끝난 지 70년 가까이 되었지만 일본의 '위안부'문제에 관한 언행은 여전히 피해자의 인권을 침해하고 있다고 지적하였다.

일본 국민과 전 세계 사람들이 모두 자신의 머리로 생각하고 침략전쟁의 폐해를 올바르게 인식하여 군국주의 열성분자들에게 '세뇌' 당하지 않기를 희망한다. 한나 아렌트가 말한 '평범한 악'이 사회에 범람하여 평화를 해치는 것을 경계하고 역사를 기억하여 미래로 향할 수 있기를 바란다.

---

[120] 韓國慰安婦問題對策協議會, 『不可擦掉的歷史, 日軍'慰安婦'』, 中文版(無版權頁), p68.

1

1 1992년 2월 유엔 인권위원회에서 일본 시민단체 대표가 일본군이 전쟁 기간에 '위안부'를 강제로 징용한 상황을 보고하였다. 요시미 요시아키(吉見義明)와 하야시 히로후미(林博史), 마쓰이 야요리(松井耶依), 니시노 루미코 등의 학자들이 일본의 양심을 대표하여 '위안부' 문제에 대해 정밀한 조사와 연구를 진행하여 중요한 돌파구가 되었다. 한국의 김학순은 일본군 성노예 제도 범죄를 고발한 세계 최초 피해자이다. 〔女性的戰爭和和平資料館 編, 『朝鮮人'慰安婦'』〕

2

2 1993년 6월 비엔나에서 개최된 유엔 세계인권회의에서 〈여성에 대한 모든 형태의 폭력 철폐에 관한 선언〉을 하였다. 선언에는 일본군 '위안부' 문제는 여성 인권을 침해한 행위이며 "전쟁 중 행해진 여성에 대한 노예제도"라고 지적하며 효율적으로 추궁할 수 있는 법적 규칙을 제출하였다. 더 많은 사람들이 일본이 성노예 제도를 실시한 원인을 탐구하기를 희망하고 있다. 사진은 캐나다의 교사들이 상하이 푸둥 첸창루에 있는 일본군 위안소 유적을 참관하는 모습이다. 〔2006년 캐나다 중국 방문단 단원 촬영〕

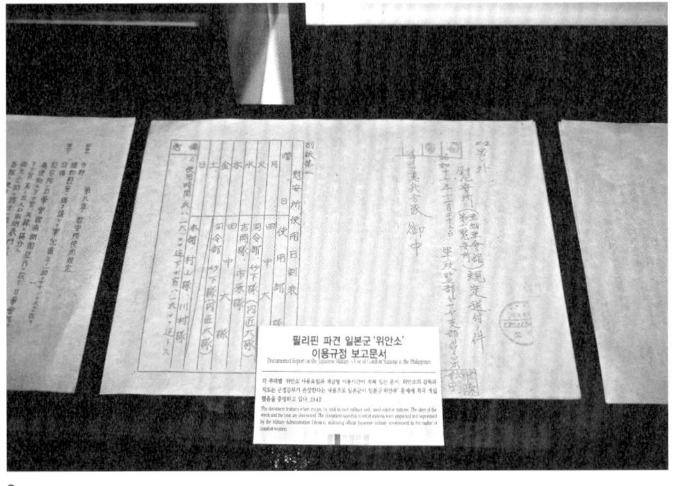

3

3 스리랑카의 저명한 법률 전문가 쿠마라스와미는 1996년 4월 1일 유엔인권위원회 북한과 한국, 일본의 조사 자료를 토대로 〈전시 군사 성노예에 관한 보고서〉를 제출하였다. 이 보고는 일본 정부에게 아래와 같은 요구를 명확하게 제기하였다. a. 국제법을 위반하여 '위안소'를 설립한 행위에 대해 법적 책임을 져야 한다. b. 성노예 피해를 당한 모든 사람들에게 배상해야 한다. c. 모든 관련 자료를 공개해야 한다. d. 피해자들에게 공식적으로 사죄해야 한다. e. 교과서에 이러한 역사 사실을 정확하게 반영해야 한다. f. 전쟁 범죄에 대해 처벌해야 한다. 사진은 한국 나눔의집 일본군'위안부'역사관에 진열된 일본군 '위안소' 이용 규정에 관한 보고 문서이다. 〔2009년 천리페이 촬영〕

1

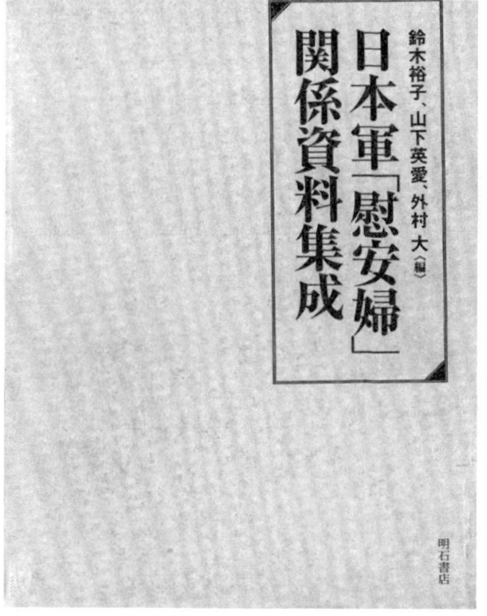

2

3

1 일본 츄오대학교 요시미 요시아키 교수는 일본 학계의 '위안부' 문제 연구를 대표하는 탁월한 학자이다. 그는 오랫동안 심도 깊은 조사를 통해 『종군 위안부 자료집(從軍慰安婦資料集)』을 출판하여 일본 정부와 군대가 '위안부'제도를 실행했다는 사실을 보여주는 문서를 공개하여 세계 정계와 학계의 많은 관심을 불러 일으켰다. 사진은 『종군 위안부 자료집』 표지이다.

2 그 후 스즈키 유코(鈴木裕子), 야마시타 영애(山下英爱), 도노무라 마사루(外村大)가 함께 『일본군 '위안부' 관련 자료 집성(日軍'慰安婦'關系資料集成)』을 공동으로 편찬하여 아카시(明石)서점에서 출판하였다.

3 1995년 7월 일본은 '여성을 위한 아시아 평화 국민기금(이하 "아시아여성기금")'을 설립하여 민간 모금과 정부 후원 형식을 통해 '위안부'피해자에게 약 500만 엔의 보상금을 지급하였다. 그러나 아시아여성기금의 조항에 '위안부'가 "만약 지원을 받으면 일본 정부에 대한 공소권을 포기한다"고 되어 있었다. 또한 일본 정부의 책임을 인정하지 않는 것이었기 때문에 아시아여성기금의 보상 계획이 공개되자 각국의 '위안부'제도 피해자와 관련 시민단체들의 강력한 항의와 저항을 받았다. 아시아여성기금은 2002년 5월 활동을 중지하였다. 전 세계 피해 지역의 총 266명이 보상금을 수령하였으며 중국 대륙의 피해자 중에 이 보상금을 수령한 사람은 없다. 그런데 아시아여성기금에서 편집한 『종군 '위안부' 관련 자료집성(從軍'慰安婦'關系資料集成)』은 일본 군국주의의 폭행을 폭로하는 중요한 사료를 제공하고 있다. 사진은 책의 표지이다.

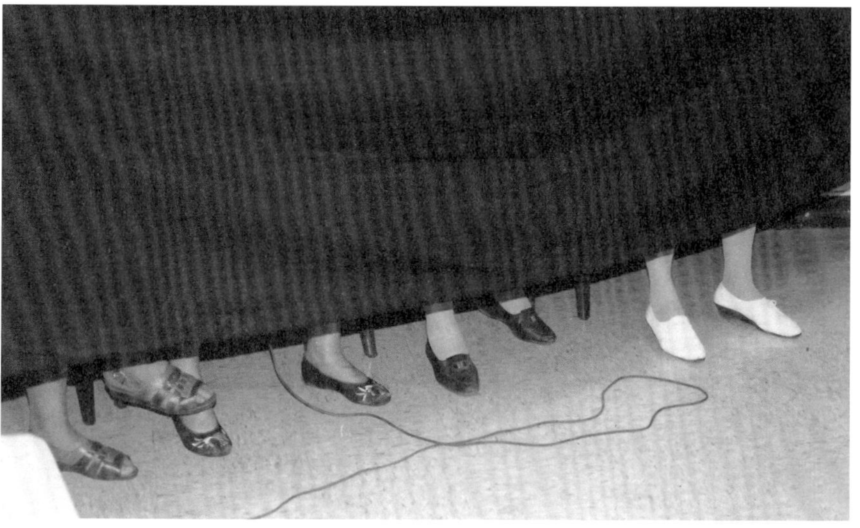

4

4 각국의 각 지역은 서로 다른 형식으로 자료를 찾고 생존자를 찾아가며 역사의 진실을 밝혀내고 있다. 사진은 중국 타이완 지역의 '위안부' 생존자들이 타이베이에서 기자회견을 하는 모습인데, 장막 아래로 노인들의 발이 보인다. 〔臺北市婦女救援基金會, 『沈默的傷痕—日軍慰安婦歷史影像書』, 臺北商周出版社, 2005〕

1 두쉐쿠이(杜學魁)는 홍콩의 세계항일전쟁사실유지회(世界抗日戰爭史實維護會)의 창시자이다. 그는 동북지역에서 태어나 일본군의 폭행에 대해 상당한 기억을 지니고 있으며 아시아 각국이 일본군 '위안부' 범죄를 조사하는 것을 지지하였다. 사진은 1999년 쑤즈량과 두쉐쿠이가 홍콩의 자택에서 담화하는 모습이다. 2001년 11월 17일 두쉐쿠이가 사망하였다.

2 두쉐쿠이는 홍콩중문대학에서 열린 일본군 '위안부' 문제 관련 강연회(쑤즈량)에 직접 참가하여 즉석 토론을 하였다. 사진은 강연회 기획자인 홍콩중문대학교 진관타오(金觀濤) 교수이다.

3 2000년 12월 8일 세계 여러 국가의 법률가와 학자, 인권 활동가 등으로 구성된 '여성 국제 전범 법정'은 일본 도쿄에서 5일 동안 열렸으며 일본 군인이 2차 세계대전 동안 저지른 '위안부' 범죄에 대한 심리를 통해 판결을 내렸다. 사진은 당시 법정의 모습이다. 〔자료 사진〕

1

2

3

1

昭和天皇にも
残虐行為報告
三笠宮殿下語る

三笠宮崇仁殿下(八四)は十五日、東京都文京区のホテルで開かれた日本画家、平山郁夫さん(七〇)の古希の祝いに出席し、あいさつで「戦時中、中国での日本軍の残虐行為を間近にして、身の縮む思いをしました。そのことを昭和天皇に報告したという経験もあります」と話した。平山さんが、日中の文化交流に貢献していることに関連して語った。

三笠宮殿下は一九四三年から一年間、南京の総司令部に赴任した経験があり、八四年に出版した自叙伝「古代オリエント史と私」の中では、自分が見聞きした日本軍の残虐行為について「生きた捕虜を銃剣で突きさせる」「毒ガスの生体実験をしている映画も見せられました」などと書いている。

2

3

1 2000년 도쿄 구단카이칸(九段會館)에서 개최된 '여성 국제 전범 법정'은 전후 일본군 '위안부' 문제와 관련된 세계 최대 규모의 행사였으며 세계 각지에서 사람들이 참여하였다. 사진은 줄을 서서 입장을 기다리는 청중들이다. 〔2000년 쑤즈량 촬영〕

2 법정에서는 사료와 증언의 진실성을 인정하였으며 일본 천황의 범죄 여부를 두고 논쟁하였다. 히로히토 천황이 전쟁터에서 일본군의 폭행을 알고 있었다는 근거가 있다. 사진은 2000년 6월 16일 출판된 『아사히 신문(朝日新聞)』인데, 미카사노미야 다카히토(三笠宮崇仁)가 천황에게 일본군의 중국에서의 만행을 보고했다고 히라야마 이쿠오(平山郁夫)에게 말한 것을 보도하였다. 미카사노미야 다카히토는 일본 화중 방면군 총사령관 이었다.

3 법정에서는 일본 정부와 천황이 성노예 제도의 실행에 책임이 있기 때문에 사죄하고 배상해야 한다는 점을 인정하였다. 법정 판결이 나온 후 세계각지에서 온 60여 명의 생존자들이 무대에 올라가 자축하였다. 〔2000년 쑤즈량 촬영〕

1 왼쪽부터 중국의 저우훙쥔(周洪鈞) 검사, 관졘챵(管建强), 궁바이화(龔柏華), 캉졘, 천리페이, 법정의 담당 검사와 재판장의 단체사진이다. 〔2000년 쑤즈량 촬영〕

2 중국 검사단의 단체사진이다. 왼쪽부터 저우훙쥔(화동법정대학교 교수), 천리페이(당시 화동사범대학교 부편집, 현재 상하이사범대학교 교수), 캉졘(베이징 팡위안〈方元〉변호사사무소 주임), 쑤즈량(상하이사범대학교 교수), 궁바이화(푸단〈復旦〉대학교 교수). 〔2000년 장궈퉁 촬영〕

3 일본 중의원 전의장이고 일본 국회의원이자 사민당 당수인 도이 다카코(土井多賀子)는 '여성 국제 전범 법정'의 입장을 지지하며 '위안부'제도 재판 행사에 참여하였다. 〔2000년 관졘챵 촬영〕

1

2

3

1

2

3

1 해협 양안(중국과 타이완-역주)의 동포들은 도쿄 '여성 국제 전범 법정'의 재판에서 함께 투쟁하였고 우정을 맺었다. 사진은 양안 스태프들의 단체사진이다.

2 2001년 12월 4일 도쿄 '여성 국제 전범 법정' 행사의 최종심은 네덜란드 헤이그에서 열렸다. 법정에서는 일본 히로히토 천황과 오카무라 야스지, 마쓰이 이와네 등 8명이 2차 세계대전 시기에 아시아에서 '위안부'제도를 시행하여 인도에 반하는 범죄를 저질렀다고 판결을 내렸다. 사진은 중국 대표단 단장인 쑤즈량, 헤이그국제법원의 대법관 스쥬융(史久鏞)이다. [2001년 저우훙쥔 촬영]

3 2002년 5월 아시아 각국은 북한 평양에서 일본군의 전쟁 범죄를 비판하는 동아시아평화포럼을 열었으며, 쑤즈량과 류바오천이 중국을 대표하여 참석하였다. 사진은 각국 '위안부'제도 피해 생존자들과 강제노역 피해 대표자들이다. [2002년 쑤즈량 촬영]

1 2003년 9월 18일 일본의 아시아침략전쟁책임 국제학술세미나가 상하이사범대학교에서 열렸다. 한국과 북한, 일본, 필리핀, 미국, 중국의 학자와 변호사, 피해자 등이 참석하였다. 사진은 중국 대표 부핑(步平)이다. [2003년 후하이잉 촬영]

2 2007년 7월 7일 상하이사범대학교의 중국'위안부'자료관이 개관하였다. 생존자 완아이화(산시성)와 린야진(하이난성 여족), 웨이사오란(광시성 요족) 등이 중국'위안부'자료관 개막식에 참석하였다. [2007년 가오판푸(高凡夫) 촬영]

3 완아이화 노인은 영광스러운 항쟁 노전사 기념 장식을 머리에 쓰고 중국'위안부'자료관 개막식에 참석하였다. [2007년 쑤즈량 촬영]

1

2

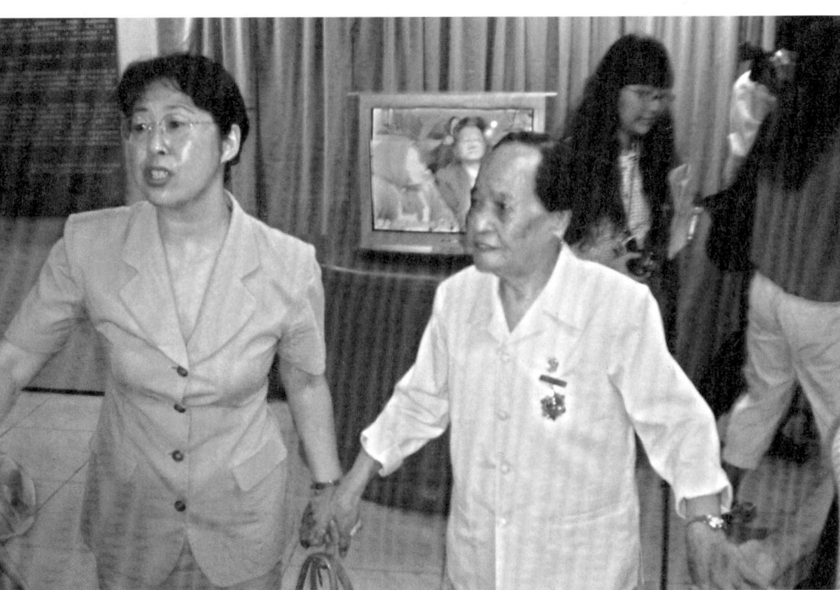
3

1

2

3

1 피해자들이 관객과 카메라 앞에서 고통스러운 과거를 이야기하고 있다. [2007년 야오페이 촬영]

2 교사와 학생, 미디어가 함께 항쟁 노전사 완아이화의 증언을 듣고 있는 모습이다. [2007년 야오페이 촬영]

3 완아이화, 린야진, 웨이사오란 그리고 웨이사오란의 아들 뤄산쉐와 타계하신 위안주린 노인의 양녀 청페이(程非)가 상하이사범대학교 '위안부' 문제연구센터 스태프들과 함께 황푸장(黃浦江)을 관람하면서 활짝 웃고 있는 모습이다. [2007년 천리페이 촬영]

1 2007년부터 유럽연합, 네덜란드, 캐나다, 필리핀, 한국 등의 의회에서 '위안부' 결의안을 통과시켰다. 일본이 2차 세계대전 동안 강제로 '위안부'를 징용한 것은 "20세기 최대 인신매매 행위 중 하나"라고 지적하였으며, 결의안은 일본 정부가 신속하게 역사적, 법적, 정치적 책임을 져야 하며 '위안부'로 징용된 모든 여성 및 가족들에게 공식적으로 사과하고 경제적으로 배상하라고 촉구하였다. 사진은 한국의 윤정옥과 일본의 마쓰이 야요리이다. 두 사람은 '위안부'문제를 국제사회에 알린 선지자이다. [1998년 쑤즈량 촬영]

1

2 2007년 7월 7일 중국'위안부' 자료관이 상하이사범대학교에서 문을 열었다. 많은 참관자들이 이곳을 통해 '위안부'관련 사실을 알게 되었다. 사진은 캐나다에서 온 중국 방문단이 후난성의 피해자 탄위화의 증언강연을 들은 후 촬영한 것이다. [2008년 7월 야오페이 촬영]

2

3 2008년 11월 7일 일본 홋카이도의 최대 도시 삿포로 의회는 일본 정부에게 '위안부'의 존엄을 회복할 수 있는 조치를 취할 것을 요구하는 결의안을 통과시켰다. 삿포로시 의회는 〈종군 '위안부'문제의 진상을 조사하고 피해자의 존엄을 회복할 것을 요구한다〉는 결의문을 통해 일본 정부에게 내각 결의를 통해 '위안부'문제에 대해 사죄하고 법률을 제정하여 '위안부' 배상 문제를 해결하라고 요구하였다. 그리고 '위안부'문제에 대해 역사 교육을 시킬 것 등을 요구하였다. 최근 각국의 '위안부' 문제에 대한 관심이 늘어가고 있다. 사진은 2012년 독일 청소년 중국 방문단이 중국'위안부'자료관에 와서 야오페이(姚霏) 교수의 설명을 듣고 있는 모습이다. [2008년 천커타오 촬영]

3

1

海南岛保亭地区“日本慰安妇”受害者情况一览表

核对时间：2002年7月20日

受害者姓名	出生时间	民族	受害时间	受害地点	现居住地址	身份证证号	备注
杨娇榜	1920.10.8	黎	1940.4-1945.8	县城日军据点	保城镇什聘什曼村		
邓玉民	1925.4.30	苗	1940.5-1945.8	县城日军据点	响水镇什月什齐村		
伍来春	1923.10	黎	1940.5-1945.8	县城日军据点	保城镇春天扫例村		已故 2000.7.29
林亚金	1924.9.21	黎	1943.10-1945.8	南林日军据点	南林乡罗葵什号村		
谭亚洞	1925.8.20	黎	1943.10-1945.8	南林日军据点	南林乡东方万如村		
谭玉莲	1925.9.12	黎	1943.10-1945.8	南林日军据点	南林乡东方南通村		
黄玉凤	1926.8.28	黎	1940.5-1945.8	加茂日军据点	南茂农场三区什坡村		
陈金玉	1926.12.15	黎	1941.5-1945.6	加茂日军据点	南茂农场五区北赖村		
陈[illegible]村	1926.11.4	黎	1940.5-1945.8	加茂日军据点	万宁市大茂镇红石村委会进坑村		

负责核对：张应勇、陈厚志

2

3

1 2013년 8월 한국 '위안부' 조사단이 상하이로 와서 중국학자들과 자료 교환과 협력연구에 대해 논의하였다. 사진은 한중 양국 학자들이 중국'위안부'자료관을 방문한 모습이다. [2013년 장쇄이(張帥) 촬영]

2 중국 '위안부' 문제 관련 조사는 전국 각지의 향토사학자들에게 많은 신세를 지고 있다. 이 명단은 하이난성 바오팅현의 장잉융(張應勇)과 천허우즈가 현지 생존자를 조사하여 정리한 것이다. 장잉융은 2005년 12월 28일 병사하였으며 천허우즈는 지속적으로 조사 작업을 해오고 있으며 피해자들에 대한 케어를 이어오고 있다. [2009년 쑤즈량 촬영]

3 세계 각국의 사람들과 단체, 미디어는 일본군 성노예제도 피해자들에 대해 관심을 기울여 왔으며 각자 다른 형식으로 생존자들을 위로하고 지지를 보내고 있다. 사진은 한국인 예술가가 일본군 '위안부' 제도의 책임을 묻는 무용을 통하여 수없이 죽어간 '위안부'제도의 피해자들을 애도하고 있다. [1998년 천리페이 촬영]

1 1999년 세계항일전쟁사실유지회가 개최한 샌프란시스코 회의에서 쑤즈량이 중국의 일본군 성노예 피해 상황을 소개하였다. 『난징대학살』을 쓴 중국계 미국인 여작가 장춘루(張純如)가 관심을 보여 '위안부' 역사 연구에 대해 협력하자고 약속하였으나 안타깝게도 장춘루의 사망으로 실현되지 못하였다. 사진은 쑤즈량과 장춘루이다. 〔1999년 미국 친구 촬영〕

2 2013년 궈커 연출, 쑤즈량이 자문한 다큐멘터리 『32』가 중국 국내외에서 방영되었다. 이 다큐멘터리는 웨이사오란과 그녀의 아들 뤄산쉐의 일상생활을 기록하였다. 촬영 시작 당시 중국 대륙의 생존자는 32명이었는데 촬영을 마친 시점에서 '위안부' 피해 생존자는 23명이 되었다. 다큐멘터리는 많은 관심을 불러일으켰다. 사진은 궈커 연출이 제공한 『32』의 포스터이다.

3 필리핀 피해자가 상하이에서 일본군 폭행에 대해 증언하는 국제 행사에 참여하여 중국 인민의 열렬한 환영을 받았다. 사진은 그녀들이 공연을 보다 동남아시아의 전통 음악이 나오자 음악에 맞추어 춤을 추는 모습이다. 〔2003년 장야오쥔(張姚俊) 촬영〕

4 최근 아시아 각국 사이의 교류가 늘어가면서 전쟁 시기 일본의 성노예 제도에 대한 사람들의 관심도 증가하고 있다. 일본의 대학생, 교사, 일반인들이 빈번하게 상하이와 난징을 방문하여 일본군 폭행 전시관을 참관하며 전쟁에 대해 반성한다. 사진은 일본 오카야마 현민들이 단체로 중국'위안부'자료관을 참관하는 모습이다. 〔2008년 장쇼이 촬영〕

1

2

3

4

1

2

3

1 2009년 르완다 대학살기념관의 중국 방문단이 상하이의 중국'위안부'자료관을 참관하였다. 사진은 쑤즈량이 전시 인도주의를 위반한 일본 죄행에 대해 설명하는 장면이다. [2009년 장원쥔(江文君) 촬영]

2 세계 각국의 사람들과 단체들은 일본 정부에게 성노예 제도 실시와 그것의 범죄성을 인정하라고 촉구하기 위해 오랫동안 투쟁해왔다. 일본의 전쟁 범죄를 청산하는 국제협의회도 그 중 하나이다. 사진은 국제협의회가 상하이에서 회의를 연 후의 모습이다.

3 2013년 일본의 여교사 중국 방문단이 중국'위안부'자료관을 참관한 후의 모습이다. [2013년 6월 7일 상하이부녀위원회 촬영]

일본군 '위안부' 관련연표

1931년

9월 18일 만주사변 발발로 일본군 중국 동북 지역 침략

1932년

1월 28일 1차 상하이사변 발발

1월 상하이 일본해군 해병대 사령부가 '다이살롱(다이이치살롱)', '샤오숭팅(고마츠데이)', '융러관(에이라쿠관)', '산하오관(미요시관)' 등 4곳의 '유곽'을 해군 위안소로 지정

2월 일본 상하이파견군 오카무라 야스지 참모장이 나가사키 현 지사에게 여성을 모집하여 '위안부단'을 조직해 줄 것을 요구하여 상하이에서 '위안소' 설립

12월 상하이의 일본 해군'위안소' 17곳으로 증가

1933년

3월 20명의 일본인 '위안부'가 동북 츠펑(赤峰)의 일본군 병영에 도착

4월 일본군 제14여단 순보에 여단에서 관리하는 '위안소'에 여성 38명이 있으며 그중 조선 여성 35명이 있다고 게재

12월 조선총독부경무국 《娼妓取締規則修正(창기취체규칙수정)》 반포

1936년

상하이에 일본 해군'위안소' 모두 14곳

1937년

7월 7일 일본군 루거우챠오사건을 일으켜 중일 전쟁 전면화

일본 화중 방면군이 '위안소' 설립 결정 후 간사이(關西) 창기 업계에 '위안부' 모집 협조 요구

12월 15일 후쿠오카 현 지사가 일본 외무대신, 내무대신에게 편지를 보내 두 명의 조선인 여성의 상하이 쓰촨루 북쪽에 있는 해군'위안소'로의 도항 허가 요구

1938년

1월 13일 일본 화중 파견군 동병참 사령부가 직접 운영한 양쟈자이 '위안소'(상하이 둥선쟈자이 소재) 설립, 초기 조선인 여성 80명과 일본인 여성 24명

2월 23일 일본 내무성 경보국장 통첩 〈지나(중국)도항부녀에 관한 건〉 시달

2월 일본 화중 파견군 헌병대 사령관 오오키 시게루가 참모부에 난징 샤관구, 전쟈, 쥐룽, 진탄, 창저우, 단양, 우후, 닝궈 지역의 '위안소'의 상황 보고

봄 일본인 운영 '위안소'가 상하이 쟝완진에 출현

4월 16일 난징 주둔 일본군 각부서와 영사관이 연석회의 개최해 '위안소' 문제 논의

5월 28일 일본 육군성 교육총감이 〈전시복무제요〉 반포하여 "군대 '위안소'의 위안시설 반드시 완비해야 한다"고 요구

10월 27일 일본 제11군 무라나카(村中) 참모 부대에 '위안소' 설치 요구

11월 중순 한커우의 일본군 '위안소' 30곳 설치, '위안부' 약 300명

12월 일본군은 타이중의 여성을 강제로 모집하여 화남지역 '위안부'로 충당하기 시작

1939년

1월 산시성 원수이현의 괴뢰정권이 안내문을 통해 공개적으로 일본군을 위한 '위안부' 강제 모집

봄 한커우 '위안소'의 요시카와(吉川) 중위와 후지사와(藤澤) 군의관이 상하이와 난징의 '위안소' 시찰

6월 26일 아소 데츠오 군의관 군부에 보고서 〈화류병 적극 방지법〉 제출
상하이 궁핑리에 상하이 최대 해군 '위안소' 하이나이쟈(우미노이에) 설치

7월 1일 일본 화북 경무부의 통계, 중국 일부지역의 일본군 '위안부' 8,931명

12월 23일 일본 외무대신 한커우 주재 일본영사에게 〈한커우주둔 육군 아마노(天野)부대의 위안소 여성 중국 도항에 관한 문서〉 발신

1940년

1월 일본군 네이멍구 초원 주둔 부대에 대량의 '위안소' 설치

9월 19일 육군성 카와하라 나오카즈(川原直一) 부관 〈중국전쟁 경험을 통해 관찰한 군기 진작 대책〉이라는 문서를 배포하여 '위안소'에 대한 관리 강화 요구

1941년

7월 관동군 특수 훈련을 개최하기 위한 준비의 하나로 하라젠 자부로우(原善三郎) 참모가 조선총독에게 여성 2만 명을 모집해서 '만주'로 보낼 것을 요구

12월 8일 태평양전쟁 발발로 일본군은 동남아시아의 점령지역에 '위안소' 설립 시작

12월 말 일본 육군성과 해군성이 일본의 유곽 업주에게 '위안소' 개설 요구

동년 조선총독부의 〈중국 방문 신분증명서 발급 상황〉에 7월부터 12월까지 중국으로 온 '예창기'들에게 발급한 신분증명 402개
일본군 하이난다오에 대량의 '위안소' 설립

1942년

2월 일본군 제22군 난닝에 '위안소' 설치

3월 타이완 주둔 일본군 〈남방 파견 도항자 관련 문서〉 배포하여 타이완 원주민 50명을 모집해 남방 지역 '위안부'로 충원할 것 요구

5월 일본군 톈진 방위사령부가 괴뢰정권 톈진특별시 정부 경찰국에게 창기를 징용하여 전선으로 보내 일본 군대 '위문' 명령

6월 18일 육군성 의무국 〈대동아전쟁 중 장병의 성병 처리에 관한 문서〉 기초

7월 각국에서 온 130명의 '위안부'를 일본군이 상하이로 집중시킨 후 싱가포르로 운송하여 계속적으로 '위안부'로 충당

8월 조선인 '위안부' 700명 미얀마 도착

9월 일본군 중국파견군사령부는 병사가 평균 두 달에 콘돔 하나를 확보할 것을 제기

12월 120명의 '위안부' 마리아나 제도 도착

1943년

1월 일본군 군의관의 조사에 따르면 장쑤성 쟝인현의 12명의 일본군 '위안부' 중 최연장자 32살, 최연소 19살, 평균 23세

2월 마닐라 일본군 병참 〈'위안소' 규정〉 반포

동년 일본군 싱가포르에 '위안' 시설 설치

일본군 윈난성 텅충에서 한족과 태족 여성을 약탈하여 '위안소' 설치

1944년

1월 자바 헌병대 사령부의 『헌병월보(憲兵月報)』에 따르면 군기를 위반하고 '위안소'에 간 병사들이 적지 않았음을 기록

3월 일본군 네덜란드 여성 100명을 약탈하여 마닐라의 '위안소'로 이송

5월 일본군 톈진 방위사령부 창기 80명을 강제로 '위안부'로 충당

일본군 광둥 중산 경비대 〈군인클럽 이용규칙〉 반포

1945년

4월 일본군이 하난성 덩현(鄧縣) 둥허제(東河街)에 '위안단' 설치

7월 28일 일본군 톈진 사령부 창기 34명을 산둥성 쥐현(莒縣) 일본군대로 강제 이송하여 '위안부'로 충당

8월 15일 일본군 무조건 항복 선언, 2차 세계대전 종결

전후 극동국제군사재판이 도쿄에서, 국민정부가 난징에서, 중화인민공화국 정부가 베이징에서 일본 전범에 대한 심판 진행

1951년

9월 8일 영국과 미국이 일본과 단독 강화를 맺고 일본 정부와 샌프란시스코 평화조약 체결

1972년

9월 29일 베이징에서 중국과 일본 공동 성명 발표, 양국의 국교 정상화

1973년

일본 기자 센다 가코의 『종군위안부』 출판

1976년

김일면, 『천황의 군대와 조선인 위안부』 출판

1980년

한국 이화여자대학교 윤정옥 교수 '위안부' 문제 조사 시작

1985년

8월 15일 일본 나카소네 야스히로(中曾根康弘) 총리가 A급 전범의 위패가 있는 야스쿠니 신사 공식 참배

1990년

5월 18일 한국 노태우 대통령의 방일 전 한국 여성 단체 일본 정부에게 '위안부' 문제에 대한 사죄와 배상 요구 성명 발표

5월 24일 노태우 대통령 방일 당시 한국 외교부는 일본 측에게 당시 일본군이 강제로 데려간 조선인 명단 제공 요구

6월 일본 사회당 오카모토 쇼지(岡本昭次) 의원 '위안부' 문제 조사 요구

1991년

8월 14일 한국의 '위안부' 피해자 김학순이 최초로 일본군에 의해 강제로 '위안부'가 되었다고 증언

12월 6일 김학순 등 일본군 '위안부' 피해자 3명이 도쿄 지방법원에 제소하여 일본 정부의 사죄와 배상 요구

1992년

1월 13일 『아사히신문』 일본 방위청연구소에 일본군대가 '위안소'를 설치, 관리한 역사 자료 발견 보도

일본 가토(加藤) 관방장관 전시 일본군이 '위안부' 강제 모집에 참여하였다고 인정하며 사죄하는 담화 발표

1월 17일 일본 총리 미야자와 키이치(宮澤喜一)가 '위안부' 문제에 대한 사과 표명, 배상 관련은 애매한 태도

2월 양전야(楊振亞) 주일중국대사 '위안부' 문제의 진실을 밝히라고 일본 정부에게 요구

5월 13일 제네바 유엔인권위원회 현대형 노예제 실무회의에서 유엔사무총장에게 '위안부' 문제에 대한 조사 신청서 제출

7월 4일 주중일본대사관 일본 정부의 '위안부' 문제에 대한 조사결과를 중국외교부에 통보, 중

국 측 일본 정부에게 중국 '위안부' 문제를 한국 '위안부' 문제와 같이 대응하고 처리할 것 요구

7월 6일 일본『한반도 종군 위안부 문제 조사 결과』 발표

7월 일본군 '위안부'제도의 중국인 피해자 4명이 주중일본대사에게 배상 요구하는 청원서 전달

8월 10일 한국과 일본, 필리핀 등의 여성들이 서울에서 '아시아연대회의'를 개최, 일본, 한국, 타이완, 필리핀, 태국, 홍콩 등에서 100여 명이 참석, "일본군 '위안부'문제 해결을 위한 아시아 연대회의" 성립

8월 14일 제네바의 유엔인권위원회 소위원회에서 일본군 '위안부' 문제에 대한 자료 수집과 1993년 여름 전에 특별 보고서를 제출하는 결의 통과

9월 1일 조선민주주의인민공화국『폭로-일본 정부는 반드시 '위안부' 사실의 진상을 규명해야 한다』는 보고서 발표

12월 9일 일본 배상국제공청회 조직위원회와 일본 신문업변호사연합회가 공동으로 '제1차 "위안부" 국제공청회'를 개최

같은 해 일본 츄오대학교 교수 요시미 요시아키『종군위안부자료집』 출판

1993년

6월 비엔나에서 개최된 유엔세계인권대회에서 〈여성에 대한 폭력 철폐 선언〉을 통과시켜 일본의 전시 폭력 '위안부' 비판

8월 4일 일본 내각관방 장관 고노 요헤이가 전시 일본군이 직간접적으로 '위안소'의 설립과 관리 및 '위안부' 이송에 관여하였다고 인정하는 '고노담화' 발표

10월 21일 '위안부'에 관한 제2차 '아시아연대회의' 일본 개최

1994년

1월 25일 네덜란드 일본군 '위안부' 피해자 도쿄 지방법원에 소송 제기, 배상 요구

5월 나가노 시게도 일본 법무대신 "'위안부'는 군대의 공창으로 여성에 대한 강요는 없었다" 주장

1995년

1월 오쿠노 세이스케 등 자민당 의원 '종전 50주년 국회의원 동맹' 조직하여 국회의 '부전결의안' 통과 저지

2월 27일 한국에서 제3차 '위안부' 문제 해결을 위한 '아시아연대회의'가 개최되어 일본 정부의 '국민 기금' 설립안 반대

3월 첸치천(錢其琛) 중국 외교부 장관 "중국이 비록 국가배상은 포기하였지만 민간배상까지 포기한 것은 아니다"라고 밝힘

6월 7일 일본의 아시아여성기금은 한국, 타이완, 필리핀 등지의 '위안부' 피해 생존자 300명에게 1인당 200만 엔 보상 결정

8월 7일 산시성 위현의 일본군 '위안부'제도의 피해 생존자 리슈메이, 류멘환, 저우시샹, 천린타오 4명이 도쿄 지방법원에 일본 정부의 사죄와 배상을 요구하는 소송 제기

8월 15일 무라야마 도미이치(村山富市) 일본 총리가 과거 일본의 '식민 통치와 침략'을 인정하며 '깊은 반성과 사죄'를 표한 '무라야마 담화' 발표

9월 베이징에서 열린 세계여성회의는 '위안부'제도의 진상을 폭로하고 범죄자의 책임 추궁과 피해자에 대한 배상 요구 제출

1996년

2월 5일 유엔인권위원회의 쿠마라스와미가 '위안부'에 대한 조사보고서를 작성하여 일본 정부에게 자료 공개, 책임자 처벌, 역사 교육 진행, 피해자에 대한 배상 등 권고

2월 22일 궈시추이와 허우챠오롄이 일본 정부를 상대로 도쿄 지방법원에 소송 제기

3월 28일 필리핀에서 일본군 '위안부' 문제 해결을 위한 제4차 아시아연대회의 개최

4월 10일 유엔인권위원회에서 중국 부대표 장이산(張義山)이 일본은 성실하게 '위안부' 문제를 해결할 의무가 있다고 지적

4월 19일 유엔인권위원회 특별보고관 일본의 〈여성에 대한 폭행 보고서〉 완성

6월 3일 하시모토 류타로 일본 총리가 '아시아 여성 평화 기금' 이사장 하라 분베에(原文兵衛)에게 총리 명의로 '위안부'피해자에게 깊은 반성과 사과를 표시하는 서간 작성에 동의

6월 4일 오쿠노 세이스케 등 자민당 의원이 '밝은 일본(明い日本)'이라는 국회의원 연맹을 조직. 오쿠노는 "'위안부'는 업주들이 한 일이며 일종의 상업 행위이고 강제로 육군 위안소에서 복무한 것이 아니다", "일본 정부는 그런 일을 한 적이 없다"라고 주장

7월 9일 한국의 국회의원들 일본 정부에게 '위안부' 문제의 국가 책임을 회피하지 말라는 요구의 결의안 채택

7월 일본군 '위안부'제도의 피해 생존자 리슈메이와 류몐환이 도쿄 지방법원의 '위안부' 재판 참석

8월 14일 일본의 '아시아여성기금'은 필리핀 수도 마닐라에서 필리핀 '위안부'피해자 4명에게 한 사람당 1만 8,500달러의 '인도적 지원금'을 지급하여 일본 최초로 일본군 '위안부'에게 위자료 지급

한국의 '위안부' 피해자들 일본대사관 앞에서 '위안부' 문제에 대한 공개 사과와 배상 요구 시위

하시모토 류타로 일본 총리 '위안부'피해자에게 "종군 위안부는 일본군의 참여 하에 다수 여성의 명예와 존엄에 심각한 상처를 입힌 문제이며 …… 우리는 사과와 반성에 입각하여 과거의 역사를 직시하여 정확하게 후대에게 전달할 것이다"라는 사과내용의 서간 발송

10월 7일 일본의 민주당, 신진당, 공산당, 선구신당, 신사회당이 '위안부' 문제가 전쟁범죄라고 인정

12월 2일 일본의 '새로운 역사교과서를 만드는 모임'이 문부성 대신에게 '위안부' 관련 기록 삭제 요구

1997년

1월 11일 한국의 '위안부' 피해자 7명이 서울에서 일본 총리에게 일본의 국민기금으로 '위안부'에 대한 배상 요구

1월 13일 자민당 국회의원이자 전 총무청장 에토 다카미(江藤隆美)가 기타큐슈에서 교과서의 종군 '위안부'와 관련된 내용 서술에 대해 항의하는 담화 발표

1월 21일 도쿄대학교 교수 후지오카 노브가쓰(藤岡信勝)와 평론가 니시오 간지(西尾干二) 등 '새로운 역사교과서를 만드는 모임'의 발기인 7명이 고스기 타카시(小杉隆) 문부과학대신에게 1997년 봄 이후의 중학교 교과서에서 "종군 '위안부'" 서술을 삭제해달라고 요구하였으나 문부과학대신이 이를 거부

1월 24일 일본 관방 장관 가지야마 세이로쿠(梶山静六)가 교과서의 '위안부'관련 기술 비판, 27일 재차 비판이 잘못되었다고 사과

2월 5일 전 일본 문부과학대신 시마무라 요시노부가 기자에게 "일부 '위안부'들은 스스로 이 길을 선택하였으며 그녀들에게 강요한 사람은 없었다"라고 전함

4월 22일 일본 자민당과 신진당, 태양당의 국회의원들이 '다함께 야스쿠니 신사를 참배하는 국회의원 모임'을 만들어 공산당 이외의 전체 의원들에게 매년 적어도 야스쿠니 신사를 3번 참배하자고 호소

9월 6일 쟝쩌민(江澤民) 중국 국가 주석이 하시모토 류타로 일본 총리와의 회견에서 "(일본의 중국 침략)역사를 정확하게 인식하고 대응하는 것은 양국의 미래를 직시하는 중요한 전제조건이다"라고 표명

하시모토 류타로 일본 총리가 선양에서 918역사박물관(九一八歷史博物館) 참관 후 "전시를 보고 기분이 좋지 않다. 그러나 이것은 과거의 역사이다." 그는 일본이 중국 동북지역을 침략했던 역사에 대해 "깊은 후회와 안타까움"을 느낀다고 의견 표명

1998년

10월 30일 산시성 일본군 '위안부'제도 피해자 완아이화, 자오룬메이 등 10명(그 중 한 명은 피해자 가족) 도쿄 지방법원에 소송 제기

1999년

3월 중국 '위안부'문제연구센터가 상하이사범대학교에 설립

7월 14일 타이완 '위안부' 생존자 9명 도쿄 지방법원에 소송 제기하여 일본 정부의 사죄와 배상 요구

2000년

3월 30일 상하이사범대학교에서 중국'위안부'문제국제학술세미나 개최

12월 8일 도쿄의 구단카이칸에서 여성국제전범법정이 열려 피해자 60여 명이 참석, 일본 천황과 일본 정부에게 유죄 판결 선고

2001년

5월 30일 도쿄 지방법원은 중국 산시성 일본군 '위안부'제도 피해자 리슈메이 등의 요구 기각, 원고들 6월 도쿄 고등법원에 상소

7월 16일 하이난성의 천야볜, 황유량, 린야진 등 일본군 '위안부'제도 피해 생존자 8명 도쿄 지방법원에 소송 제기

12월 네덜란드 헤이그에서 도쿄여성국제전범법정 최종 판결을 내려 원심 판결 유지

2002년

3월 29일 도쿄 지방법원 궈시추이와 허우챠오롄 요구 기각, 그러나 가해와 피해 사실 인정

10월 15일 중국 타이완 피해자 소송 도쿄 지방법원 기각

2003년

4월 24일 도쿄 지방법원에서 완아이화 등의 요구 기각하였으나 가해와 피해 사실 인정

9월 16일 '위안부'와 일본의 국가전쟁책임 국제학술세미나 상하이사범대학교에서 개최

2004년

10월 27일 일본 문부과학성 대신 나카야마 나리아키는 "일본 교과서에 자학적인 표현이 몇 군데 있다. '종군위안부' 혹은 '강제 징용' 등의 어휘 감소는 상당히 긍정적인 일이다"라고 표명

12월 15일 일본 도쿄 고등법원 "국가 책임은 없다", "소송 기간이 지났다"는 이유로 리슈메이 등의 상소 기각, 원고 패소

2005년

2월 25일 일본최고법원 타이완 원고의 상소 기각, 심리 종결

3월 18일 도쿄고등법원 재차 궈시추이 등 원고의 요구 기각 판결

3월 31일 도쿄고등법원 완아이화 등의 상소에 대해 1심 판결 유지

8월 26일 일본 총리 고이즈미 준이치로(小泉纯一郎) "종군 '위안부' 문제에 대해 우리의 입장은 한국 정부와 다르다. 일본 정부는 이른바 '종군위안부'에 대해 법적 책임이 없다"라고 언명

2006년

8월 30일 일본 도쿄지방법원 하이난성 '위안부'제도 피해자 원고 패소 판결

2007년

3월 5일 아베 신조 일본 총리가 "협의로 보면 강제성을 증명할 증거는 없으며 그것을 증명할 증언도 없다. 아마도 종군'위안부' 스스로 그 길을 선택한 것이라고 할 수는 없지만 업자가 중간에서 강제로 징용하는 경우가 분명히 있었다. 그러나 관원이 집으로 들이닥쳐 사람을 잡아가는 그런 강제성은 없었다"라고 밝힘

6월 14일 일본의 일부 국회의원, '저명한 학자', '저명한 평론가' 등이 미국의 『워싱턴 포스트지』에 전면광고를 게재하여 적극적으로 '위안부'의 역사 부정

7월 6일 상하이사범대학교 중국'위안부'자료관 설립
7월 30일 미국 국회 '위안부' 결의안 통과시켜 일본 정부에게 책임 요구
11월 28일 캐나다 연방 중의원에서 '위안부' 관련 결의 통과
12월 13일 유럽연합 의회에서 '위안부' 관련 결의 통과

2008년

3월 11일 필리핀 참의원 외교위원회에서 '위안부' 관련 결의 통과
10월 27일 한국국회에서 '위안부' 관련 결의 통과
11월 11일 타이완 '입법원원회(立法院院會)'에서 '위안부' 관련 결의 통과

2013년

5월 13일 하시모토 도루 오사카 시장 '위안부 필요론' 제기하여 세계여론의 혹독한 비판
5월 난징시 친화이구(秦淮區)정부 리지샹 '위안소' 유적 기념관 건설 계획 보고
8월 한국의 '위안부'연구 중국방문단이 상하이와 난징 등지 방문, 협력 연구와 자료 공유 희망

2014년

1월 25일 새로 취임한 일본 NHK방송국 모미이 카즈히토(籾井勝人) 회장, 위안부 문제는 '어느 나라에도 있다'고 발언하여 세계 각국 언론으로부터 비판
1월 31일 모미이 카즈히토 중의원 예산위원회에서 '위안부'문제에 대한 태도 표명에 대해 사과
2월 8일 상하이사범대학교에서 아시아'위안부'업무회의가 개최되어 '위안부'자료의 세계문화유산등재 신청 제의
3월 중국 세계기록유산등재 전문가 위원회가 유엔에 '위안부' 기록을 세계기록유산등재 신청 제의
5월 30일 옌볜대학교 '일본군 위안부 국제학술회의' 주관.
7월 14일 유엔인권이사회는 '일본인권 심사 결론'을 발표하여 일본은 2차 세계대전 기간 '위안부' 문제에 대해 책임이 있다고 발표
8월 6일 유엔인권고등 판무관 필레는 제네바에서 차 세계대전 종결 70년이 지났지만 일본의 '위안부' 문제 관련된 언행이 여전히 피해자 인권을 침해하고 있다고 지적
8월 14일 한국여성가족부 등 서울에서 '위안부'문제국제세미나 개최

참고문헌

稻叶正夫 編, 『岡村寧次大將資料(上)·戰場回想篇』, 原書房, 1970

和歌森太郎, 山本藤枝, 『日本の女性史1: 古代女性のたくましさ』, 集英社, 1970

日本歷史學研究會 編, 『太平洋戰爭史5·太平洋戰爭1』, (東京)青木書店, 1972

千田夏光, 『從軍慰安婦』, 雙葉社, 1973

森崎和江, 『からゆきさん』, 朝日新聞社, 1976.5

金一勉, 『天皇の軍隊と朝鮮人慰安婦』, (京都)三一書房, 1976.1

千田夏光, 『從軍慰安婦』(正篇), 三一書房, 1978.9

和歌森太郎, 山本藤枝, 『日本の女性史2: 戦乱の嵐に生きる』, 集英社, 1982

長沢健一, 『漢口慰安所』, 図書出版社, 1983.7

中國歸還者聯絡會 編(吳浩然 等 譯), 『我們在中國幹了些什麽？ — 原日本戰犯改造回億錄』, 中國人民公安大學出版社, 1989.5

從軍慰安婦110番編集委員会編集, 『從軍慰安婦110番』, (東京)明石書店, 1992.6

華公平: 『從軍慰安婦「海乃家」の伝言』, 日本機関紙出版センタ—1992年8月版.

吉見義明, 『從軍慰安婦資料集』, 大月書店, 1992.12

慰安婦情報電話報告集編集委員会 編集, 『性と侵略: 軍隊慰安所84か所元日本兵らの証言』, (東京)社会評論社, 1993.7

麻生徹男, 『上海より上海へ』, (福冈)石風社, 1993

韓國挺身隊對策協議會, 挺身隊研究會, 『中国に連行された朝鮮人慰安婦』, (京都)三一書房, 1996

亚洲女性和平國民基金會 編, 『慰安婦關係文獻目錄』, 株式会社ぎょうせぃ, 1997.

松岡環 編著(新内如, 全美英, 李建雲 譯), 『南京戰·尋找被封閉的記憶——侵華日軍原士兵102人的證言』, 上海辭書出版社, 2002.12

喬治·希克斯(滕建群 譯), 『慰安婦』, 新華出版社, 2002.10

松井耶依, 西野瑠美子, 金富子, 林博史, 川口和子, 东泽靖 編著, 『女性國際戰犯法庭全記

錄』, 綠風出版社, 2002

村瀬守保,『私の従軍中国戦線: 村瀬守保写真集』, 日本機関紙出版センター, 2005.3

卓南生,『日本社會』, 世界知識出版社, 2006

日本の戦争責任資料センター,『戦争責任研究』(季刊), 1993年创刊-2014年.

Report of the Special Rapporteur on violence against women, its causes and consequences, Ms. Radhika Coomaraswamy, in accordance with Commission on Human Rights, Resolution 1996.

Patricia B. Sutker, Albert N. Allain, Jr.: Assessment of PTSD and Other Mental Disorders in World War Ⅱ and Korean Conflict POW Survivors an Combat Veterans, Psychological Assessment, A Journal of Consulting and Clinical Psychology, 1996. VoL8. No.1, pp.18-25.

Sangmie Choi Schellstede, Soon Mi Yu, Comfort Women Speak: Testimony by Sex Slaves of the Japanese Military, Holmes & Meier Publishers, Incorporated, 2000.

David A. Schmidt, Ianfu-The Comfort Women of the Japanese Imperial Army of the Pacific War: Broken Silence, Edwin Mellen Press Limited, 2000.

Margaret Diane Stetz, Legacies of the Comfort Women of World War Ⅱ, M E Sharpe Inc.2001.

Nora Okja Keller, Comfort Woman: A Novel, Virago Press, 2001.

Toshiyuki Tanaka, Japan's Comfort Women: Sexual Slavery and Prostitution During World War Ⅱ and the US Occupation, Routledge, 2002.

Peter Li, Japanese War Crimes: The Search for Justice, Transaction Publishers, 2003.

May Fong Yue Lo, International Law Through the Eyes of the Comfort Women: The Limits of the Law, Harvard Law School, 2004.

Akitsu Kida, Comfort Women: Facts and Justice Under International Criminal Law, Harvard Law School, 2005.

Shizu Maekawa, Reconciliation Between the South Korean Comfort Women and Japan: An Analysis and Proposal from Conflict Resolution Perspective, George Mason University, 2005.

Bogyean Ok, Humanistic Globalization, Womanhood, and Comfort Women in South Korea, Southern Connecticut State University, 2006.

Masako Ikenushi, Mizushobai Literature, Prostitution, and Comfort Women, University of California, Irvine, 2007.

Mariko Izumi, Rhetorics of Responsibility: Comfort Women Reparation Debates and the Ethos of Postwar Japan, ProQuest, 2007.

Tongbuga Yŏksa Chaedan, The truth of the Japanese military "comfort women", Northeast Asian History Foundation, 2007.

Protecting the human rights of comfort women: hearing before the Subcommittee on Asia, the Pacific, and the Global Environment of the Committee on Foreign Affairs, House of Representatives, One Hundred Tenth Congress, first session, February 15, 2007, NO4.

C. Sarah Soh, The Comfort Women: Sexual Violence and Postcolonial Memory in Korea and Japan, University of Chicago Press 2008.

Krishna Ignalaga Thomas, Lola's Story: Writing Comfort Women in World War Ⅱ History of the Philippines, Eastern Illinois University, 2008.

Gilbert Delgadillo, Comfort Women: The Twentieth Century and the Age of Rape Warfare, Claremont Graduate University, 2008.

Johnson, Howard; Thompson, Andrew: The development and maintenance of post-traumatic stress disorder(PTSD) in civilian adult survivors of war trauma and torture: A review., Clinical Psychology Review, Vol.28(1), Jan, 2008. PP.36-47.

Tiantian Zheng, Red Lights: The Lives of Sex Workers in Postsocialist China, U of Minnesota Press, 2009.

Burkhard Eiswaldt, Hainan - Comfort Women Mit Photos Von Huang Yiming, BoD-Books on Demand, 2009.

Caroline Norma, Comfort Women for Coporate Slaves: Prostitution and the Japanese 'company State', 1955-1973, University of Melbourne, 2011.

Kathy Ramos Matsui, Ramos Matsui Kathy, Lessons from Ww Ii Comfort Women, LAP Lambert Academic Publishing, 2012.

Peipei Qiu, Chinese Comfort Women: Testimonies from Imperial Japan's Sexual Slaves, University of British Columbia Press, 2013.

『遠東國際軍事法庭判決書』, 張效林 譯, 群衆出版社, 1986.2

符和積 主編, 『鐵蹄下的腥風血雨 — 日軍侵瓊暴行實錄』, 海南出版社, 1995.5

中國抗日戰爭史學會, 中國人民抗日戰爭紀念館 編, 『日軍侵華暴行實錄』(一), 北京出版社, 1995.7

〔韓〕朴宣泠, 〔中〕劉寶春, 『歷史的漩渦 — 一個韓國"慰安婦"的悲慘故事』, 上海文藝出版社, 1995.8

符和積編, 『鐵蹄下的腥風血雨 —— 日軍侵瓊暴行實錄』(續編), (海口)海南出版社, 1996.8,

上海市檔案館 編, 『日本帝國主義侵略上海罪行史料匯編』(上下編), 上海人民出版社, 1997.7

蘇智良, 『慰安婦研究』, 上海書店出版社, 1999.3

婦女救援基金會 主編, 『臺灣慰安婦報告』, (臺北)商務印書館, 1999

蘇智良, 榮維木, 陳麗菲 主編, 『滔天罪孽 — 二戰時期的日軍"慰安婦"制度』, 學林出版社, 2000.11

『臺日官方檔案慰安婦史料匯編』, 臺灣文獻委員會編印, 2001

李碧華, 『煙花三月』, (香港)天地圖書有限公司, 2002.1

劉大項, 『無盡的冬日: 慰安婦尋求正義的漫長旅程』, (臺北)智庫股份有限公司, 2002

陳祖樑 編著, 『血霧迷茫 — 滇緬抗日集日軍罪惡揭秘』, 雲南美術出版社, 2004.11

婦女救援基金會 主編, 『鐵盒里的青春 — 臺籍"慰安婦"的故事』, (臺北)天下遠見出版股

份有限公司, 2005

婦女救援基金會 主編,『沈默的傷痕 —日軍慰安婦歷史影像書』, (臺北)商周出版社, 2005

陳麗菲,『日本慰安婦制度批判』, 中華書局, 2006.11

蘇智良, 姚菲, 陳麗菲,『侵華日軍"慰安婦"問題研究』, 中共黨史出版社, 2011

朱德蘭,『臺灣慰安婦』, (北京)社會科學文獻出版社, 2012.4

색 인

가

가네코 야스지(金子安次) 126 144
가오시셴(高習賢) 191
가오싱주(高興祖) 82
가오인어(高銀娥) 172
가오타이포(高臺坡) '위안소' 22 158 159
가와나카 키요히토(川中潔一) 82
가뽓옥(割烹屋) 125
건디(根娣) 77
게이코(慶子) 29 57 58 167
고노 요헤이(河野洋平) 228 231 243 260
고다이라 기이치(小平喜一) 118 232
고마타 유키오(小俣行男) 112 136 164
고야마 미츠오(小山三男) 98
관젠창(管建强) 248
광후이여관(光輝旅舍) 133
군인집회소(軍人集會所) 107
군인클럽(軍人俱樂部) 10 119 133 258
군인회관 131 150
궁바이화(龔柏華) 248
궈모뤄(郭沫若) 32
궈미친(郭咪芹) 225
궈시추이(郭喜翠) 172 237 238 261
궈야잉(郭亞英, 잉누이 〈英姐〉) 175
궈지관(國際館) 101
궈커(郭柯) 185 187 254
기무라 미요코(木村美代子) 211
기무라 시즈오(木村鎮雄) 211
기창잔(其昌棧) '위안소' 55
기쿠치 슈이치(菊地修一) 209
기하라 겐지(木原元次) 150
김덕진(金德鎮) 28
김학순(金學順) 234 244 259

나

나가노 시게도 (永野茂門) 228 260
나가사와 겐이치(長沢健一) 100 101
나다시(那大市) '위안소' 23 30 31
나카가와 쇼이치(中川昭一) 231
나카무라 마코토(中村信) 118
나카야마 나리아키(中山成彬) 232 263
나팡(娜芳)누이 155
난쉰졔(南勛街) '위안소' 132
뉘랑우(女郎屋) 10 52
니시노 루미코(西野瑠美子) 46 83 85 244
니진청(倪金成) 164

다

다구치 신키치(田口新吉) 27
다니 히사오(谷寿夫) 34
다루반점(大陸飯店) '위안소' 89
다성관(大盛館) 99
다야커우(大埡口) '위안소' 190
다이리러우(戴笠樓) 90
다이살롱(大一沙龍)(다이大一, 다이지大一記) 10 20 22 36 39 40 41 42 43 45 47 48 49 50
다지마 도시츠구(田島壽嗣) 139
다카야마 산페이(高山三平) 150
다카하시 데츠로(高橋哲郎) 117
다케다 다케지로(武田武二郎) 127 134

다허관(大和館) 99
단양먼다제(丹陽門大街) '위안소' 89
덩위민(鄧玉民) 161
데라다 마사오(寺田雅雄) 52
도이 다카코(土井多贺子) 248
두페이화(杜佩華) 77
둥산(東山) '위안소' 106
둥야러우(東亞樓) 21
둥쟈거우(董家溝) '위안소' 139
디이여관(第一旅館) 86 88

라

랴오빈(廖斌) 196 197
량신(梁信) 31
러샹반점(樂鄉飯店) 86 88
러췬러우(樂群樓) 113 114 115
레이구이잉(雷桂英) 30 157 159 160 161
Lockhart Road '위안소' 145 146
루밍창(陸明昌) 42
루잉(盧英) 79 80
루펑랑(陸鳳郎, 펑누이 〈鳳姐〉) 175
룬즈(倫智) 중학교 146
룽셴(蓉仙) 117 193 195
뤄산쉐(羅善學) 173
뤼야오셴(呂耀先) 208
뤼양징서(綠揚精舍) 89
류다마루(六大馬路) '싱클럽(星俱樂部)' 124
류다빙(劉大炳) 211
류멘환(劉面換) 126 234 236 260 261
류슈잉(劉秀英) 102
류야오메이(劉耀梅) 216
류왕하이(劉望海) 193
류위화(劉玉花) 103
류이팅(六一亭) 70
리(李)씨 사당 190
리롄춘(李連春) 189 190 191 192
리비화(李碧華) 195
리수펀(李樹芬) 145
리슈메이(李秀梅) 31 234 235 236 260 261 263
리슈잉(李秀英) 213
리시메이(李喜梅) 169
리아주(李阿珠) 25 77
리야첸(李亞茜) 205
리자오환(李早煥) 224
리정한(李正旱) 85
리지샹(利濟巷) 둥윈(東雲) '위안소' 21 81 82 83 85
리진링(李金玲) 181
리펑자오(李鵬兆) 117 120
리페이더(李培德) 204
린링디(林鈴娣) 43
린아이란(林愛蘭) 162 171
린야진(林亞金) 198 199 200 201 202 203 204 205 240 250 251
린칭현(臨清縣) '위안소' 126

마

마링(馬嶺) '위안소' 136
마쓰이 야요리(松井耶依) 244 252
마쓰이 이와네(松井石根) 57 249
마이너 셜즈 베이츠(Miner Searl Bates) 33 81
마츠가미 도시오(松上年雄) 93
마츠시타 요시마츠(松下芳松) 75
마츠오카 타마키(松岡環) 212
만메이(滿妹) 173
메이치러우(梅崎樓) 99
모미이 가츠토(籾井勝人) 231
무라세 모리야스(村瀬守保) 144
무라야마 도미이치(村山富市) 261
문명금(文明金) 131
미조데 겐세이(溝手顯正) 229
미즈노 야스오(水野靖夫) 122
미츠이 야스지(三井泰治) 121
미카사노미야 다카히토(三笠宮崇仁) 247
밍웨(明月) 105 116

바

바이윈(白雲)'위안소' 106
바이푸(白蒲) 일본군 '위안소' 164
박래순(朴來順) 111
박영심(朴永心) 83 84 85

베이나이(鋇乃) 116
보아오(博鰲市) '위안소' 24
부핑(步平) 250

사

사비루(沙必璐) 142
사사 신노스케(佐佐真之助) 99 209 221
사사키 토이치(佐佐木到一) 32
사카시타 모토시(坂下元司, 화궁핑〈華公平〉) 65 66 67 68
사카시타 쿠마조(坂下熊藏) 22 63 65
산야(三亞) '위안소' 23 108 198
산커수(三棵樹) '위안소' 136
산하오관(三好館) 36 39 256
상춘옌(尙春燕) 166
상하이 푸둥(浦東) 첸창루(錢倉路) 일본군 '위안소' 72 79 80 244
상하이(上海) 라오성(老城) 멍화제(夢花街) '위안소' 78
샤오메이위안(小梅園) '위안소' 21
샤오숭팅(小松亭) 36 39
샹푸여관(祥符旅社) 86 88
선메이디(沈美娣) 61
선웨센(沈月仙) 60
센다 가코(千田夏光) 30 118 163
센다 후카야(千田深谷) 부대 '위안소' 55
소네 카즈오(曾根一夫) 29
송신도(宋神道) 31
숭산(松山) 라멍(臘勐) '위안소' 85 142 190
숭즈우(松之屋) 189
쉬바오(徐寶) 208
쉬주언(徐祖恩) 72
슝웨이위안(熊維元) 84
스루(石祿) '위안소' 26 31 88 111
스루(石祿) 철광 '위안소' 111 154 155 226
스류류(史留留) 10 62
스쥬융(史久鏞) 249
스즈키 히라쿠(鈴木启久) 121
스푸성(史富生) 62
시마무라 요시노부 (島村宜伸) 232
시모야마 유이치로(下山雄一郎) 209
시미즈 즈타오(清水傳雄) 228
신딩(新町) '위안소' 21
신쑤타이여관(新蘇臺旅社) 88
신잉진(新盈鎮) 훙민제(紅民街) 109 162
신졔시(新街市) '위안소' 31 109 110 148
싸쿵랴오(薩空了) 145
쑤밍와(蘇明娃) 103
쑤저우(蘇州) 다둥(大東)여관 86 88
쑨우(孫吳) 정쟈바오(曾家堡) 133
쑨졘궈(孫建國) 104
쓰수이신촌(泗水新村) 91 92
쓰치야 요시오(土屋芳雄) 133

아

아라이 소타로(新井宗太郎) 209
아마우 미치코(天羽美智子) 206
아베 신조(安倍晋三) 229 231 243
아소 다로(麻生太郎) 233
아소 데츠오(麻生徹男) 55 56 58 60 76
아예메이(阿也美) 본관 101
아키타 마츠요시(秋田松吉) 126
아타오(阿桃) 189 242
야마나카 산페이(山中三平) 78
야마네 신지(山根信次) 126
야마다 사다무(山田定) 102
야마우치 사요코(山內小夜子) 62
야오페이(姚霏) 44 45 46 49 125 126 160 166 170 203 204 223 238 251 252
야취안좡(巖泉莊) 108
양시전(楊時珍) 167
양어방(杨嫕榜) 154 240
양쟈윈(楊家運) 143
양쟈자이(楊家宅) '위안소' 21 22 55 56 57 59 60 61 62 257
양진수이(楊金水) 80
양춘(楊春) 224
양치졔(楊七姐, 치누이〈七姐〉) 175
어메이루(峨眉路) '위안소' 55
어저우(鄂州) 성황묘(城隍廟) '위안소' 194 196

얼다마루(二大馬路) 웨쥬루(緯九路) '위안소' 124
에하토 츠요시(繪鳩毅) 117
예인쥐쥬우(藝隱居酒屋) 125
오노 노부오(小野武雄) 37
오오키 시게루(大木繁) 52 90 257
오카무라 야스지(岡村寧次) 20 36
오카베 나오자부로(岡部直三郎) 119 233
오쿠노 세이스케(奧野誠亮) 232
와다비키(绵引) 127
완수이러우(萬水樓) 129
완아이화(萬愛花) 30 177 178 179 180 181 234 238 239 250 251 262 263
완안루(萬安路) '위안소' 55 77
완징(萬靜) 216
왕가이허(王改荷) 170
왕궈둥(汪國棟) 193
왕린(王林) 169
왕메이진(王美金) 162
왕스하이(王士海) 161
왕수즈(王樹芝) 171
왕시구이(王喜貴) 179
왕위카이(王玉開) 162
왕즈펑(王志鳳) 162
왕춘성(王春生) 33
왕후이린(王檜林) 119
요시미 요시아키(吉見義明) 244 245
요야마 쇼우고로(大山正五郎) 29
요정(料亭) 10 22 52 130
우바오추(吳寶初) 77
우산랑(吳三讓) 49
우에무라 도시미치(上村利道) 81
우창제(武昌街) 난샹(南巷) '위안소' 127 128
우쿠이칭(吳葵淸) 223
우타가와 쿠니요시(歌川国芳) 38
우한시(武漢市) 한커우 성청베이리(生成北里) 일본군 '위안소' 100
웨바루(緯八路) '위안소' 124
웨이사오란(韋紹蘭) 173 183 184 185 186 187 188 203 250 251 254
위안주린(袁竹林) 193 194 195 196 197 198
위화관(玉華觀) 220
유곽(遊廓) 22 38 256 257
육군'위안소' 55 75 77 137
융러관(永樂館) 36 39
은상과장 105
이누마 마모루(飯沼守) 52 57
이리관(一力館) 101
이멘제(一面街) '위안소' 127
이봉운(李鳳雲) 167
이시다 미키오(石田幹雄) 33
이시바시 도쿠타로(石橋德太郎) 57
이시자와로(石澤郎) '위안소' 167
이영숙(李英淑) 29
이옥선(李玉善) 130
이용녀(李容女) 232
이잉란(易英蘭) 99
이천영(李天英) 94
이치카와 이치로(市川一郎) 133
이토 히로부미(伊藤博文) 38
인린샹(尹林香) 28
인민클럽(人民俱樂部) 23
인수이(銀水) 130
인위린(尹貞玉) 28 161
일본군 바이타(白塔) '위안소' 136
잉저우여관(瀛洲旅社) 86 88

자

자오룬메이(趙潤梅) 238
자오르러우(朝日樓) '위안소' 75
자오쟈위안(趙家園) '위안소' 30
자오치후이(趙其慧) 142
장가이샹(張改香) 222 223 224 239
장멍허(張孟和) 179
장솽빙(張雙兵) 236
장슈잉(張秀英) 193 194
장우자오(張五召) 172
장인푸(張銀富) 43
장잉융(張應勇) 253
장춘루(張純如) 254
장펑잉(張鳳英) 219

쟝셴광(江先光) 33
저우다랑(周大郎, 큰누이〈大姐〉) 175
저우볜샹(周變香) 166 170
저우서우원(周守文) 176
저우시샹(周喜香) 172 234 260
저우신민(周新民) 78
저우펀잉(周粉英) 164
저우하이메이(周海梅, 메이누이〈梅姐〉) 175
저우훙쥔(周洪鈞) 248
정진뉘(鄭金女) 157
제1, 제2싱야관(興亞館) 129
제44532번 위안영(慰安營) 146
존 라베(John Rabe) 32
주더란(朱德蘭) 148 150
주챠오메이(朱巧妹)(아챠오〈阿巧〉, 챠오누이〈巧姐〉) 28 174 175
주훙(朱弘) 83 85 224
중화여관(中華旅館) 86 88
줘리뉘(卓理女) 154
줘마오딩(卓毛定) 154
줘마오톈(卓毛天) 154
줘스리(卓石理) 154
줘야광(卓亞廣) 154
줘야톈(卓亞天) 154
줘카이춘(卓開春) 182
쥐수이(菊水) '위안소' 92 99
쥬쑤타이여관(舊蘇臺旅社) 86 88
지난(濟南) 웨산루(緯三路) 124
지칭리(積慶里) 일본군 '위안소' 22 97 98
진수란(金淑蘭) 163
진위(金玉, 위누이〈玉姐〉) 175
징청(京城) '위안소' 129

차

차오진(草鎭) '위안소' 80
차이아이화(蔡愛花) 157 163
차이전(柴珍) 103
차이진허(蔡金和) 163
창먼반점(閶門飯店) 86 88
창성러우(長生樓) 86
챠오옌탕(喬燕堂) 158
천구이잉(陳桂英) 158
천궁보(陳公博) 79
천리페이(陳麗菲) 111 135 136 137 164 165 176 181 189 192 194 195 196 197 204 205 220 226 232 236 240 244 248 251
천린춘(陳林村) 226
천린타오(陳林桃) 234 235
천메이(陳妹) 151
천빙룽(陳炳榮) 72 74
천아진(陳阿金) 43
천야메이(陳亞妹) 154
천야볜(陳亞扁) 154 157 181 182 183 240 241 263
천야허(陳亞合) 154
천쟈자이(陳家宅) '위안소' 137
천주량(陳祖樑) 84 136 137 139 142
천중샤오(陳忠孝) 101
천진뉘(陳進女) 154
천진메이(陳金妹) 154
천진위(陳金玉) 108 205 240 241
천푸이(陳福義) 218
천허우즈(陳厚志) 108 199 202 204 241 253
청번화(成本華) 221
청페이(程菲) 198 251
쳰쑤이관(千歲館) 145 146
친선관(親善館) 81

카

카이코우샤(偕行社) 117
캉젠(康健) 235 237 248
콰이러팡(快樂房) '위안소' 25
쿠마라스와미 228 244
쿠보 지로(久保二郎) 125

타

타니야마 기치조(谷山吉藏) 212
타이양카페이우(太陽咖啡屋) 125
타이중시(臺中市) 오락(娛樂) '위안소' 149
타키바타 료스케(瀧端良介) 75
타키타 료스케(瀧田良助) 75

탄야둥(譚亞洞) 221
탄옌쥐(譚巖軍) 169
탄위화(譚玉華) 102
텅웨진(騰越鎭) 차이자(蔡家) '위안소' 137 139
텅충(騰冲) 원먀오(文廟) 212 219 225
토미시마 겐지(富島健司) 33
특종 '위안소' 53

파

판쉐구이(範學貴) 89
팡위추이(方玉翠) 132
펑수산(彭叔山) 219
펑이러우(鳳宜樓) '위안소' 23 94
펑잉쯔(馮英子) 222
푸메이쥐(符美菊) 162
푸상루(浦上路) '위안소' 79
푸샤오안(傅筱庵) 80
푸허우강(傅厚崗) '위안소' 23 82
필레 243
핑허좡(平和庄) 육군'위안소' 75

하

하구환(河鉤煥) 92
하마자키 도미조(浜崎富藏) 124
하시모토 도루(橋下徹) 228 229 231
하시모토 류타로(橋本龍太郎) 222
하야시 히로후미(林博史) 244
하얼빈 시내 장교클럽(將校俱樂部) 132
하얼빈(哈爾濱) 베이얼다오제(北二道街) 위시후퉁(魚市胡同) '위안소' 128
하이나이자(海乃家, 일본명 우미노야) 22 63 64 65 66 67 68 69
하이난 위린(榆林) 치난좡(啓南莊) '위안소' 173
하이난성(海南省) 둥팡시(東方市)의 일본군 '위안소' 109 110
하이난성 린가오현(臨高縣) 신잉진(新盈鎭)의 '위안소' 109 162
하이난성 하이커우(海口) '위안소' 23 109 145
해군'위안소' 36 39 55 63 70 78 116 150
행락소(行樂所) 24
허광쿤(賀廣堃) 113
허난(河南) '위안소' 97 103 106
허난성 우강시(舞鋼市) 주란뎬촌(朱蘭店村) 103
허우(鶴屋) 86
허우챠오롄(侯巧蓮) 237
허위전(何玉珍) 165
허쟈샹(賀家巷) 기루 26 27
혼다 가츠이치(本多胜一) 86
혼다 류타로(本多立太郎) 89
홍콩 스털링 로드(Stirling Road, 士他令道) 쥬룽청(九龍城) 침례교성당 147
황군 초대소(皇軍招待所) 123
황군클럽(皇軍俱樂部) 117
황류(黃流) 일본군비행장 '위안소' 31
황우중(黃伍仲) 95
황원중(黃文忠) 72 73
황위샤(黃玉霞) 31 155
황유량(黃有良) 240
황혜용(黃惠蓉) 31
후웨링(胡月玲) 240
후유잉(胡有英) 154
훠샹(火巷) 32호 '위안소' 89
히라노 시게루(平野茂) 146
히라야마 이쿠오(平山郁夫) 247
히로세 사부로(廣瀨三郎) 124
히로히토(裕仁) 천황 233 249

후 기

나는 이미 '위안부' 문제에 대해 관심을 갖고 연구하게 된 동기에 대해 여러 번 이야기한 적이 있다. 이는 20여 년 전인 1992년까지 거슬러 올라가야 한다. 당시 나는 도쿄대학교 사회과학연구소에서 외국인 연구원을 하고 있었다. 당시 한국인 '위안부'제도 피해 생존자 김학순과 오키나와에서 거주하고 있던 배봉기(裵奉奇)의 공개증언으로 '위안부'문제가 역사의 장막을 걷어내고 있었다. 롯폰기(六本木)국제문화회관에서 열린 국제회의의 토론 시간에 한 일본 교수는 내가 중국 상하이에서 왔다는 것을 알고 최초의 일본군 '위안소'가 상하이에 있었는지를 확인하고자 하였다. 그는 누군가 이 일을 명확히 해야 한다고 다급하게 표명하였다.

상하이 역사와 중국 근현대사의 한 연구자로서 나는 이를 회피할 이유와 권리가 없었다. 1993년 6월 귀국 후 나는 샹인루 주변에 있던 '위안소'를 조사하기 시작하였다. 그로부터 나의 '위안부' 문제 연구의 여정이 시작되었다고 할 수 있다. 당시에는 이 여정이 20여 년 동안 계속되어 '위안부' 문제 연구가 나의 학술 활동에서 가장 중요한 과제가 될 것이라고는 생각하지 못하였다.

이 책에서 서술한 바와 같이 일본 정부 및 군대가 '위안부'라는 군사적인 성노예제도를 실행하였다는 사실은 명백하다. 이른바 '위안부'에게는 인신의 자유가 없었으며 비인간적인 대우를 받은 성노예였다. 그러나 일본에서는 이 역사 사실을 부정하는 사람들이 줄을 잇고 있다. 이러한 무책임한 회피는 아무 도움이 안 될 뿐 아니라 일본과 아시아 각국 심지어 전 세계 역사의식과의 골을 깊게 할 뿐이다. 최근 전쟁범죄를 부정하는 일본의 언행이 날로 많은 국가들로부터 비판을 받고 있는 것에서도 이를 엿볼 수 있다.

나는 일본은 독일을 배워 철저하게 반성하는 것만이 일본에게 남겨진 유일하고 현명한 행위라고 생각한다. 브란트가 무릎을 꿇은 이후 독일 민족의 진정한 참회와 반성은 세계의 용서와 칭찬을 받았다. 슈뢰더 전 독일 총리는 "나치주의와 그로 인해 발발한 전쟁, 민족 학살 및 그 밖의 폭행에 대한 기억은 이미 우리 민족이 자기 자신을 인식하는 구성 부분의 하나가 되었다. 이는 우리의 도의와 책임이다", "우리는 과거의 역사를 돌이킬 수는 없지만 그 역사와 우리의 치욕을 통해 교훈을 얻을 수 있다. 독일은 절대 그 역사를 잊으려고 하거나 인정하지 않으려고 하는 어떠한 시도도 용서하지 않는다"라고 밝혔다.[91] '위안부' – 일본군 성노예제도 라는 이 특별한 전쟁 기록이 일본 민족의 집단 기억에 존재하지 못

---

[91] 于涛, 徐勇, 张利 : 《施罗德:记忆是我们的道义责任》, 《新华每日电讯》 2005.4.12.

하면 이는 중대한 역사적 결함이 될 것이다. 과연 일본은 간단해 보이지만 실제로는 전민족의 사상적 대반성을 해낼 수 있을까? 우리는 절실하게 기다린다.

이 책은 중국사회과학기금의 중대 입찰 프로젝트인 "일본의 중국 침략 전쟁 '위안부' 자료 정리 및 연구"(13&ZD094)의 중간 성과이다. 이 책에 게재된 사진 대부분은 지난 20여 년 간 우리가 조사하면서 찍은 것으로 특히 '위안부' 생존자들의 생활상황을 보여주고자 하였다. 아쉬운 것은 이 분들 중 많은 사람들이 이미 세상을 떠났으며 그녀들의 유영을 보면서 20년 동안의 조사과정에서 생겨난 일들이 떠올라 감개무량하였다. 독자는 이 책을 통해 많은 정보와 사유를 얻을 수 있을 것이다. 저작권은 우리에게 있음을 밝히니 인용에 주의를 부탁드린다.

이 자리에서 나는 많은 친구, 동료, 그리고 학생들에게 고마운 마음을 전하고 싶다. 오랫동안 조사를 하며 피해자를 돌보고 계신 위난성의 천주량 선생, 사비루 여사, 하이난성의 푸허지(符和積) 선생, 쑤광밍(蘇光明) 선생, 이미 돌아가신 장잉융 선생, 그의 후계자 천허우즈 선생, 황다챵 선생, 산시성의 장솽빙 선생, 리구이밍(李貴明) 선생, 잉하오(英豪) 선생, 쟝쑤성의 판쉐구이 선생, 광서성의 멍사오간(孟紹淦) 선생, 후베이성의 쑨웨이위 선생 등이다. 20여 년 동안 많은 학생들이 여러 번 하이난성과 산시성, 허네이성, 후난성, 후베이성 등지로 가서 생존자들을 방문하여 생활에 도움을 드리고 사진과 동영상을 찍어 그녀들의 생활 상황을 기록하고 추모하는 행사에 참가하였다. 이 책에 게재된 일부 사진들은 그들이 찍은 것이다. 장훙(張弘), 야오샤오둥(姚瀟鶇), 후하이잉, 허우구이팡(侯桂芳), 장야오쥔, 야오페이, 천커타오, 판퉁(潘同), 장팅팅(張婷婷), 류샤오훙(劉效紅), 쑨아이민, 자오칭칭, 쉬야오(許瑤), 천예(陳曄), 자오판판(趙盼盼), 자오베이훙, 둥톈이, 장솨이, 류루이, 왕야친(王亞琴), 자오원졔, 리진링, 장야윈(張亞運), 궈리쥔(郭利軍) 등이 그들이다. 베이징대학교 박사 과정 쑤성졔 학생에게 감사의 마음을 전하고 싶다. 그는 2000년부터 우리와 함께 산시성, 윈난성에 다녀왔고, 올해 우리와 함께 하이난성에 가서 생존자 8명을 함께 조사하였으며 산시성의 생존자 8명을 방문하고 조사하였다. 이렇게 오랜 시간을 요하고 지지부진하며 우리의 마음을 고통스럽게 만드는 연구에서 이들의 동반과 지지덕분에 나와 천리페이는 오늘날까지 해낼 수 있었다.

우리를 도와주고 지지하는 모든 분들에게 감사하다고 전하고 싶다!

쑤즈량

2014년 8월 15일 상하이 푸후이탕(蒲匯塘)에서